Oliveira Vianna
entre o espelho e a máscara

Coleção
HISTÓRIA & HISTORIOGRAFIA

Coordenação
Eliana de Freitas Dutra

Giselle Martins Venancio

Oliveira Vianna
entre o espelho e a máscara

PREFÁCIO
Roger Chartier

autêntica

Copyright © 2015 Giselle Martins Venancio
Copyright © 2015 Autêntica Editora

Todos os direitos reservados pela Autêntica Editora. Nenhuma parte desta publicação poderá ser reproduzida, seja por meios mecânicos, eletrônicos, seja via cópia xerográfica, sem a autorização prévia da Editora.

COORDENADORA DA COLEÇÃO HISTÓRIA E HISTORIOGRAFIA
Eliana de Freitas Dutra

EDITORA RESPONSÁVEL
Rejane Dias

EDITORA ASSISTENTE
Cecília Martins

TRADUÇÃO DO PREFÁCIO
Fernando Scheibe

REVISÃO
Priscila Justina
Renata Silveira

PROJETO GRÁFICO
Diogo Droschi

CAPA
Alberto Bittencourt
(Sobre foto de Allgord / IstockPhoto)

DIAGRAMAÇÃO
Jairo Alvarenga Fonseca

Dados Internacionais de Catalogação na Publicação (CIP)
(Câmara Brasileira do Livro, SP, Brasil)

Venancio, Giselle Martins
　　Oliveira Vianna entre o espelho e a máscara / Giselle Martins Venancio. -- 1. ed. -- Belo Horizonte : Autêntica Editora, 2015. -- (Coleção História e Historiografia, 14)

　　ISBN 978-85-8217-682-5

　　1. História - Historiografia 2. Sociólogos - Brasil 3. Vianna, Francisco José de Oliveira, 1883-1951 4. Vianna, Francisco José de Oliveira, 1883-1951 - Biografia I. Dutra, Eliana de Freitas. II. Título. III. Série.

15-05654   CDD-907.2

Índices para catálogo sistemático:
1. Biografia e história   907.2

Belo Horizonte
Rua Aimorés, 981, 8º andar . Funcionários
30140-071 . Belo Horizonte . MG
Tel.: (55 31) 3214 5700

Televendas: 0800 283 13 22
www.grupoautentica.com.br

São Paulo
Av. Paulista, 2.073, Conjunto Nacional,
Horsa I . 23º andar, Conj. 2301 . Cerqueira César . 01311-940 . São Paulo . SP
Tel.: (55 11) 3034 4468

SUMÁRIO

Prefácio 11

Espelhos 15

Máscaras 23

Correspondências: entre espelho e máscara 27

Parte I: Espelhos

Cartogramas 33

    De onde partem e para onde vão as cartas:
    Oliveira Vianna no espaço da produção intelectual 38

    De Saquarema a Niterói:
    esboço de uma trajetória 43

        No movimento da barca:
        de Niterói ao Rio de Janeiro 58

    Templos da ciência, da memória e da história
    nacional: museus e institutos históricos 77

    Os jornais e a inserção de Vianna
    nos diálogos intelectuais 85

    As revistas literárias, porta-vozes de intelectuais 92

    Mapeando a rede de amigos:
    a caderneta de anotações de Oliveira Vianna
    e a correspondência social 101

Trajetórias no espelho 107

    O *homo academicus* 107

As faculdades de Direito no Rio de Janeiro
na Primeira República 112

O professor Oliveira Vianna 133

Do governo do estado do Rio de Janeiro
ao governo da União 136

A morte de Vianna, a fundação da Casa de Oliveira
Vianna e a "fabricação" da memória 146

Parte II: Máscaras

A biblioteca: máscara e espelho 153

A construção de um espaço de leitura e trabalho:
a biblioteca da casa da alameda São Boaventura....... 155

Da biblioteca da fazenda do Rio Seco à biblioteca
da casa da alameda São Boaventura 161

Uma correspondência típica dos letrados:
o ritual da troca de livros 168

Investigando a biblioteca: dos pés-de-páginas
ao alto das estantes 178

Da leitura à escrita 187

Registros de leitura que esboçam a escrita:
os "papagaios" de Vianna 187

Máscara: dispositivo autoral 193

É de São Paulo que vem o livro de estreia:
Populações meridionais do Brasil 197

O grupo d'*O Estado de S. Paulo*
e o surgimento da *Revista do Brasil* 197

Monteiro Lobato e Oliveira Vianna:
entre afeto e desencanto 211

Monteiro Lobato editor de *Populações
meridionais do Brasil* 224

A produção editorial de Vianna 229

"O sociólogo de nossos dias
e de nossa terra": a produção editorial
de Vianna nos anos 1920 234

Do sociólogo ao jurista: a produção de
Oliveira Vianna nos anos 1930 e 1940 241

As obras póstumas 250

Oliveira Vianna e as coleções de estudos brasileiros . 252

Oliveira Vianna por Oliveira Vianna:
as representações de si na obra publicada 256

Oliveira Vianna entre os intelectuais:
trocas de correspondências e divulgação
da obra publicada 266

Entre o espelho e a máscara: proposições e limites 273

Referências 279

Sem a orientação de Andrea Daher
e Roger Chartier, este texto
não teria sido escrito.
Sem o carinho de Eliana Dutra,
ele não teria vindo a público.
Sem o amor de Henrique,
Igor, Tomás e Vitória,
ele nem mesmo teria sido sonhado.

Prefácio

Roger Chartier
Collège de France

Giselle Martins Venancio abre este livro elegante e erudito com um poema de Jorge Luis Borges, "O espelho", que exprime um duplo medo: o de encontrar no espelho a imagem de um outro, de uma máscara; e aquele, mais terrível, o de reconhecer nele sua própria alma, carregada de culpas e de sombra. Ela nos convida assim a nos determos em Borges e no conto que publicou em 1975, no *Livro de areia*: "O espelho e a máscara". Nessa fábula, que desloca a relação entre a máscara e o espelho, o poeta Ollan deve celebrar em versos seu rei vencedor. A primeira ode que compõe respeita as convenções e os exemplos, e é como um compêndio de toda a literatura irlandesa que a precedeu. Por sua execução, Ollan recebe um objeto que, como sua obra, mostra apenas o que já está lá: um espelho. Mas o rei, insatisfeito, lhe pede um segundo poema. O poeta o escreve ignorando as regras, todas as regras: da gramática, da versificação e da poética. Sua ode, desta vez, surpreende, maravilha e cativa seus auditores. Não é mais um reflexo do que é e do que foi; é uma criação que faz advir o que não era. A recompensa do poeta será uma máscara de ouro, como aquelas dos atores que dão vida a novos mundos ainda incriados. Assim entendida, a fábula do espelho e da máscara pode nos guiar na leitura da "biografia intelectual" de Oliveira Vianna que Giselle Venancio nos oferece.

Ela nos permite, de fato, superar a oposição entre determinações objetivas e liberdades subjetivas que marcou os debates a propósito desse gênero historiográfico. Toda atenção era voltada, de um lado, às coações ignoradas pelos indivíduos e que, no entanto, fazem com que eles sejam o que são; de outro, às racionalidades conscientes operantes nos projetos, ações e escritos desses mesmos indivíduos. Essa oposição alimentou os confrontos entre abordagens sociológicas e análises micro-históricas, entre descrições estruturais de sistemas que capturam os indivíduos e a escuta dos atores, entendidos através de suas próprias palavras. Borges em seu conto e Giselle Venancio em seu estudo sugerem uma outra perspectiva, que amalgama o que o "espelho" reflete (a herança, o *habitus*, as instituições) e aquilo que a "máscara" inventa: a construção de um autor, a representação de si, a imagem pública.

A autora coloca diante do espelho de sua análise todas as relações que Oliveira Vianna mantém com as heranças que o modelaram. As origens sociais, a trajetória de uma família letrada mas empobrecida, os estudos de direito e a presença dos livros incorporaram nele um *habitus*, matriz de suas escolhas, de seus gostos, de seus gestos. Estes encontraram e tiraram proveito de outras realidades já existentes: as instituições eruditas que o acolhem (o Instituto Histórico e Geográfico Brasileiro, em 1924; a Academia Brasileira de Letras, em 1937), as revistas e jornais com que colabora e, de maneira menos imediata, as oposições que estruturam o campo intelectual e acadêmico de seu tempo: entre letras e ciências, entre "boemia literária" e eruditos, entre as diferentes disciplinas.

O magnífico capítulo consagrado por Giselle à biblioteca de Oliveira Vianna marca a passagem entre o espelho e a máscara. A biblioteca é um espelho porque recebe, no espaço arranjado para este fim, as heranças literárias e os conhecimentos científicos já inscritos nas páginas dos livros. Com grande precisão, a análise aponta as escolhas feitas por Oliveira Vianna. Ainda que um busto de Eça de Queirós esteja presente na biblioteca, assim como todos os grandes clássicos da literatura mundial, a coleção, de mais de quatro mil títulos, é dominada pelas obras de ciências sociais, de direito e de jurisprudência que constituem mais da metade do acervo. Nesse conjunto, que acompanhou os cargos públicos de Vianna, as escolas sociológicas francesas estão bem representadas: a das investigações sociais de Le Play, a de Gabriel Tarde, a do *Année sociologique* de Durkheim, Mauss, Halbwachs ou Simiand. Para além desse inventário, a autora descreve os processos de constituição da biblioteca (as encomendas a livreiros ou as trocas com outros autores) e as técnicas de trabalho de Oliveira Vianna. Estas se inscreviam em práticas de longa duração que consistiam basicamente em extrair citações dos livros lidos, recopiá-las em folhas ou em fichas (os "papagaios" de Vianna) e finalmente empregá-las em seus próprios livros, como demonstra o estudo das obras que ele cita e das epígrafes que utiliza em seus livros (ou capítulos).

Mas a biblioteca também é máscara, na medida em que constrói uma representação de seu dono, para ele mesmo, para os outros e para a posteridade. Oliveira Vianna pertence a essa família de intelectuais que organizaram o arquivo de si mesmos, conservando os livros adquiridos, é claro, mas também os esboços de seus trabalhos e as cartas recebidas (e, por vezes, até as cópias das cartas enviadas). Foi esse material que constituiu a base da biografia escrita por Giselle, mas o grande mérito da autora foi o de não se deixar enganar por ele. Tratou-o, de fato, como um instrumento manejado por Vianna para construir recursos e imagens. Ela mostra, por exemplo, como a autorrepresentação de um autor solitário, retirado em sua biblioteca, votado inteiramente à sua obra, não deve mascarar a realidade dos esforços perseverantes de Vianna para estabelecer, alimentar e reforçar, graças a uma intensa correspondência, redes de amizade e de sociabilidade, úteis intelectual, acadêmica e politicamente. Ou, ainda, que a autodefinição de Vianna como um "sábio" não deve apagar o "político", como diria Max Weber, profundamente engajado no Estado Novo e em sua legislação corporativista.

Essa construção de si por si, ou, como escreve Giselle, essa "fabricação da memória", se fez tanto mais necessária em função das críticas dirigidas a Oliveira Vianna, seja pelo papel que desempenhou junto a Getúlio Vargas, seja por suas referências às teorias raciais, ou racistas, de Vacher de Lapouge. Mas já antes dessas críticas, acompanhadas pela negação da cientificidade de seus livros, Vianna desenvolvera diversas estratégias de legitimação de sua obra escrita. Giselle as examina cuidadosamente.

A primeira delas, utilizada desde as primeiras décadas do século XX, consistia na publicação de artigos em revistas (especialmente na *Revista do Brasil*) para conferir legitimidade intelectual a seus livros por vir. Daí o encontro com Monteiro Lobato e a publicação em 1920 do primeiro livro de Vianna, *Populações meridionais do Brasil*, nas Edições da Revista do Brasil, título reeditado dois anos depois por Monteiro Lobato e Companhia. A autora analisa com sutileza as relações epistolares – nunca interrompidas, mas intensamente afetadas pela colaboração de Vianna com o Estado Novo – entre o "editor revolucionário" e o "pensador autoritário, conservador e retrógrado". Uma segunda estratégia de Oliveira Vianna foi a de ser seu próprio prefaciador. Para cada um de seus livros, e para cada reedição destes, escreveu prefácios que tentavam demonstrar a continuidade e a coerência da totalidade de sua obra – o que significava a um só tempo responder às críticas e afirmar o acerto, quando não o caráter antecipatório, de suas análises. Por fim, uma terceira estratégia consistiu no envio de seus livros a diversos homens de lei e de letras capazes de legitimar e propagar suas ideias tanto no mundo intelectual quanto no político.

Em sua análise dos prefácios escritos para si mesmo por Oliveira Vianna, Giselle recorda a seguinte definição do gênero: "textos normalmente breves que abrem um livro, os prefácios têm o objetivo de apresentar o que vem a seguir de modo a suscitar no leitor o intenso desejo de lê-lo". O autor deste prefácio foi um leitor apaixonado da versão original deste livro, erudito e pulsante. Ele só pode esperar que o prazer intelectual que teve se converta, para vocês, leitores deste prefácio, em ardente e imediato desejo de ler este belo livro.

Espelhos

Quando menino, eu temia que o espelho me mostrasse outro rosto ou uma cega Máscara impessoal que ocultaria algo na certa atroz. Temi também que o silencioso tempo do espelho se desviasse do curso cotidiano dos horários do homem e hospedasse em seu vago extremo imaginário seres e formas e matizes novos. (Não disse isso a ninguém, menino tímido.) Agora temo que o espelho encerre o verdadeiro rosto de minha alma, lastimada de sombras e de culpas, o que Deus vê e talvez vejam os homens.

Jorge Luis Borges, *Poesia*, 2009, p. 282.

"Arquivar a própria vida é pôr-se no espelho", já afirmou Philippe Artières (1998, p. 11). Pôr-se diante de cristais que, nas metáforas dos escritos borgeanos, parecem sempre nos apontar os modos como vemos o mundo, e como nos vemos no mundo. Espelhos que refletem, que deformam, que informam menos, mais, ou distinto, do que consideramos de nós mesmos. Cristal que "espreita" e que, em seu reflexo, "arma um sigiloso teatro" (BORGES, 2008, p. 73). Arquivar-se é pôr-se no espelho, de tal forma a exibir a exemplaridade da própria existência, redefinindo-se na pluralidade dos acontecimentos. Arquivar-se é pôr-se no espelho, é, de certa forma, "engajar toda a existência na inquietude de pôr em ordem certo número"[1] de eventos e ações.

---

[1] Costa Lima refere-se ao comentário feito por Maurice Blanchot – segundo ele um dos melhores intérpretes de Kafka – que, diante da obsessão com que este último perseguia a criação literária teria se surpreendido e perguntado: "Como se pode engajar toda a existência na inquietude de pôr em ordem um certo número de palavras?". Tomamos aqui livremente a frase de Blanchot para nos referirmos à ação deliberada de pôr em ordem a existência num processo de arquivamento pessoal nos acervos privados (BLANCHOT *apud* COSTA LIMA, 1993, p. 39).

Francisco José de Oliveira Vianna arquivou-se. Ao longo de sua vida, organizou um arquivo pessoal, ordenando acontecimentos que balizaram sua existência, estabelecendo coerências, construindo continuidades e linearidades em sua trajetória. Assim, Vianna almejou deixar definido o seu lugar social, suas relações com os seus pares e uma espécie de esboço de sua própria biografia. Na gestão e organização de um "sem número de contradições e tensões" (POLLAK, 1989, p. 13), elaborou sua versão. Numa escrita fragmentária, deixou inscrito o seu caráter modelar de homem público e a grandeza de sua produção intelectual.

Porém, não registrou tudo. Elaborou modos de se expor e de se ocultar. Silenciou sobre diversos aspectos de sua trajetória. Nesse espelhar-se e ocultar-se, mostrou-se o homem público e o intelectual, ocultou-se a dimensão privada de sua vida, num jogo de reflexos, que, como cristais fiéis ou deformantes, elaboravam representações de Vianna, que contribuíam para a produção de sua construção autoral. Seu arquivo privado não guarda nenhuma linha mais explícita sobre sua vida pessoal. Há esparsas referências à vida familiar. Os documentos explicitam, entre registros e lacunas, lembranças e esquecimentos, o dizível e o indizível, o memorável e o imemorial.

O acervo organizado por Vianna é, assim como todo arquivo pessoal, um *locus* privilegiado de análise histórica, pois registra uma forma de acumulação privada que possui como marca identitária específica o nome próprio do titular. Não que ele represente um conhecimento "mais verdadeiro" sobre Oliveira Vianna, porém, assegura a possibilidade de mudança de foco a partir da redução do campo de observação e a compreensão de configurações intelectuais múltiplas que exibem representações elaboradas sobre esse intelectual. A análise desse acervo permite a compreensão das relações estabelecidas entre as representações subjetivas do titular do arquivo e aquelas que se constroem sobre ele, podendo, dessa forma, contribuir para o trabalho do historiador, revelando dimensões negligenciadas em outros tipos de abordagens históricas.

O arquivo de Vianna, embora, possivelmente, de caráter autobiográfico (HEYMANN, 1997), não é uma construção narrativa exclusivamente pessoal. Ele guarda a leitura e a escrita de si próprio, ao mesmo tempo em que as múltiplas leituras e escritas de todos aqueles que passaram por seu processo de elaboração e organização. Sem dúvida, o arquivo constitui uma representação de Oliveira Vianna que pode ser decodificada através de um trabalho interpretativo de seus documentos. Como observa Pomian (1992), ao contrário dos monumentos que remetem ao passado num simples olhar, os arquivos e documentos precisam ser decifrados e criticados, pois, segundo ele, o arquivo é uma memória objetiva, porém virtual. É a leitura histórica que o (re)atualiza e o (re)significa.

O arquivo privado pessoal de Oliveira Vianna constitui, assim, uma metáfora a ser decifrada que pode, na medida em que é explorado e analisado, informar sobre aspectos até então ignorados sobre ele e suas relações sociais. Entrar nesse arquivo e reconstituir a tessitura mais ou menos visível de sua atividade como leitor, escritor, professor, jurista e sociólogo é um dos desafios deste livro. Ao desenredar-se a trama do arquivo, elabora-se uma biografia intelectual de Francisco José de Oliveira Vianna, levando-se em conta a sua escrita autobiográfica inscrita nos suportes materiais que compõem o acervo, bem como a fabricação de representações sobre esse intelectual construídas por outros indivíduos e grupos também inscritos nessa documentação, além de outras.

Assim, o arquivo privado e a biblioteca pessoal de Oliveira Vianna sugerem uma escrita (auto)biográfica que instiga a sua problematização e convida à elaboração de uma biografia intelectual, compreendida como *trajetória*.[2]

Dessa forma, este livro se insere na tradição de um tipo de produção historiográfica que (re)valoriza os vestígios escritos associados aos indivíduos, principalmente aqueles nos quais são registradas suas escolhas, intenções e ações públicas, com vistas a contribuir para o conhecimento do "papel dos indivíduos na construção dos laços sociais" (CHARTIER, 1994, p. 97-113), buscando relativizar o que, nas palavras ácidas de Bourdieu (1987, p. 43), significa a "oposição cientificamente absurda entre indivíduo e sociedade".

---

[2] Bourdieu (1996a, p. 81-82) define trajetória "como […] uma série de posições sucessivamente ocupadas por um mesmo agente (ou um mesmo grupo), em um espaço ele próprio em devir e submetido a transformações incessantes. […] Os acontecimentos biográficos definem-se antes como alocações e como deslocamentos no espaço social, isto é, mais precisamente, nos diferentes estados sucessivos da estrutura da distribuição dos diferentes tipos de capital que estão em jogo no campo considerado. […] Isso é, não podemos compreender uma trajetória, a menos que tenhamos previamente construído os estados sucessivos do campo no qual ela se desenrolou; logo o conjunto de relações objetivas que vincularam o agente considerado ao conjunto dos outros agentes envolvidos no mesmo campo e que se defrontaram no mesmo espaço de possíveis".

Ao circunscrever-se o âmbito desta investigação, buscou-se sobrepor as diversas séries documentais no tempo, de modo a, por exemplo, encontrar-se o mesmo indivíduo em contextos sociais diversos (Ginzburg, 1989, p. 173-174), proposta que acabou por se aproximar daquelas realizadas pelos historiadores que destacaram como objeto de análise a escrita biográfica.

A biografia, embora sempre presente como gênero de escrita, foi retomada pelos historiadores, nos anos 1990, como um modo de superar o constante desafio diante do qual as análises sociais oscilam, de forma pendular, ora priorizando os sistemas normativos que se impõem aos indivíduos, ora destacando atores históricos que obedecem a um modelo de racionalidade radicalmente livre dos condicionamentos sociais. Talvez seja este o motivo que tenha levado Giovanni Levi a afirmar, em texto de 1989, que os escritos biográficos consolidavam "a maioria das questões metodológicas da historiografia contemporânea [...], sobretudo as relações com as ciências sociais, os problemas das escalas de análise e das relações entre regras e práticas, bem como aqueles, mais complexos, referentes aos limites da liberdade e da racionalidade humanas" (1996, p. 167-182).

Essa valorização da biografia, no entanto, não foi realizada sem oposições. Alguns historiadores temeram que isso significasse uma capitulação diante de uma história tradicional, e afirmavam que se corria o risco de abandonar a história-problema para voltar a uma história cronológica, baseada em uma frágil conceituação (Loriga, 1998). Acreditava-se que o destaque dado a um destino individual poderia levar os historiadores a um abandono das reflexões mais voltadas para o social e um retorno à antiga ideia de valorização do herói, do gênio, do excepcional.[3]

Como resposta a essa crítica, os historiadores interessados no gênero biográfico produziram uma prática historiográfica original. O foco no destino individual foi visto por eles como uma forma de enriquecer a análise social, tornando suas variáveis mais numerosas, mais complexas e também mais móveis (Revel, 1998, p. 23). Interessava

---

[3] Sabina Loriga (1998, p. 248) afasta-se dessa noção do gênio e do heroi. Porém destaca que a biografia não deve ser pensada do ponto de vista dos casos típicos: "[...] numa [...] perspectiva elaborada nos últimos anos pela micro-história não é necessário que o indivíduo represente um caso típico; ao contrário, vidas que se afastam da média levam talvez a refletir melhor sobre o equilíbrio entre a especificidade do destino pessoal e o conjunto do sistema social".

a esses historiadores conhecer um grande número de experiências distintas vividas por um mesmo indivíduo em contextos diversos. Marcada por reflexões múltiplas, essas narrativas histórico-biográficas questionavam a "ilusão de uma identidade [individual] específica, coerente e sem contradição" (LEVI, 1996, p. 173) associando-a à necessidade de "reconstruir o contexto, a "superfície social" em que age o indivíduo numa pluralidade de campos, a cada instante" (p. 169).

Nesse sentido, Maurizio Gribaudi (1998), por exemplo, propôs acompanhar *itinerários individuais* que permitiam fazer aparecer a multiplicidade de experiências, a pluralidade de seus contextos de referências e as contradições internas e externas das quais eram portadoras. A ideia de *itinerário* sugeria um rompimento com a visão tradicional da biografia como um relato linear e cronológico, recuperando a relação, e não reforçando a antítese, entre o social e o individual.

A concepção aproximava-se, assim, da noção de *trajetória*, como elaborada por Pierre Bourdieu (1996a, p. 81-82), que opunha à ideia de narrativa biográfica, com base no pressuposto de que a vida constitui um todo coerente e orientado que se desenrola numa ordem cronológica, o conceito de *trajetória* partindo da noção do real como fragmentário e descontínuo.

Embora Giovanni Levi critique a proposta elaborada por Bourdieu, por considerar que esta mantinha sua ênfase nos aspectos mais "deterministas e inconscientes" das ações humanas – ao se remeter à relação entre "*habitus* de grupo e *habitus* individual" (LEVI, 1996, p. 175) –, pode-se sugerir, indubitavelmente, que a noção de *trajetória* permite investigar, como propõe o próprio Levi, os "interstícios" que "os sistemas gerais de normas deixam aos atores" (p. 179).

Assim, apropriando-se das reflexões derivadas tanto da escrita de Pierre Bourdieu quanto da de Michel de Certeau, Roger Chartier elaborou uma proposição historiográfica que buscava identificar as maneiras por meio das quais os atores sociais investem de sentido suas práticas e seus discursos, evidenciando "como em contextos diversos e mediante práticas diferentes [...], estabelece-se o paradoxal entrecruzamento de restrições transgredidas e de liberdades restringidas" (CHARTIER, 2001, p. XIII).

Ao tomar em diálogo as obras de Pierre Bourdieu e Michel de Certeau, frequentemente lidas em oposição termo a termo – Bourdieu como aquele que destaca um mundo social e um poder implacáveis;

em contraposição a Certeau, que centra sua reflexão na inventividade dos indivíduos –, Chartier evidencia o fato de que, lidas em conjunto, essas obras apontam para uma rica forma de trabalhar o mundo social. Segundo sua leitura, Certeau demonstra que a liberdade, a inventividade e a possibilidade criativa situam-se, necessariamente, no interior de regras ou códigos sociais, e Bourdieu destaca, a partir dos conceitos de *senso prático* e *estratégia*, que as condutas e os comportamentos individuais não são, jamais, redutíveis às determinações sociais (VENANCIO, 2014).

Da análise proposta por Roger Chartier derivam questões que norteiam o que se pretende investigar neste livro: Em que medida um arquivo e uma biblioteca pessoal dão a ler uma trajetória por meio de autorrepresentações e representações múltiplas de seus titulares? É possível ler esses acervos como um lugar de registro consciente das escolhas cultural e socialmente determinadas realizadas pelos agentes sociais? Pode-se, a partir da investigação desses documentos, "verificar o caráter intersticial da liberdade que dispõem os agentes" (LEVI, 1996, p. 180) para manipular, negociar e interpretar os sistemas normativos – contraditórios – nos quais se inserem?[4] Uma trajetória intelectual elaborada a partir dos documentos presentes em um acervo privado pessoal permite entrever as ações individuais, bem como geracionais e de inserção em tradições intelectuais, em um processo de construção autoral?

São essas as questões que conduzem a reflexão realizada ao longo deste livro.

A primeira parte – *Espelhos* – é constituída por dois capítulos. No primeiro, intitulado *Cartogramas*, a análise é particularizada pela compreensão do lugar ocupado por Oliveira Vianna no espaço da produção intelectual de Niterói e do Rio de Janeiro nos primeiros anos do século XX. Pretendeu-se traçar uma anatomia[5] do mundo

---

[4] Esta última questão é derivada diretamente das proposições de Giovanni Levi ao analisar os usos da biografia. Levi (1996, p. 179-180) destaca a biografia como uma elaboração privilegiada para se investigar a relação entre normas e práticas, indivíduo e grupo, determinismo e liberdade, racionalidade absoluta e racionalidade limitada.

[5] Robert Darnton utiliza a expressão "anatomia da república das letras" ao analisar os relatórios que um inspetor do comércio livreiro chamado Joseph D'Hémery produziu, quando investigou os indivíduos que escreviam livros em Paris, ao longo do século XVIII. Segundo Darnton, ao proceder essa investigação, D'Hémery possibilitou que se esboçasse um "perfil do intelectual no apogeu do Iluminismo" (DARNTON, 1986, p. 191-245).

das letras nessas duas cidades, buscando-se identificar a formação do campo intelectual e a trajetória de Vianna nesse espaço. Nessa análise, a noção de *campo,* proposta por Bourdieu, foi fundamental. Visto que os acontecimentos biográficos se definem prioritariamente como *alocações* e *deslocamentos* no espaço social, o *campo* – pensado como o microcosmo social no qual se produzem bens culturais – permite elaborar uma visão da sociedade a partir da observação de cada agente ou de cada instituição em suas relações objetivas com todos os outros.[6] Assim, foi primordial perceber como se posicionaram os diversos intelectuais diante das instituições que compunham os espaços intelectuais, em Niterói e no Rio de Janeiro, nos primeiros anos do século XX, e como Vianna neles se inseria a partir da análise das instituições às quais pertencia, e de sua correspondência social. A trajetória de Oliveira Vianna é pensada em relação aos seus pares, buscando-se estabelecer –, em contraposição a uma análise dos pensamentos individuais –, uma história da intelectualidade nesse lugar e período. Para esse fim, buscou-se identificar as redes de sociabilidade estabelecidas entre os intelectuais, com destaque especial para a utilização da correspondência passiva de Oliveira Vianna, presente em seu acervo privado.

O segundo capítulo, chamado *Trajetórias no espelho,* trata especificamente do processo de formação acadêmica de Oliveira Vianna, assim como de seu itinerário profissional em suas contingências históricas. Como se formava um intelectual? Em que medida sua formação permitiu ou limitou suas escolhas profissionais? Quais eram os seus valores? Quais os caminhos possíveis para os letrados? Através das cartas, bilhetes e outros documentos, investiga-se, nesse capítulo ainda, o processo de aposentadoria de Oliveira Vianna, pois esse foi um momento singular no qual a rede de amizades, urdida ao longo de sua vida, criou o capital simbólico que lhe permitiu posicionar-se de forma excepcional, mesmo numa situação em que sua trajetória profissional apontava para uma posição decadente.

---

[6] Segundo Bourdieu (1996, p. 53), "[...] os campos de produção cultural propõem, aos que neles estão envolvidos, um espaço de possíveis que tende a orientar sua busca definindo o universo de problemas, de referências, de marcas intelectuais [...] esse espaço de possíveis é o que faz com que todos os produtores de uma época sejam ao mesmo tempo situados, datados e relativamente autônomos em relação às determinações diretas do ambiente econômico e social [...]".

Máscaras

> *Escolher a própria máscara é o primeiro gesto voluntário humano. E solitário. Mas quando enfim se afivela a máscara daquilo que se escolheu para representar-se e representar o mundo, o corpo ganha uma nova firmeza, a cabeça ergue-se altiva como a de quem superou um obstáculo. A pessoa é.*
> Clarice Lispector, *A descoberta do mundo*, 1999, p. 80.

Francisco José de Oliveira Vianna é autor de vasta obra e referência incontornável quando se trata de pensar o Brasil. Intelectual de grande destaque na primeira metade do século XX, a ele são atribuídos os primeiros estudos de Sociologia realizados no país, assim como a inspiração e concepção da regulamentação legal dos direitos trabalhistas.

Ao longo de cerca de trinta anos, Oliveira Vianna escreveu textos, artigos, livros, prefácios, discursos, constituiu-se como autor, sentido fundador da própria noção de construção da sua obra (FOUCAULT, 2001). Elaborou sua máscara, uma expressão de si, um autorretrato perene para seus leitores, uma identidade autoral, composta, fragmentariamente, por meio de diversas narrativas.[7]

---

[7] Segue-se aqui a ideia de autorretrato sugerida por Eneida Maria Souza (1999) – ao tomá-la de Michel Beujour – em "Autoficções de Mário" para compreender a configuração autoral.

Se, como já afirmou João Hansen (1992, p. 11), "para a experiência imediata da opinião, a noção de autor aparece como autoevidente", e no sentido dado pelo senso comum, um texto é necessariamente reflexo das características mais particulares de seus autores, desde os escritos de Michel Foucault, nos anos 1970, a condição autoral desnaturalizou-se ao ser definida como um dispositivo, uma "função", "produzida por operações complexas que se estabelecem no afastamento radical entre o nome do autor e o indivíduo real, entre uma categoria do discurso e o eu subjetivo" (CHARTIER, 2013, p. 29).

Os modos de Vianna falar de si mesmo, através da organização de seus documentos, e na letra de seus textos, buscavam tanto conformar a recepção de seus escritos junto à crítica e ao seu público leitor quanto organizar a percepção da particularidade e originalidade de sua obra e de sua personalidade, conformando uma autenticidade autoral.

Um dos objetivos deste livro é destacar a trajetória de Oliveira Vianna, em seu processo de constituição de uma identidade autoral. Acredita-se que a ação de Vianna na escrita de seus textos e prefácios, bem como na ação de organização de sua escrita (auto)biográfica pela organização de seu acervo, conformou grande parte do processo de apropriação de sua identidade, particularmente, de sua formação, autopercepção e designação como autor.[8]

Desse modo, analisa-se, na segunda parte deste livro – *Máscaras* –, as complexas relações estabelecidas no processo de construção da identidade autoral de Oliveira Vianna.

No capítulo intitulado *A biblioteca: máscara e espelho* investiga-se a biblioteca privada de Oliveira Vianna com o objetivo de se compreender, através da análise do conjunto de livros, aspectos de seu itinerário intelectual e de suas práticas de leitura. Esse capítulo analisa o processo de formação do acervo da biblioteca, bem como o

---

[8] A escolha da perspectiva individual não é aqui, evidentemente, contrária à social. A ideia é, como já se disse, reconhecer a ação de um sujeito entre outros, conciliar a singularidade e o coletivo, como propõe Jacques Revel, ao assinalar que o "individualismo metodológico tem limites, já que é de um conjunto social – ou melhor, de uma experiência coletiva – que é sempre preciso procurar definir as regras de constituição e de funcionamento" (REVEL, 1998, p. 21).

seu percurso de leitor e os vestígios da maneira pela qual se realizou a sua produção escrita.

No último capítulo, denominado *Máscaras: dispositivo autoral*, esboça-se sua trajetória editorial, reconhecendo-se que a produção intelectual de Vianna insere-se numa problemática mais ampla, relacionada à qualificação social na qual se inseria. E busca-se investigar em que medida o trabalho de seus editores contribuiu para a transformação de Vianna em um dos autores considerados referência fundamental na história do pensamento social brasileiro.

Correspondências: entre espelho e máscara

Ao longo de todo o livro, optou-se por utilizar o conjunto de correspondências passivas conservadas no arquivo de Vianna como fio condutor da análise das suas formas de inserção social e profissional no "mundo das letras". A série de correspondências investigadas destacava-se entre os diversos documentos guardados em seu arquivo. Típicos documentos de acervos privados pessoais, as cartas possuem características ao mesmo tempo íntimas e públicas, pessoais e relacionais. A coleção de correspondências passivas de Oliveira Vianna forma um conjunto importante do acervo, não somente pela sua quantidade, mas porque registra uma forma específica de sociabilidade. No trabalho sobre as cartas destacam-se, justamente, suas estratégias e práticas de relacionamento pessoal e profissional. Esse aspecto das trocas epistolares de Vianna deve ser destacado, pois apesar dele ter mantido, durante cerca de trinta anos, uma intensa produção intelectual e uma grande importância política, os críticos e comentadores da sua obra são unânimes em afirmar suas características pessoais de reclusão social. Ao longo de sua vida, Oliveira Vianna contribuiu para a construção de uma autoimagem de homem reservado e austero. Isso decorreu, sem dúvida, do fato de ter evitado festas, recusado convites para ocupar cargos e posições de destaque e ter vivido sempre no âmbito exclusivo de sua residência, recolhido à sua biblioteca (CARVALHO, 1999).

Porém, ao mesmo tempo em que se esboçava essa autorrepresentação, Vianna guardava, em seu arquivo pessoal, cartas, bilhetes, documentos que indicam e registram – algumas vezes privilegiadamente – suas relações pessoais. A análise de seu arquivo pessoal sugere a imagem de um homem recluso que mantinha uma forma própria e singular de relacionamento social: a prática epistolar. Desse modo, não se trata de traçar uma nova representação desse intelectual que elimine aquela já sedimentada pelos seus estudiosos, mas compreender de que forma a escrita epistolar constituiu uma prática que visava estabelecer e manter uma rede de relações sociais, profissionais e intelectuais.

O arquivo de Oliveira Vianna guarda uma grande quantidade de cartas, tendo sido preservadas tanto a sua correspondência passiva quanto uma parte, embora pequena, de cópias de sua correspondência ativa.

Ao contrário do que se pode supor à primeira vista, a categoria correspondência não é homogênea. Ela abriga uma enorme quantidade de formas discursivas distintas e é resultante de diversas práticas. Refere-se tanto a relações oficiais e públicas, como as privadas e íntimas, alia intenções tão distintas quanto discussões intelectuais, solicitações de emprego, pedidos de favores, relato de notícias, entre outras. Na opinião de Dauphin (1995, p. 89-92), "vestígio de uma realidade complexa, a forma carta absorve uma infinita diversidade de práticas e de registros, que é importante esclarecer".[9] Uma carta expressa mais do que o texto que ela contém. Sua materialidade denota a condição de sua redação, a análise de sua trajetória e a identificação de seu(s) destinatário(s) – se individual, institucional ou familiar – permite a compreensão dos mecanismos de sua circulação e a sua presença num arquivo, isto é, o conhecimento dos gestos em prol de sua conservação deixa entrever os critérios que definiram sua importância.

Por esse motivo, neste livro, elaborou-se em relação ao acervo de correspondências passivas de Oliveira Vianna uma tipologia dos documentos presentes. Há nesse arquivo diversas formas de correspondências que podem ser classificadas em seis tipos distintos, divididos em três grupos.

No primeiro grupo, estão as cartas que se pode caracterizar como expressivas de suas relações de amizade e de prestígio político.

---

[9] Como anota ainda Dauphin, o termo "correspondência", assim como "escrita", é polissêmico. Significa traço, aquilo que *corresponde* ao que resta da realidade de um acontecimento; é, ao mesmo tempo, texto produzido e objeto trocado entre aqueles que se *(co)respondem* e designa ainda o processo da escrita, a lógica que funda os gestos e as práticas; é a *correspondência* entre os indivíduos que testemunha suas trocas afetivas, profissionais e intelectuais. Ver Dauphin (1995, p. 89-92).

São aquelas que Michel Trebitsch[10] define como *correspondência-rede*, muito mais importantes pela função que desempenham do que por seu conteúdo. Ele é composto: da *correspondência social* – mensagens de Natal e Boas Festas; participação de nascimento, de novo endereço; congratulações por novos cargos ocupados por Oliveira Vianna; convites para festas; cartões postais; aviso de falecimento; agradecimento de manifestação de pesar; cartas desejando melhora de saúde e pronto restabelecimento, em caso de doenças, e convites de casamentos – e também das *correspondências* que tratam de assuntos *políticos* – comentários sobre pareceres do Ministério do Trabalho; discussão sobre eleições; pedidos de empregos e favores, destacando-se, entre essas últimas, as relativas ao processo de aposentadoria de Oliveira Vianna, quando este então se torna o solicitante, e os amigos, os mediadores.

Esse grupo de correspondências foi analisado no primeiro capítulo, com vistas a compreender uma das estratégias de relacionamento social desencadeadas por Vianna e, ainda, no segundo capítulo, buscando-se compreender de que forma as relações de amizade urdidas durante a sua trajetória lhe foram úteis nos últimos momentos de sua vida.

O segundo grupo de correspondências, formado pelo que se denominou de *correspondência ordinária*, é, ao contrário das primeiras, mais importante pelo conteúdo que as cartas veiculam do que por sua função, pois esta se reduz à solução de atividades e problemas cotidianos do intelectual. Compõem esse grupo: as *cartas* para aquisição de *bens materiais* – nestas são destaques principalmente as correspondências referentes à aquisição de livros – e as *correspondências* sobre assuntos *cotidianos* – pagamentos de empréstimos; solicitação de empréstimos; informações acerca de inventários e causas judiciais familiares.

Esse grupo de correspondências não foi particularmente analisado neste livro. Apenas alguns exemplares foram utilizados, no terceiro capítulo, para se obterem informações sobre o processo de aquisição de livros por Vianna, tanto em livrarias estrangeiras quanto brasileiras.

O terceiro conjunto de correspondências é caracterizado pelas cartas que compõem o que chamamos aqui a sua comunidade de leitores, o seu

---

[10] Os conceitos de *correspondêcia-rede* e de *correspondência-laboratório* estão definidos em Trebitsch (1992, p. 83).

grupo de troca intelectual.[11] Seriam as que M. Trebitsch denomina de *correspondências laboratório*, em que as ideias trocadas pela via epistolar são parte do próprio trabalho intelectual. Essas cartas são destacadas tanto por sua função de estímulo, inspiração e desenvolvimento do trabalho intelectual quanto pelo seu conteúdo, pois é ele próprio constitutivo desse trabalho. Esse grupo é formado pelas *cartas* que se referem a *questões intelectuais* – são as que tratam de opinião sobre textos e livros; solicitação para publicação de artigos, livros e textos; pedidos de doação de livros para bibliotecas e instituições; solicitação de autógrafos em livros; convites para prefaciar livros, para entrevistas e para bancas de concursos; doação de livros por diversos intelectuais – como também pelas *cartas* de *agradecimento*, categoria na qual foram inseridas as cartas enviadas pelas pessoas que receberam livros da autoria de Oliveira Vianna enviados de presente.

Este último conjunto de cartas foi analisado tanto no *capítulo 3* – quando ao tratar-se do processo de formação do acervo de sua biblioteca privada investigou-se, através das cartas trocadas com intelectuais, o movimento de intercâmbios de livros – quanto no *capítulo 4* – ao se questionar, por meio das cartas de agradecimento, a estratégia utilizada por Vianna para a divulgação de seus livros, textos e ideias.

Finalmente, ainda é preciso dizer que este texto foi escrito há cerca de doze anos. Sua primeira versão foi apresentada como tese de doutorado defendida junto ao Programa de Pós-graduação em História Social da UFRJ. No entanto, apesar da passagem do tempo e da série de importantes trabalhos já escritos que tangenciam ou tratam dos temas aqui em foco, optou-se por mantê-lo, praticamente, em sua integridade inicial. Houve apenas uma breve revisão, com algumas alterações para torná-lo mais adequado a um público mais ampliado, retirando-se um excesso de citações e referências, e uma mudança nos títulos dos capítulos, além de algumas pequenas alterações. Acreditou-se que a manutenção do texto em sua versão original tornaria possível inseri-lo nos debates de seu tempo, explicitando sua historicidade.

---

[11] Uma comunidade de leitores pode ser referida a um conjunto de disposições e esquemas interpretativos partilhados. Segundo Rahul Kumar (2009, p. 121), as comunidades interpretativas funcionam como um "mediador entre a autoridade dos textos e a infinitude das leituras possíveis, incitando o investigador a centrar a sua atenção nos contextos, convenções e estratégias de leitura que produzem um consenso de interpretação dos textos". Ver também Fish (1980).

PARTE I: ESPELHOS

Cartogramas

> *CARTOGRAMA. Mapa ou quadro em que, por meio de pontos, figuras e linhas, previamente convencionados, se representa um fenômeno quanto à sua área de ocorrência, importância, movimentação e evolução.*
> Novo Aurélio Dicionário da Língua Portuguesa, p. 418.

Oliveira Vianna era o antípoda do indivíduo sociável. Recluso por natureza, de poucos amigos, Vianna caracterizava-se justamente pela sua tendência ao isolamento e pela vida dedicada ao trabalho intelectual, solitário em sua biblioteca. Vianna era um leitor voraz. A leitura era, para ele, uma atividade eminentemente íntima, pessoal e solitária.

Porém, apesar de todo o isolamento físico de Oliveira Vianna em relação à vida social, ele estabeleceu uma forma própria de sociabilidade, definida pelas práticas e estratégias que desenvolveu para sua "vida em sociedade". Sem ser sociável, no sentido literal do termo, que envolve o prazer de estar com outras pessoas e o gosto pela vida em sociedade, Vianna apresentou, à sua maneira, uma estratégia de sociabilidade baseada prioritariamente na escrita e, mais especificamente, na escrita epistolar.

Ao mesmo tempo em que se esboçava sua autorrepresentação de homem solitário, Vianna guardava, em seu arquivo pessoal, documentos que se referem às suas relações pessoais, algumas vezes, privilegiando-as. As cartas, cartões, telegramas e bilhetinhos, presentes em seu arquivo privado, registram o lugar das relações pessoais eleitas, dos convites, dos agradecimentos, dos elogios, dos assuntos políticos e também da discussão intelectual.

Como já se afirmou anteriormente, há, na opinião de Michel Trebitsch, correspondências que podem ser consideradas veículos de estabelecimento de relacionamento pessoal e que são definidas como *correspondências-rede* (TREBITSCH, 1992, p. 83), aquelas que são menos interessantes por seu conteúdo do que por sua função, pois os assuntos tratados são sistematicamente repetidos e sua forma é, com frequência, extremamente padronizada. Entretanto a identificação de seus emissores e a compreensão dos mecanismos de sua circulação permitem perceber a teia de relações urdida em torno do destinatário das cartas.

No arquivo de Vianna encontra-se um grande número de cartas de caráter social que podemos classificar, com Trebitsch, de *correspondências-rede*. Entre elas, há principalmente, as mensagens de Natal e de Boas Festas, os cartões de participação de nascimento, de comunicação de novo endereço ou de felicitações por novos cargos ocupados por Oliveira Vianna; os convites para festas e casamentos; os cartões postais; os avisos de falecimento; os agradecimentos de manifestação de pesar e as cartas desejando melhora de saúde e pronto restabelecimento em caso de doenças.

Analisando essas correspondências, identifica-se um conjunto de 261 missivistas distintos. Entre eles, vinte eram membros do Instituto Histórico e Geográfico Brasileiro, 24 pertenciam à Academia Brasileira de Letras, 35 eram sócios de outros institutos ou academias nacionais e/ou regionais, espaços onde Oliveira Vianna fez amigos. Do total de missivistas, 53 eram ocupantes de importantes cargos públicos.

A investigação desse tipo de correspondência evidencia os modos como, pela via epistolar, Oliveira Vianna mantinha-se inserido no espaço da produção cultural, sem que lhe fosse necessário frequentar, obrigatória e regularmente, as instituições que serviam de reduto à sociabilidade intelectual.

Michel Trebitsch (1992) afirma que a correspondência pode ser utilizada como um instrumento de abordagem da sociabilidade intelectual porque ela é uma das raras fontes escritas segundo um modo de relações sociais dominadas pela fala e pela oralidade. Além disso, a correspondência mantém um status de narrativa pessoal, semelhante à autobiografia e aos diários, e diferente dos textos destinados à publicação, o que lhe confere uma impressão maior de veracidade. E ainda porque a correspondência, que constitui um lugar de sociabilidade privada, em oposição aos lugares de sociabilidade públicos, como as revistas, os colóquios e os manifestos, é também lugar de troca, não somente entre pessoas, mas entre comportamentos individuais e regras impostas do exterior, códigos sociais ou normas de escrita.

Assim, a exploração da correspondência social presente no arquivo privado pessoal de Oliveira Vianna permitiu esboçar, ainda que de maneira fragmentária, a sua rede de relações pessoais, marcada e materializada pela escrita epistolar, e conhecer o lugar que ele ocupou no espaço social da produção intelectual. Através da análise desses documentos insinua-se um cartograma da posição social ocupada por Oliveira Vianna, um mapa que evidencia sua importância e movimentação no campo da produção intelectual. Esboça-se a imagem de um homem que preza suas relações pessoais, mesmo que de forma singular e distante, e que faz com que seja mantida, com um significativo grupo de pessoas, uma constante troca de gentilezas e favores que contribuem para a apropriação e circulação de seus escritos. A imagem de homem recluso ganha, dessa forma, outra dimensão. Não se pode dizer que Vianna se mantivesse fora de círculos de amizades e, ainda, pelo arquivamento das correspondências, pode-se perceber que ele não tinha nenhum interesse em ocultar essas relações.

Esse cartograma espelhado em seu arquivo privado possibilita a compreensão das relações de amizade de Vianna como um mecanismo informal que lhe permitia enfrentar alguns dos desafios cotidianos e muitas das imposições das organizações institucionalizadas.

Josepa Giner (1995),[12] ao investigar as relações de amizade, concluiu ser esta uma construção social e culturalmente determinada, que não possui uma forma fixa e que mantém uma prática dinâmica e mutável, cujas formas variam histórica e socialmente. Segundo a autora, os conteúdos da amizade estão conformados por um conjunto de constrangimentos externos, sobre os quais a pessoa exerce apenas um controle relativo. Assim, pode-se definir a amizade como uma relação voluntária e pessoal, em que não existe nem hierarquia, nem

---

[12] O livro sintetiza os estudos antropológicos que tratam das relações de amizade.

autoridade. É uma relação entre iguais, não havendo a assimetria característica das relações formais ou mesmo das relações informais, marcadas pelo apelo a um superior.

O estudo das relações de amizade permite esboçar, assim, as redes de sociabilidade de um indivíduo, destacando suas escolhas voluntárias, suas relações eleitas e o espaço limitador onde essas se estabelecem. Ainda segundo Giner,

> [...] o enfoque das redes sociais enfatiza o papel de ator dos indivíduos, este não só se acha constrangido e manipulado – através de pautas complexas de regras – por seu entorno social, mas ele mesmo mediante a estratégia que imprime às suas relações interpessoais manipula esse entorno para alcançar seus interesses (p. 52).

Ao longo de sua trajetória, Oliveira Vianna fez amigos, encantou admiradores, desencadeou críticas. A rede urdida em torno dele era composta também por alunos e professores, companheiros de trabalho, críticos e editores, acadêmicos "imortais" e pessoas comuns.

A noção de rede de relações pessoais remete-se à ideia de que cada indivíduo encontra-se vinculado a outros, por relações de parentesco, amizade ou outras determinações pessoais. Refere-se, portanto, à noção desenvolvida por Norbert Elias de *cadeia de interdependência* (*apud* CHARTIER, 1992, p. 101), segundo a qual "uma das condições fundamentais da existência humana é [justamente] a presença simultânea de diversas pessoas inter-relacionadas" (ELIAS, 1994, p. 27).

Essa interdependência pode ser mobilizada por um indivíduo para fins distintos, tornando-o vinculado a outros, direta ou indiretamente. Assim, a ideia de generosidade, implícita na noção de amizade desinteressada, muitas vezes camufla a troca de interesses e a obrigatoriedade no intercâmbio de bens e favores.[13] Cartões de felicitações, cumprimentos e presentes dados, aparentemente, de forma voluntária, exigem sempre retribuição, o que acaba por enredar pessoas em laços de amizade e fidelidade. Essa obrigatória reciprocidade é vivida, na

---

[13] A partir das observações propostas por Marcel Mauss (1974), em "Ensaio sobre a dádiva. Forma e razão da troca nas sociedades arcaicas", a respeito da ambiguidade existente na prática da troca de presentes, podemos compreender a amizade como uma espécie de contrato informal estabelecido entre pessoas que se vêem como iguais e trocam bens e serviços de modo recíproco.

verdade, como se não existisse, pois a troca entre parceiros envolve serviços e ajudas de naturezas distintas, que são apreendidas como unidades isoladas, sem qualquer vínculo entre si.

Esse tipo de correspondência – cartões de Natal, de Boas Festas, de visitas, os convites para festas e comemorações, as cartas desejando melhoras de saúde ou solicitando favores – é fortemente marcado por uma forma repetitiva e vazia de conteúdo. A maior parte dela é composta de cartas ou cartões impressos em grande quantidade, sem nenhuma referência pessoal, onde a escrita manuscrita aparece apenas, em muitos casos, na assinatura do remetente. Poucas são as cartas manuscritas e é ainda menor o número daquelas que contêm um relato extenso.

No arquivo de Oliveira Vianna, há centenas de documentos referidos a esse tipo de correspondência, o que permite traçar um cartograma dos espaços do campo intelectual ocupado por Vianna ao longo de sua vida. A correspondência, uma forma de intercâmbio social como qualquer outro, se insere num tipo de prática social mais ampla, ultrapassando a esfera do íntimo e referindo-se a determinações da esfera pública.[14]

Apesar de neste livro se priorizar a correspondência passiva de Vianna, mais abundante em seu arquivo, e por isso não ser possível caracterizar, de maneira mais concreta, a escrita epistolar desse intelectual, através das cartas recebidas, pode-se ter acesso a ele "pela ótica do outro" (MIGNOT, 2002, p. 116), visto que as cartas são produto da interação entre remetente e destinatário.

A maior parte dos missivistas que destinaram a Vianna algum tipo de carta social limitou-se apenas a esse tipo de correspondência, não mantendo com ele nenhum outro relacionamento como, por exemplo, uma discussão intelectual. Além disso, é importante destacar que muitas das cartas ou cartões, recebidos por Vianna, agradeciam mensagens anteriormente enviadas por ele. Na verdade, é possível notar que tanto mais importante e reconhecido política e intelectualmente o missivista, mais sua correspondência referia-se ao agradecimento a cartas de Vianna. Alguns missivistas caracterizam-se por terem enviado a Vianna unicamente cartas de agradecimento, como é o caso, por exemplo, de Manuel Bandeira e Oswaldo Aranha.

---

[14] Sobre a correspondência como uma prática social que ultrapassa os limites da esfera do privado e do íntimo, ver Trebitsch (1992, p. 82).

Outro aspecto importante a ser investigado, a respeito desse conjunto de cartas, diz respeito à singular temporalidade com que ele se organiza. A maior parte das cartas que compõem essa parte do acervo é formada por cartões de Boas Festas e em seguida de congratulações pela data de aniversário de Vianna. Assim, pode-se verificar que em dois momentos do ano – em junho, data de aniversário de Oliveira Vianna, e em dezembro, no período das festas de Natal e Ano Novo – o número de correspondências aumenta significativamente.

Ainda em relação à temporalidade descrita por essa correspondência, percebe-se que há um aumento do número de cartas em momentos específicos da vida de Oliveira Vianna. A maior parte dos registros que figuram no acervo foi recebido ao longo dos anos 1940, momento em que Vianna possuía um significativo reconhecimento intelectual e social, pois ocupava o cargo de Ministro do Tribunal de Contas, era membro da Academia Brasileira de Letras – além de sócio do Instituto Histórico e Geográfico Brasileiro – e possuía várias obras publicadas. Assim, pode-se perceber que, se o conteúdo da correspondência de caráter social não apresenta maior interesse, a identificação de seus autores, bem como a análise das redes tecidas a partir de sua circulação são extremamente ricas. Considerando-a uma forma privilegiada de sociabilidade, alimentada por Vianna, pode-se identificar pelo menos uma parte de seus interlocutores. Compreende-se assim que, através da escrita epistolar, ele se mantinha em contato com indivíduos dos mais diversos lugares do país, utilizando-se desse mecanismo para se manter recluso, sem permanecer isolado. Esboça-se, dessa forma, um cartograma de sua inserção social, espelhado no conteúdo de seu acervo privado.

De onde partem e para onde vão as cartas: Oliveira Vianna no espaço da produção intelectual

> *A identidade dos homens públicos na República Velha passava fundamentalmente por sua condição letrada. De maneira geral, na virada do século, as letras representavam importantes bens simbólicos.*
> Regina Abreu, "Um homem de letras", 1996, p. 137.

Oliveira Vianna produziu sua obra entre os anos 1910 e os anos 1950, período em que se esboçava um processo de definição das ciências e forjava-se um embate entre as ciências e a literatura. Definiam-se, dessa forma, os limites dos espaços literários e científicos, na medida em que se tentava identificar quem eram os "homens de letras" e os "de ciência".[15]

Por um lado, na Academia Brasileira de Letras, criavam-se polêmicas com as eleições de indivíduos considerados "homens não de letras" (*O Paiz*, 11 de dezembro de 1912 *apud* EL FAR, 2000, p. 115), como o médico Osvaldo Cruz.[16] Por outro, os "homens de ciência", autodefinindo-se como intelectuais que lutavam pelo progresso científico da nação, passavam a questionar o papel dos literatos que, segundo eles, afastavam-se dos problemas mais urgentes do país.[17]

"Homens de letras" e "homens de ciência", no entanto, apesar das disputas travadas, faziam parte de um restrito grupo de intelectuais que participavam de instituições que, desde meados do século XIX, no Brasil, vinham se organizando criando espaços de sociabilidade e de atividade literária e científica.

Definir esse grupo de "intelectuais" é tarefa necessária ao se tratar dos homens de letras e de ciência no Brasil da primeira metade do século XX. Porém, a imprecisão do conceito é um aspecto referido, unanimemente, pelos diversos autores que se preocuparam com a história dos intelectuais. A respeito desse tema, Jean François Sirinelli (1996, p. 242) afirma que "com frequência se destacou o caráter polissêmico da noção de intelectual, o aspecto polimorfo do meio dos intelectuais, e a imprecisão daí decorrentes para se estabelecer critérios

---

[15] Essa questão é tratada de forma abrangente por Lilia Schwarcz (1993) no livro *O espetáculo das raças: cientistas, instituições e questão racial no Brasil (1870-1930)*.

[16] No discurso de recepção de Osvaldo Cruz na Academia, Afrânio Peixoto tenta diluir as barreiras existentes entre literatura e ciência justificando uma noção mais abrangente da expressão "homens de letras". Por outro lado, acadêmicos como Carlos de Laet, José Veríssimo e Filinto de Almeida mantêm sua posição de oposição à entrada, na Academia, de indivíduos sem referências literárias (EL FAR, 2000, p. 114).

[17] Lilia Schwarcz (1993, p. 40) destaca a esse respeito o embate que ocorreu entre Silvio Romero e Machado de Assis. Após a publicação de um ensaio em que Machado de Assis criticava Silvio Romero, este responde publicando um artigo onde comparava a obra de Machado de Assis e Tobias Barreto. Nas palavras da autora, "sem entrar nos detalhes da polêmica, o mais importante é verificar que, no julgamento muito pouco científico que Romero fez de Machado de Assis, transparecem os limites de uma outra polêmica. Ou seja, a disputa entre os 'homens de ciência', que se auto-identificavam a partir do vínculo com instituições científicas e de uma postura singular, intervencionista e atuante, e os 'homens de letras', que, na visão de autores como Romero, encontravam-se afastados das questões prementes de seu tempo".

de definição da palavra [...]" (SIRINELLI, 1996, p. 242). E ainda Roger Chartier comenta que "às certitudes lexicais das outras histórias, a história intelectual opõe uma dupla incerteza de vocabulário. Cada historiografia nacional possui suas próprias designações, e em cada uma delas diferentes noções, mal distintas umas das outras, entram em competição" (CHARTIER, 1986, p. 373).

Assim, com vistas a se precisar de que intelectuais se fala, considerou-se, neste livro, a participação dos indivíduos e grupos nas sociedades que surgiam – espaço onde os eruditos se encontravam, discutiam e mantinham trocas culturais – como o aspecto básico para a definição da própria condição de "homens de letras" e de "homens de ciência"[18] no Brasil na primeira metade do século XX. Pela via das estratégias de sociabilidade intelectual, pelos modos de inserção e participação na sociedade dos "homens de letras", buscou-se definir, justamente, a condição de letrado e intelectual (CHARTIER, 1996, p. 172). Isto porque se considera que a condição de "homem de letras" se acomoda mal à solidão e ao afastamento de sua "república". Um intelectual totalmente solitário isola-se do mundo e perde uma das referências básicas de sua condição, a possibilidade de intercâmbio e de aprofundamento de suas ideias.[19] Do ponto de vista da circulação das ideias, a convivência fundada nos salões, nos cafés, nas conversas é absolutamente necessária e fundamental.

---

[18] Ao investigar a definição do significado da expressão "homem de letras" Roger Chartier afirma que, durante o século XVIII, alguns intelectuais idealizaram os letrados como indivíduos voltados para o estudo, a leitura e a vida em gabinetes. Entretanto se essa era a imagem ideal do homem de letras, a ela correspondia, desde o século XVIII, uma outra, mais real e cotidiana marcada justamente pelas estratégias de intercâmbios intelectuais (CHARTIER, 1996, p. 160).

[19] É interessante observar depoimentos de intelectuais sobre a dificuldade criada a partir de uma vida solitária. As duas frases seguintes estão separadas por um período de dois séculos, o que nos leva a crer que a condição de intelectual é ainda hoje, como há duzentos anos, marcada pela necessidade de intercâmbios culturais: "Vous me demandez si j'ai lu l'abbé Raynal ? Non. Mais pourquoi? Parce que je n'ai plus ni le temps ni le goût de la lecture. Lire tout seul, sans avoir à qui parler, avec qui disputer ou briller, ou écouter, ou se faire écouter, c'est impossible" [Você me pergunta se eu li o abade Raynal? Não. Mas por quê? Porque eu não tenho nem mais tempo, nem o gosto pela leitura. Ler completamente sozinho, sem ter com quem falar, com quem discutir ou brilhar, ou escutar, ou se fazer escutar, é impossível] ("Correspondance de l'abbé Galiani" *apud* CHARTIER, 1996, p. 172). "É possível que se leia quando existe um mercado no qual possam ser colocados os discursos concernentes às leituras. Se essa hipótese pode surpreender, até chocar, é porque somos precisamente pessoas que têm sempre sobre a mão um mercado, alunos, colegas, amigos, cônjuges etc., a quem podemos falar de leituras" – depoimento de Pierre Bourdieu no texto "A leitura: uma prática cultural" (CHARTIER, 1996, p. 238).

E isso não só para os "homens de letras". Também os "homens de ciências" precisam, necessariamente, estabelecer redes de sociabilidade intelectual e canais institucionais de difusão de ideias. Assim, no Brasil, nas últimas décadas do século XIX, e primeiros anos do século XX, os chamados "homens de ciência" criaram centros de pesquisa e ensino onde puderam discutir e (re)elaborar modelos científicos que melhor se adequassem à investigação dos aspectos singulares do país (SCHWARCZ, 1993). Os museus etnológicos e as escolas de Direito e Medicina foram, sem dúvida, espaços privilegiados de elaboração científica, nos quais se (re)discutiram modelos teóricos importados, principalmente da Europa, e forjaram-se propostas originais para a solução dos problemas do Brasil. Segundo Lilia Schwarcz,

> Longe de conformarem um grupo homogêneo, divididos em função dos vários interesses profissionais, econômicos e regionais [...] esses intelectuais guardavam, porém, certa identidade que os unia: a representação comum de que os espaços científicos dos quais participavam lhes davam legitimidade para discutir e apontar os impasses e perspectivas que se apresentavam para o país. Reduzida, essa elite ilustrada acabava circulando pelos diferentes centros e estabelecendo relações de intercâmbio cultural, perfil comum que lhes garantia, de um lado, certo reconhecimento, de outro, certa polivalência, que nesse caso encobria a parca especialização, ou mesmo a frágil delimitação das áreas de saber (SCHWARCZ, 1993, p. 37).

Eram, portanto, esses "homens de letras" e "de ciência" que formavam o *petit monde étroit* da intelectualidade brasileira nos primeiros anos do século XX. Eles mantinham práticas singulares de sociabilidade, canais através dos quais veiculavam suas ideias e estabeleciam suas relações com o conjunto da sociedade (TREBITSCH, 1992; VELLOSO, 1996). O estudo das estratégias de sociabilidade utilizadas por esses grupos torna-se, assim, uma via fértil para a definição do próprio conceito de intelectual, na medida em que, ao invés de se tentar estabelecer os limites do campo intelectual, busca-se compreender o seu funcionamento.[20] Não se trata de determinar quem pode ou não ser considerado intelectual, mas sim de perceber quem são as pessoas que circularam nos meios literários, culturais e científicos e as funções que elas ocuparam nesses espaços (TREBITSCH, 1992, p. 10).

Para isso, busca-se identificar a localização dos intelectuais no interior do campo para, dessa forma, estabelecer uma história da intelectualidade. Em contraponto, como afirma Chartier, a uma história dos pensamentos individuais, elabora-se, assim, uma história das categorias e esquemas partilhados e incorporados (CHARTIER, 1996, p. 374).

Através das ideias de lugar e redes de sociabilidade e de itinerário intelectual,[21] pode-se compreender o espaço social por onde Oliveira Vianna circulava, produzia e divulgava suas ideias, bem como a teia urdida por suas relações pessoais e profissionais, considerando-se o meio intelectual como condição de sua elaboração intelectual (TREBITSCH, 1992, p. 19). Como membro de institutos e academias, Vianna estabeleceu relações com outros intelectuais com os quais, eventualmente, travou polêmicas e debates. Na faculdade de Direito do estado do Rio de Janeiro,[22] em Niterói, onde era professor, encontrou espaço de intercâmbio cultural com alunos e colegas. Nas revistas e nos jornais com os quais colaborou, estabeleceu uma imagem que permitiu o seu reconhecimento intelectual ao mesmo tempo em que criou um público leitor.

---

[20] A noção de campo de produção intelectual desenvolvida aqui é inspirada na proposta de Pierre Bourdieu, que o considera um espaço singular, de luta concorrencial, onde as obras são elaboradas e onde se tramam as carreiras. Ver Bourdieu (1983).

[21] Desenvolvidas por Sirinelli (1986) no texto "Le hasard ou la necessité? Une histoire en chantier: l'histoire des intellectuels".

[22] A Faculdade de Direito do estado do Rio de Janeiro passou a funcionar em Niterói em 25 de março de 1915, a partir da fusão das faculdades de Direito Teixeira de Freitas, que havia sido criada na cidade do Rio de Janeiro, em 1912, pelo professor Joaquim Abílio Borges, e de Direito do estado do Rio de Janeiro, que também funcionava na capital da República. Em 1921, essa faculdade adotou o nome de Faculdade de Direito de Niterói, tendo em vista ter passado a denominar-se Faculdade de Direito do Rio de Janeiro aquela que seria mais tarde a Faculdade Nacional de Direito. A Faculdade de Direito de Niterói foi federalizada pela Lei n. 2.721, de 30 de janeiro de 1936, e em 18 de dezembro de 1960 passou a integrar, juntamente com as faculdades de Ciências Econômicas, Filosofia, Engenharia, entre outras existentes na cidade, a Universidade Federal do Estado do Rio de Janeiro (UFERJ). A UFERJ transformou-se, em 1965, na atual Universidade Federal Fluminense (UFF).

Vianna pertenceu, certamente, a um grupo de intelectuais cuja sociabilidade se dava principalmente através da escrita, o que o mantinha longe das práticas fundadas na sociabilidade mundana e corroborava a sua autorrepresentação idealizada de "homem de letras" para a qual a condição de letrado pressupunha o afastamento do mundo. Segundo essa autorrepresentação, somente longe das paixões e dos divertimentos, os homens de letras poderiam cultivar o seu espírito crítico e criativo. Foi, prioritariamente, através da escrita que Vianna estabeleceu e manteve a sua rede de sociabilidade e sua relação com o mundo. Ele frequentemente "respondia aos críticos nos livros seguintes ou nas reedições [...]" (CARVALHO, 1998, p. 204). Também foi através de seus artigos para os jornais ou de seus livros que expôs sua opinião sobre os mais diversos assuntos. Por meio de seus pareceres, contribuiu para a constituição de uma nova legislação trabalhista no país. E, pelas cartas, evidentemente, ele estabeleceu relações pessoais e profissionais.

Assim é preciso se perguntar: quem eram os principais interlocutores de Vianna? Como, e por quais caminhos, se formou sua rede de missivistas?

De Saquarema a Niterói: esboço de uma trajetória

Oliveira Vianna chegou a Niterói em 1897 vindo de Saquarema,[23] cidade onde nasceu, na fazenda do Rio Seco, em 20 de junho de 1883. Os seus pais, o coronel Francisco José de Oliveira Vianna e dona Balbina de Oliveira Vianna, tiveram seis filhos. Com o mesmo nome de seu pai, Francisco José, o Chico, como era chamado em

---

[23] A Vila de Nossa Senhora de Nazaré de Saquarema recebeu a denominação de freguesia, em 12 de janeiro de 1755, a partir do desmembramento do território do município de Cabo Frio. Em 8 de maio de 1841, por iniciativa do vice-presidente da Província, o visconde de Baependi, a freguesia foi elevada a categoria de município. A Lei n. 238, dessa data, determina: "Foi criada uma vila – no arraial denominado Nossa Senhora de Nazaré de Saquarema – conservando o mesmo título. A nova vila ficará pertencendo a comarca de Cabo Frio". Poucos anos depois, em 1859, a decisão foi tornada sem efeito pelo Decreto n. 1.128 de 6 de fevereiro e Araruama passou a ser sede do município de Saquarema. Os habitantes de Saquarema protestaram e com o Decreto n. 1.180 de 24 de julho de 1860, a população da vila pôde ver restaurada sua antiga situação jurídica, tendo sido reestabelecida a vila de Saquarema, mantendo-se também a de Araruama. Em 03 de janeiro de 1890, já no período republicano, a vila de Saquarema foi elevada a categoria de cidade (PEIXOTO, [197-?]; TORRES, 1956; IBGE, 1959).

casa, era o mais novo deles. Chico viveu toda a infância na fazenda do Rio Seco, uma propriedade de 155 alqueires onde se plantava café e que possuía um considerável número de escravos.

A fazenda dos Vianna localizava-se na região de Saquarema, na Baixada Fluminense, onde havia se desenvolvido, na segunda metade do século XVIII, uma importante lavoura canavieira. Embora cultivada em propriedades menores que as de Pernambuco e do Recôncavo Baiano, a cana-de-açúcar ganhou, no período citado, uma significativa importância nessa região (Mattos, 1987, p. 43).

Ao longo do período imperial, a lavoura açucareira, no entanto, havia paulatinamente cedido lugar à expansão cafeeira, pois a Província dispunha de elementos favoráveis para o plantio de pés de café: "ampla oferta de terras, clima e relevo adequados, força de trabalho subutilizada, estrutura comercial instalada a partir dos negócios com o açúcar, tropas de muares e porto próximo" (Ferreira, 1989, p. 28). Assim, a Província do Rio de Janeiro, com sua economia baseada nas atividades ligadas ao açúcar e ao café, destacou-se, durante o período do Império, como a principal região econômica do país e também como o centro do conservadorismo escravista. Indivíduos originários de Saquarema, como Joaquim José Rodrigues Torres e Paulino José Soares ocuparam, nesse período, importantes cargos na política imperial.

Joaquim José Rodrigues Torres foi o primeiro presidente da Província do Rio de Janeiro, sendo sucedido por seu conterrâneo, Paulino Soares. Eles alcançaram uma tal importância na política do Império que, durante o período, o termo "saquarema" passou a denominar mais do que os nascidos naquela vila. Por saquarema passou-se a designar os conservadores fluminenses, "[...] e se assim ocorria era porque eles tendiam a se apresentar organizados e a ser dirigidos pela "trindade saquarema": Rodrigues Torres, futuro Visconde de Itaboraí, Paulino José Soares de Sousa, futuro Visconde do Uruguai, e Eusébio de Queirós".[24]

A produção cafeeira trouxe ainda uma grande modernização para a Província do Rio de Janeiro. Enquanto a produção açucareira

---

[24] Os coronéis plantadores de café de Saquarema ocuparam uma importante posição política durante o Império. Essa influência levou à criação do apelido saquarema para designar um grupo de pessoas, os conservadores, que se opunham aos liberais, luzias. Ver Mattos (1987, p. 108).

usava, basicamente, o transporte fluvial, o café era transportado prioritariamente por via terrestre. Por isso, a expansão cafeeira impôs a necessidade de construção e melhoria de novos caminhos. O surgimento das ferrovias impulsionou ainda mais os negócios do café, pois as estradas de ferro uniam com maior rapidez os centros produtores do interior ao porto do Rio de Janeiro. Com a melhoria nas condições de transporte, novos centros produtores começaram a surgir. Se até 1860 os grandes produtores estavam localizados na região ocidental do Vale do Paraíba, destacando-se Resende, Barra Mansa, Vassouras, São João Marcos e Passa Três, a partir dessa data valorizou-se a face oriental da bacia do Paraíba, destacando-se o eixo produtor formado entre Cantagalo e Paraíba do Sul.

Entretanto, embora tenha se expandido em número de lavouras e área plantada, o setor cafeeiro fluminense passou, nas últimas décadas do século XIX, a enfrentar sérios problemas:

> Tratava-se, na verdade, de uma crise estrutural. Organizado sobre uma base escravista, o setor cafeeiro fluminense enfrentava problemas resultantes da extinção do tráfico internacional de escravos em 1850: o encarecimento da mão-de-obra e o progressivo endividamento dos proprietários rurais que, já na década de 1860, precisavam hipotecar suas propriedades para manter o trabalho nas suas lavouras (FERREIRA, 1989, p. 29).

No momento em que Francisco José de Oliveira Vianna nasceu, em 1883, eram essas as condições da propriedade do Rio Seco. A antiga e próspera fazenda vinha sofrendo os abalos pelos quais passava toda a economia cafeeira fluminense. A situação da família Oliveira Vianna agravou-se ainda mais quando, dois anos após o seu nascimento, o coronel Francisco José morreu, deixando seus seis filhos órfãos. A morte do pai modificou a vida do menino Chico. Dona Balbina assumiu a administração da fazenda, mantendo ainda a educação dos filhos. Foi ela quem iniciou o filho nas primeiras letras, situação comum no meio rural brasileiro da época. Assim, Francisco José aprendeu a ler nos livros da pequena biblioteca da fazenda formada pelo coronel Francisco José nas suas visitas a livrarias da cidade do Rio de Janeiro.²⁵ Chico, ainda menino, costumava visitar frequentemente esse espaço:

> Nas horas dos folguedos infantis metia-se pela biblioteca do pai, esquadrinhando tudo e lendo com avidez tudo o que lhe caía nas mãos. Leu, dessa maneira, Gil Braz de Santilhana,²⁶ o Diabo Côxo, um livro de medicina e exemplares da Revista da Semana, colecionados entre 1884 e 1885 (TORRES, 1956, p. 22).

Após aprender a ler, Francisco José foi matriculado na Escola Pública Estadual, localizada na cidade de Saquarema, dirigida pelo professor Quincas Souza, e frequentada principalmente por alunos de origem humilde. Algum tempo depois, foi transferido para outra escola, mais próxima da sede da fazenda, dirigida pelo seu tio Felipe Alves de Azevedo.

Quando atingiu a idade de 13 anos, Francisco José mudou-se para Niterói, onde se deveriam cumprir os planos que a mãe tinha para sua carreira e sua vida. Como membro de uma família de proprietários de terras em declínio, Vianna passaria a investir em um itinerário educacional que lhe possibilitasse uma nova alternativa de inserção social. Face à situação de desequilíbrio diante de condições econômicas desfavoráveis, o investimento em educação e a opção por um curso superior que lhe possibilitasse lugar de destaque na sociedade poderiam impedir um maior rebaixamento social da família.²⁷

---

²⁵ Era bastante comum a existência de bibliotecas em casas de fazendas. Espaço normalmente destinado aos homens da casa, principalmente ao pai, proprietário da fazenda, essas bibliotecas muitas vezes foram utilizadas pelos filhos para suas leituras de lazer ou estudo. Os textos de Maria Helena Camara Bastos intitulado "O diário de Cecília Assis Brasil (1916-1928): práticas de leitura de uma moça gaúcha" e o de Maria Arisnete Câmara de Morais chamado "Vida íntima das moças de ontem: um encontro com Sophia Lyra" (ambos publicados na coletânea *Refúgios do eu: educação, história e escrita autobiográfica*, organizada pelas professoras Ana Chrystina Venancio Mignot, Maria Helena Camara Bastos e Maria Teresa Santos Cunha em 2000) descrevem as práticas de leitura de duas moças, filhas da elite econômica e intelectual de suas épocas, as voltas com os livros que formavam as bibliotecas de seus pais.

²⁶ *História de Gil Braz de Santilhana*, de Alain René Lesage, foi um dos textos literários de maior circulação no Rio de Janeiro no início do século XIX. Esse romance, um sucesso editorial da Europa da época, foi traduzido para diversas línguas, sendo a versão portuguesa de Barbosa de Bocage considerada uma das mais importantes (ABREU, 2001, p. 3; NEVES, [s.d.]., p. 7).

²⁷ Sobre o processo de reconversão social dos filhos da elite agrária decadente do fim do Império, ver Miceli (1977, p. 22) e Garcia Jr. (1993, p. 20).

Quando Vianna chegou a Niterói, vindo do interior do estado, a vida na cidade apresentava-se cheia de novidades para o menino criado na fazenda, principalmente naquele momento, em que o mundo passava por tantas transformações, que "[…] os ponteiros do relógio da História pareciam andar mais depressa" (Neves; Heizer, 1991, p. 15). Os bondes, a luz elétrica, o cinematógrafo, os automóveis faziam com que o tempo, no dizer de João do Rio, parecesse passar mais rápido (*apud* Neves; Heizer, 1991, p. 17).

Niterói também sofria importantes modificações na paisagem urbana.[28] Depois de ter sido elevada à categoria de cidade em 28 de março de 1835, quando a Vila Real da Praia Grande foi escolhida para sediar o governo da Província – visto que, com a criação do Município Neutro[29] como sede do Governo Geral, a cidade do Rio de Janeiro havia se separado, política e administrativamente, da Província do Rio de Janeiro –, Niterói viveu rápido desenvolvimento, ao longo do século XIX. Em 1841, um plano de transformações urbanas foi elaborado,[30] englobando, de um lado,

---

[28] Desde o início do século XIX, os grandes negociantes do Rio de Janeiro, os nobres e oficiais portugueses que vieram ao Brasil juntamente com D. João VI, passaram a apreciar a região de São Domingos e de Praia Grande como um local pitoresco para estabelecer uma residência de veraneio. Segundo Marli Cigagna Wiefles, "Traverser la baie pour passer quelques jours de loisir à Praia Grande devient une mode. […] Cette mode s'étend quand D. João lui même y adhère pour des séjours au Campo de Dona Helena (du nom de la propriétaire des lieux, D. Helena Francisca Casimira de Bessa), ancien champ de manioc transformé en jardin à Praia Grande […] Pour l'anniversaire du roi, le 13 mai 1816, c'est au Campo de Dona Helena que les troupes défilent, devant la famille royale, toute la noblesse et le corps diplomatique qui ont réalisé la traversée depuis Rio." [Atravessar a baía para passar alguns dias de lazer na Praia Grande torna-se uma moda. [...] Essa moda se estende quando o próprio D. João adere a ela passando temporadas no campo de D. Helena (do nome da proprietária do local, D. Helena Francisca Casimira de Bessa), antiga plantação de mandioca transformada em jardim na Praia Grande [...]. No aniversário do Rei, em 13 de maio de 1816, é no campo de D. Helena que as tropas desfilam, diante da família Real, de toda a nobreza e do corpo diplomático que realizaram a travessia vindo do Rio de Janeiro] (WIEFELS, 2001, p. 44).

[29] O Ato Adicional de 1834 separou a municipalidade do Rio de Janeiro da Província do Rio de Janeiro, dando-lhe o *status* de município neutro. A partir daí a Assembleia Provincial passou a reunir-se à Praia Grande que tornou-se capital da Província sendo rebatizada com o nome de Niterói. A vila de Niterói, que contava naquele momento com cerca de 10 mil habitantes, passou a sediar todas as instituições provinciais.

[30] Este é o segundo plano de planejamento urbano de Niterói. O primeiro havia sido elaborado em 1820, no momento em que um decreto havia transformado São Domingos da Praia Grande em Vila Real da Praia Grande, composta das freguesias de São João Batista de Icaraí, de São Sebastião de Itaipu, de São Lourenço dos Índios e de São Gonçalo.

os bairros de São Domingos, Gragoatá e Ingá e, de outro, Icaraí e uma parte de Santa Rosa, esse último chamado, naquela época, de "Vila Nova de Icaraí". Esse plano previa o traçado de ruas paralelas e perpendiculares, estendendo-se desde a Praia de Icaraí até a avenida Santa Rosa, passando pelo Campo São Bento.[31] O traçado das ruas só se deu efetivamente em 1854, mas alguns anos antes, em 1849, a ligação pelo litoral, do centro da cidade a Icaraí, passando pelo Ingá, foi concluída com a destruição com dinamites do arco de Itapuca, uma espécie de gruta situada à beira do mar. Ao longo do século XIX, ainda, as ruas do centro, de São Domingos e Gragoatá passaram a contar com iluminação pública, em 1837, movida a óleo de baleia, a partir de 1847, a hidrocarbureto, depois de 1871, a gás e, em 1906, a eletricidade.

Os bondes apareceram em 1871. Num primeiro momento, puxados por animais, sendo substituídos mais tarde, por bondes elétricos. As dezenas de linhas de bondes cobriam praticamente toda a extensão da vila: de um lado, bondes que iam de Icaraí a Santa Rosa e de outro, os que se dirigiam aos bairros do Barreto, Neves e trafegavam ao longo da estrada de Maricá, à margem do rio Vicencia, antecipando o que viria a ser o traçado da atual Alameda São Boaventura.

Alguns anos mais tarde, seria nessa região da cidade que a família Oliveira Vianna se estabeleceria. Mesmo no tempo em que ainda moravam em Saquarema, os Oliveira Vianna, periodicamente, se deslocavam para Niterói, numa longa e penosa viagem, realizada a cavalo, de Saquarema até Rio Bonito, onde embarcavam no trem da Leopoldina.

Proprietários de uma chácara cuja casa havia sido construída pelo pai do poeta Alberto de Oliveira,[32] a família Oliveira Vianna instalou-se, em 1897, definitivamente em Niterói. Caberia, a partir daí, a Clotilde, a irmã mais velha, cuidar da administração da casa e acompanhar os estudos dos irmãos mais moços.

---

[31] Campo São Bento era o nome genérico dado à região de Santa Rosa. O Jardim São Bento, hoje conhecido como Campo São Bento, só foi construído em 1909.

[32] O pai do poeta Alberto de Oliveira era mestre-de-obras e carpinteiro (LEITE NETO, 2001, p. 234).

A casa, localizada na enseada de São Lourenço, no atual bairro do Fonseca, tinha duas espaçosas varandas e um grande jardim que se tornaria, mais tarde, o local predileto de Francisco José de Oliveira Vianna para a leitura matinal dos jornais.

Figura 1 – Enseada de São Lourenço [s.d.]
A seta indica a casa de Francisco José de Oliveira Vianna, localizada em frente à Igreja de Sant'Anna.
Fonte: Documento pertencente ao arquivo privado pessoal de Oliveira Vianna.

Naquela época, o Fonseca, com suas chácaras e pequenos sítios, lembrava

> [...] remotamente o meio agrário de que procedera, já pela casa colonial em que habitava, já pelo silêncio em seu derredor [...] (Torres, 1956, p. 24).

Ao chegar a Niterói, Francisco José matriculou-se no Colégio Brasileiro, do professor Carlos Alberto, localizado na rua da Praia (hoje Visconde do Rio Branco), entre as ruas São João e Marechal Deodoro.[33] Esse colégio era reconhecido como um dos principais estabelecimentos de ensino preparatório para os exames do Colégio Pedro II.

Em fins de 1900, Vianna submeteu-se aos exames do Pedro II, concluindo assim seus estudos secundários. O próximo passo seria o curso universitário. Oliveira Vianna pretendia cursar a Escola Politécnica, visto ser a Matemática sua disciplina preferida. Porém, acabou

---

[33] A Rua do Imperador passou a chamar-se Marechal Deodoro, em 1889, por proposta do vereador Alexandre Ribeiro de Oliveira (BACKHEUSER, 1994, p. 251).

por matricular-se na Faculdade de Direito. Seu principal biógrafo, Vasconcelos Torres, afirma que a mudança se deu pelo simples fato de ele ter perdido o prazo de inscrição na Politécnica.

> A matemática seduzia-o. Para quem prezava a objetividade, nada melhor que lidar com os números. A próxima etapa, indiscutivelmente, seria a Escola Politécnica. Seu sonho era esse. Lera o programa do vestibular e admitia ser aprovado, ele que até então havia sido o primeiro aluno nos cursos que freqüentara. Tudo pronto para o desideratum. [...] Estava em ordem a papelada para a matrícula. Semanas antes da prova a sua dedicação não teve limites e a confiança na admissão dominava-lhe a alma. Feliz, comparece à secretaria da Escola e exibe os documentos. Examina-os um funcionário que com frieza, lhe diz ter-se encerrado o prazo das inscrições. Um impacto atingira-lhe o coração. Colhido pelo inesperado não consegue camuflar a tristeza. Um ano perdido. Um castelo desfeito diante de uma simples frase protocolar pronunciada por um servidor subalterno da secretaria. Que iria dizer em casa? Estupefato, contrafeito e pesaroso regressou a Niterói. Na barca arquitetara outros planos. [...] No dia seguinte volta ao Rio. Regressando ao lar, à noitinha, entre conformado e melancólico, diz: matriculei-me, hoje, na Faculdade de Direito (TORRES, 1956, p. 26-27).

A Faculdade de Direito levaria Vianna à cidade do Rio de Janeiro. Diariamente atravessaria a baía e dirigir-se-ia ao prédio da faculdade, administrada por França Carvalho, e de cujo corpo docente participavam, entre outros (TORRES, 1956, p. 32), Fróes da Cruz,[34] Carlos Afonso, Leôncio de Carvalho,[35] Cândido de Oliveira,

---

[34] Luís Carlos Fróes da Cruz nasceu em 1852 e morreu em 1924. Foi advogado, professor e político, tendo sido redator-chefe do jornal *A Província do Rio*, entre 1883 e 1884, e vereador na cidade de Niterói.

[35] "Filho do Dr. Carlos Antonio de Carvalho, nasceu na Corte aos 18 de junho de 1847. Matriculou-se, em 1864, no primeiro ano do Curso Jurídico de São Paulo, bacharelando-se em 1868. No ano seguinte defendeu teses e recebeu o grau de doutor. Foi aprovado por unanimidade. Inscreveu-se em concurso, em 1870, com Américo Brasiliense e José Joaquim de Almeida Reis. Classificado em terceiro lugar, foi nomeado lente substituto, por decreto de 4 de janeiro de 1871, tomando posse em 3 de fevereiro do ano seguinte. Ocupou a pasta do Império no gabinete de 5 de janeiro de 1878, presidido pelo conselheiro Sinimbu. De 1878

Mário Vianna, Dídimo da Veiga, Araújo Lima, Barros Pimentel e Serzedelo Corrêa.

Apesar deste primeiro contato com o espaço cultural do Rio de Janeiro, a vida intelectual de Oliveira Vianna permaneceria incontestavelmente ligada à cidade que escolheu para morar, pois foi em Niterói que Vianna teceu sua mais importante rede de sociabilidade intelectual.

Avesso à boemia, como já se afirmou, sua vida intelectual limitou-se aos espaços das faculdades de Direito e das instituições letradas. No entanto, em Niterói esses espaços eram, muitas vezes, frequentados pelos mesmos indivíduos num processo de intercâmbio intelectual em que boemia, rigorosamente, rimava com academia.

Assim, falar da vida intelectual de Niterói significa se referir imediatamente aos cafés, locais onde os intelectuais se reuniam informalmente para conversas, discussões e trocas de ideias. Esses lugares reuniam grupos de jovens que viriam a se tornar, mais tarde, importantes nomes da intelectualidade da cidade.

Entre estes, destacavam-se aqueles que se reuniam no Café Paris, reduto da intelectualidade niteroiense no início do século e berço das principais academias que vieram, anos depois, a organizar-se na cidade. Segundo Lyad de Almeida, "o Café Paris foi a grande "roda" dos boêmios de Niterói" (ALMEIDA, 1996, p. 33). Localizado na Rua Visconde de Rio Branco, n. 417, situava-se no trecho compreendido entre as ruas da Conceição e Coronel Gomes Machado, no "coração" da cidade.

Essa região havia se tornado o centro propulsor das atividades comerciais, sociais e intelectuais de Niterói, desde 1908, momento em que, com a desativação das antigas estações das barcas – a de *Nichteroy*, da Ponte Velha, e a de São Domingos –, o centro comercial da cidade organizou-se em torno da praça Martim Afonso. A inauguração da Estação Central

---

a 1880, foi deputado geral por São Paulo. Por decreto de 7 de junho de 1881, foi nomeado lente catedrático de direito constitucional, das gentes e diplomacia. Tomou posse em 14 do mesmo mês. Por decreto de 31 de janeiro de 1885 foi nomeado bibliotecário da Faculdade de Direito, tomando posse em 4 de fevereiro. Por decreto de 4 de outubro de 1890, foi nomeado diretor da Faculdade. Fez parte do Senado Paulista e do Congresso Constituinte, sendo um dos relatores da primeira Constituição de São Paulo. Por decreto de 7 de fevereiro de 1895, foi designado para a cadeira de direito público, na qual se jubilou, por decreto de 12 de janeiro de 1901. Mudou-se, então, para o Rio de Janeiro, onde lecionou na Faculdade Livre de Direito e onde faleceu aos 9 de fevereiro de 1912" <www.direito.usp.br/faculdade/diretores/index_faculdade_diretor_08.php>.

das Barcas mudou a fisionomia urbana da cidade que sempre esteve, nas palavras de Everardo Backheuser (1994, p. 106), "ancorada às barcas".

Os letrados que se reuniam no Café Paris exercem, muitas vezes, atividades como profissionais da imprensa, visto ter sido o jornalismo, no início do século, uma frequente porta de entrada para o mundo literário. Era principalmente através dos jornais que os literatos tornavam-se conhecidos do público leitor e reconhecidos pelos seus pares, passo fundamental para conseguir a publicação de seus livros (GONTIJO, 2001, p. 3). Agrupando um número considerável de indivíduos e grupos dedicados à vida intelectual da cidade, a "rodinha" do Café Paris, para celebrar e legitimar sua importância no mundo das letras de Niterói, estabeleceu práticas rituais, onde forjavam a legitimação e a memória do grupo, imitando assim, os ritos encenados no templo máximo das letras nacionais, a Academia Brasileira de Letras. Foram criadas, assim, cerimônias entre os membros do grupo que os transformavam em atores de uma encenação que os legitimava uns diante dos outros. Bem como na Academia Brasileira de Letras, onde as práticas "encenavam a imortalidade" (EL FAR, 2000), os membros da roda do Café Paris forjaram, aos poucos, uma identidade para o grupo.

Nos anos 1910, 20 e 30, a informalidade dos encontros nos cafés acompanhou a crescente institucionalização da vida literária na cidade, com a criação de diversas academias, que se tornariam importantes espaços de sociabilidade intelectual. Se nos cafés Oliveira Vianna esteve ausente, nas academias criadas na cidade pelos mesmos homens que frequentavam os cafés ele se tornou figura presente e de destaque.

Em 1909, foi fundada na cidade uma importante Academia, o Instituto Histórico e Geográfico do Estado do Rio de Janeiro, que funcionou, de forma precária, até 1918. Dessa instituição Oliveira Vianna fazia parte, ao lado de nomes como os de Simões da Silva, Agrippino Grieco, José Geraldo Bezerra de Menezes e Quintino Bocayuva.

Ainda mais importante que a anterior foi a Academia Fluminense de Letras. Sua história remonta ao ano de 1906, quando Epaminondas de Carvalho, Quaresma Junior e Joaquim Peixoto começaram a alimentar a ideia de criar em Niterói uma academia de letras de âmbito estadual. Durante cerca de dez anos, o grupo amadureceu a ideia até que, em 1916, passou a se reunir mais frequentemente na sede do Cartório Peixoto para organizar institucionalmente a academia. Inicialmente criou-se uma lista de adesões que chegou a reunir 72 nomes e imaginou-se criar uma comissão para avaliar os currículos daqueles que pretendiam se tornar futuros acadêmicos. A primeira comissão organizada, composta por Alberto de Oliveira,[36] Luiz Murat[37] e Alcindo Guanabara[38] desfez-se depois da morte deste último.[39] Tentou-se, então, formar uma nova comissão com Oliveira Vianna e os irmãos Gastão e Artur Briggs. A ideia fracassou, de novo, em função da recusa daqueles que a formariam. Oliveira Vianna recusou-se a cumprir esse papel de avaliador, alegando que ele não possuía conhecimentos literários suficientes para desempenhá-lo, como se pode ver pela carta por ele enviada[40]:

---

[36] Alberto de Oliveira nasceu em Saquarema, em 1859. Poeta parnasiano, foi fundador, ao lado de Machado de Assis e de Lúcio de Mendonça da Academia Brasileira de Letras. Publicou *Meridionais, Alma das cousas, Lição da pátria, Canções românticas, Alma em flor, Sonetos e poemas, Ramo de árvore, Versos e rimas, Por amor de uma lágrima* e *Livro de Emma*.

[37] Luiz Norton Barreto Murat nasceu em Itaguaí, em 4 de maio de 1861. Formou-se na Faculdade de Direito de São Paulo, em 1883. Colaborou com os jornais *A Gazeta de Notícias, A Cidade do Rio* e *O Paiz*. Foi deputado constituinte em 1891 e deputado federal pelo Rio de Janeiro, em 1909. Poeta, publicou os seguintes livros: *Quatro poemas, A última noite de Tiradentes, O faquir, Ondas* e *Poesias escolhidas*.

[38] Alcindo Guanabara nasceu em Magé, em 1865. Cursou a Faculdade de Medicina, mas não chegou a concluir o curso por falta de recursos. Colaborou nos jornais *Novidades, A República, Gazeta da Tarde, O Correio do Povo, Jornal do Comércio, A Imprensa* e *O Paiz*. Foi deputado e senador, e fundador do jornal *A Tribuna* e da Academia Brasileira de Letras. Publicou *História da Revolta, A Presidência de Campos Sales* e *Discurso fora da Câmara*.

[39] As fontes consultadas afirmam que foi a morte de Alcindo Guanabara que impediu o funcionamento dessa primeira comissão. Entretanto, essa morte só se deu em agosto de 1918, enquanto que a segunda comissão foi organizada ainda em 1917 e as escolhas dos primeiros acadêmicos ocorreram em julho de 1918. Isso leva a crer que foram outros os motivos que determinaram a dissolução da primeira comissão.

[40] A carta diz: "Ilmo. Sr. Homero Pinho, Tenho em mãos o ofício que V. Ex. me dá conta da resolução da Academia de Letras Fluminense, designando-me para membro da Comissão julgadora das obras dos candidatos às cadeiras da mesma Academia. Tardei na resposta, porque o referido ofício só agora me chega às mãos, recambiado, como foi, de Niterói, para aqui. Grande desvanecimento teria em poder atender o apelo, com que, por proposta de meu prezado confrade sr. Ricardo Barbosa tanto me distinguiu a Academia. Entretanto, razões grandes me sobejam para não aceitar a generosa incumbência, entre as quais está a da impossibilidade de não poder comparecer às reuniões da Comissão aí. Visto como motivos de saúde me obrigam a prolongar por tempo não pequeno a minha estadia em terras de Minas. Demais, não me julgo com a competência bastante para o julgamento das obras puramente literárias, como devem

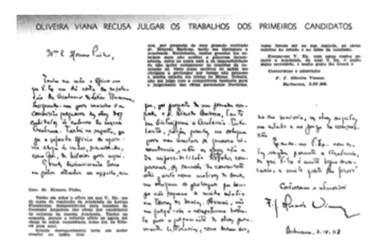

Figura 2 – Carta de Oliveira Vianna
Fonte: Nogueira (1943).

Interessante pensar que Oliveira Vianna tenha recebido esse convite em 1917, alguns anos antes de publicar o seu primeiro livro. O convite demonstra que, apesar de ainda não ter publicado livros até esse momento, Vianna já possuía, na cidade, uma representação e um reconhecimento como homem de letras que, certamente, se devia à sua produção na imprensa.

Aliás, a produção intelectual divulgada através dos periódicos e jornais era justamente o que servia para legitimar a entrada dos intelectuais nessa e em outras academias da época. Com relação especificamente à Academia Fluminense de Letras, cabe reproduzir a fala de seu secretário perpétuo, Lacerda Nogueira, demonstrando que a inexistência de livros publicados e o reconhecimento intelectual a partir da produção publicada na imprensa era uma característica comum aos acadêmicos:

> Geralmente os que se candidatavam à Academia não tinham livros publicados, mas davam imenso valor à colaboração de todos os tempos na pequenina e simpática imprensa dos

ser na sua maioria, as obras sujeitas ao estudo e ao juízo da comissão. Excuse-me V. Ex., com estas razões perante a Academia, da qual V. Ex. é muito digno secretário, e muito grato lhe ficará o conterrâneo e admirador. Francisco José de Oliveira Vianna. Barbacena, 3.IV.918".

municípios ou na desta cidade, aliás modestíssima. Recortavam o que era estampado e esperavam um dia tudo reunir num volume que os recomendasse à posteridade... Os médicos nunca olvidavam suas teses; e muitos outros literatos arrolavam inéditos em prosa e poesia prestes a receberem o "benefício da imprensa" (NOGUEIRA, 1943).

Assim, em 22 de julho de 1917, foi fundada a mais importante das academias de intelectuais da cidade, a Academia Fluminense de Letras. Os 40 imortais[41] só foram escolhidos no dia 14 de julho de 1918, e sua instalação oficial só foi decretada em 11 de agosto de 1919, no prédio da Escola Normal de Niterói.[42] A inauguração da Academia não resultou no sucesso esperado pelos seus mentores. No dia marcado compareceu apenas a metade dos acadêmicos e o auditório estava, na opinião de um de seus membros, bastante vazio (NOGUEIRA, 1943, p. 27). Mesmo assim, apesar do fracasso desse evento inaugural, a Academia passou a reunir, em seu quadro social, os principais homens de letras da cidade, dividindo-os em quatro classes distintas: letras, belas artes, ciências e ciências políticas e sociais.

A institucionalização do mundo das letras não significou, porém, o fim do grupo boêmio do Café Paris. Ao contrário, os membros desse grupo continuaram reconhecidos como legítimos representantes da intelectualidade da cidade. Analisando os nomes das pessoas que faziam parte do grupo do Café Paris, bem como daqueles que vieram a formar a Academia Fluminense de Letras,

---

[41] Os quarenta membros fundadores da Academia Fluminense de Letras foram: Agenor de Roure, Alvaro de Castro Menezes, Antonio Lamego, Arthur Nunes, Altino Pires, Armando Rodrigues Gonçalves, Alceste Fróes da Cruz Ribeiro, Alfredo Rangel, Adelino Magalhães, Armando Negreiros, Belisário de Sousa Junior, Emilio Kemp, Ernesto Paixão, Eurípedes Ribeiro, Epaminondas de Carvalho, Horácio Campos, Homero Pinho, Ildefonso Falcão, Joaquim Lacerda, Julio Salusse, Joaquim Peixoto, Jonathas Botelho, José Quaresma de Moura Junior, J. Cortes Junior, Lopes Trovão, Luciano Gualberto, Mucio da Paixão, Mendonça Pinto, Mattos Cardoso, Martins Teixeira Junior, Nelson de Lacerda Nogueira, Olavo Guerra, Olavo Bastos, Olympio de Castro, Osório Dutra, Oliveira Vianna, Ricardo Barbosa, Serpa Pinto, Salomão Cruz e Teixeira Leite Filho.

[42] A Academia Fluminense de Letras funcionou sem sede própria até novembro de 1927, quando o presidente do estado do Rio de Janeiro, Feliciano Pires de Abreu Sodré, promulgou a Lei n. 2.162, prevendo a sua instalação no prédio da Biblioteca Pública Estadual, na Praça da República, s/n, no centro da cidade. A nova sede foi finalmente inaugurada em 6 de setembro de 1934. A esse respeito, ver Nogueira (1943, p. 45) e Leite Neto (2001, p. 19).

percebe-se uma série de coincidências. Muitos nomes da "roda" do café Paris vieram a se tornar importantes membros das academias de letras da cidade.

Outro importante movimento literário estudantil organizado na cidade foi a Academia de Letras dos Universitários Fluminenses (LEITE NETO, 2001, p. 21). Fundada em 30 de outubro de 1934, na Faculdade de Direito de Niterói, a Academia compunha-se de Macário de Lemos Picanço, Raul de Oliveira Rodrigues, Marcos Almir Madeira, Julio Kahl, Rocha Lourenço, Ernani Carvalho, João Pires, Geraldo Montedônio Bezerra de Menezes, Brígido Fernandes Tinoco, Durval de Almeida Batista Pereira, Carlos Ramos, Antonio da Silva Mendes, Pascal de Souza Fontes e Hélio Sodré. Alguns desses, os mais próximos amigos de Oliveira Vianna.

O grupo de boêmios do Café Paris esteve ainda na origem da Academia Niteroiense de Letras, fundada em 1943. A formação dessa Academia, no entanto, remonta a uma importante disputa intelectual, desencadeada vinte anos antes entre dois destacados intelectuais niteroienses: Lacerda Nogueira, secretário perpétuo da Academia Fluminense de Letras, e Armando Gonçalves, diretor da Escola Normal de Niterói. Emmanuel de Bragança Macedo Soares assim comenta a briga ocorrida em 1921:

> Armando participara da fundação da Academia Fluminense de Letras, quatro anos antes, mas nela não se sentiu à vontade, desafeiçoando de Lacerda Nogueira, que desde logo se fez condestável do grêmio. Tinha ali outros desafetos, como Horácio Campos. Então renunciou à imortalidade. Daí resultou reforma estatutária, casuística, vedando de então por diante o direito à renúncia. Pois bem: Armando reuniu alguns jovens descontentes, que não haviam sido considerados merecedores da láurea acadêmica, chamou outros que encontraram também fechadas as portas da Academia, porque não eram, como exigiam os estatutos, fluminenses de berço. Por fim, se escudou no prestígio do general Anápio Gomes, que tinha lá a sua queda pela literatura, fundando a Academia Livre de Letras. Esta, como a camélia de Benedito Lacerda deu dois suspiros e depois morreu (SOARES *apud* LEITE NETO, 2001, p. 45-46).

O desejo de fundar uma academia que, de alguma forma, concorresse com a Academia Fluminense de Letras, no entanto, permaneceu vivo em Armando Gonçalves. Assim, dez anos mais tarde, em 1931, ele fez uma nova tentativa. Reunindo em torno de si jovens estudantes e poetas, entre eles Raul de Oliveira Rodrigues, Brígido Tinoco, Geraldo Bezerra de Menezes, Myrtharístides de Toledo Piza, Francisco Pimentel, José Nazareth e ainda o bispo Dom José Pereira Alves, o professor Edésio Barbosa, o advogado Telles Barbosa, além de Carlos Américo Castrioto e Armando Gonçalves deu início a um novo grêmio literário. Reunindo-se um dia na Faculdade de Direito, outro no Liceu Nilo Peçanha, ou na casa de Castrioto, o grupo promoveu reuniões e elaborou planos e ideias. Mas a força do grupo foi sendo abalada com as eleições sucessivas do bispo D. José e de Telles Barbosa e, mais tarde, de Brígido Tinoco, Carlos Castrioto e Melchíades Picanço para a Academia Fluminense de Letras.[43] Esse grêmio literário, por muitos considerado o precursor da Academia Niteroiense de Letras, não deve, entretanto, ser confundido com esta última instituição, efetivamente criada em 11 de junho de 1943. Na opinião de Wanderlino Teixeira Leite Neto,

> [...] a verdade, já agora inconcussa, é que o grupo a que nos temos referido teria sido o precursor de nossa Academia. Precursor ou predecessor é, no mais trivial da sua conceituação, o que vem antes de alguém ou de algum acontecimento para anunciar a sua chegada ou aparecimento. Mas o precursor jamais poderá se confundir com o precedido (LEITE NETO, 2001, p. 45).

Assim, apesar de se considerarem herdeiros do grêmio literário fundado por Armando Gonçalves, os membros da Academia Niteroiense de Letras acreditam que a instituição, criada em 1943, guarda diferenças fundamentais em relação à agremiação anterior. O grupo da Academia Niteroiense de Letras originou-se não somente da antiga "roda" do Café Paris, mas também do grupo que havia formado a Academia de Letras dos Universitários Fluminenses, o que significa dizer que grande parte de seus membros vinham da Faculdade de Direito de Niterói.

---

[43] Ver, a esse respeito, Leite Neto (2001, p. 43-45).

Embora Oliveira Vianna não tenha sido frequentador da roda do Café Paris e tenha mantido contato com poucos membros desse grupo, sua participação nas academias organizadas na cidade foi marcante: pertenceu à Academia Fluminense de Letras, ao Instituto Histórico e Geográfico do Rio de Janeiro e foi escolhido como patrono de uma das cadeiras da Academia Niteroiense de Letras.

Vianna manteve ainda relações de amizade muito próximas com os membros da Academia de Letras dos Universitários Fluminenses, tendo inclusive alguns deles, como Marcos Almir Madeira e Geraldo Bezerra de Menezes, participado de seu restrito círculo de amigos íntimos.

No movimento da barca: de Niterói ao Rio de Janeiro

Nos primeiros anos do século XX, Oliveira Vianna atravessou a baía para dar continuidade aos seus estudos. Depois dos exames preparatórios no Colégio Pedro II, deu início ao seu curso na Faculdade de Direito. Naquele momento, as faculdades de Direito abriam as portas para uma das mais importantes carreiras para aqueles que se preparavam para a vida pública e para o "mundo das letras".[44]

Seria esse o seu primeiro contato com o espaço intelectual da capital da República, num momento em que praticamente toda a produção intelectual do país se fazia na cidade do Rio de Janeiro. A cidade era palco dos principais acontecimentos políticos de transformação da ordem imperial e de construção da ordem republicana, bem como concentrava o maior mercado para os "homens de letras" o que determinava sua proeminente posição nos meios intelectuais (SEVCENKO, 1985, p. 93).

A vida literária no Rio de Janeiro, nas últimas décadas do século XIX, girava em torno dos cafés e de um grupo de intelectuais

---

[44] Diversos estudos destacam a importância das faculdades de Direito na vida intelectual e política do país. Um exemplo pode ser verificado no estudo já clássico sobre a elite intelectual da República Velha, realizado por Sérgio Miceli. Segundo esse autor, "Até meados da República Velha, a faculdade de Direito era a instância suprema no campo da produção ideológica concentrando inúmeras funções políticas e culturais. [...] A faculdade de Direito atuava ainda como intermediária na importação e difusão da produção intelectual européia, centralizando o movimento editorial de revistas e jornais literários, fazia as vezes de celeiro que supria a demanda por elementos treinados e aptos a assumir os postos parlamentares e os cargos de cúpula dos órgãos administrativos, além de contribuir com o pessoal especializado para as demais burocracias, o magistério superior e a magistratura" (MICELI, 1979, p. 35).

que se definiam como "boêmios". Esse conjunto de literatos era, na opinião de Nicolau Sevcenko, formado pelos escritores cariocas da virada do século XIX para o XX, que se dedicaram à militância nas causas políticas da época: a abolição e a república. Esses literatos, em sua maioria, condenavam o Império e a escravidão e defendiam um tipo de literatura que valorizava os ideais de progresso e modernização da época. A palavra de ordem dessa geração era, segundo Sevcenko,

> [...] condenar a sociedade "fossilizada" do Império e pregar as grandes reformas redentoras: a "abolição", a "república", a "democracia". O engajamento se torna a condição ética do homem de letras. Não por acaso, o principal núcleo de escritores cariocas se vangloriava fazendo-se conhecer por "mosqueteiros intelectuais" (SEVCENKO, 1985, p. 78-79).

Conhecida como "geração modernista de 1870", esses intelectuais foram amplamente estudados por historiadores[45] que os consideraram pertencentes a uma época de ruptura e transformação e parte de um grupo, que foi diretamente responsável pelos fatos que vieram a transformar o cenário político, econômico e social brasileiro no período de transição da monarquia para a república. Coerentes com essa análise definiam-se como "mosqueteiros intelectuais". Por meio dessa autonomeação, delineou-se uma geração de intelectuais que se considerava não apenas agente da transformação social, mas "a própria condição perspícua do seu desencadeamento e realização" (SEVCENKO, 1980, p. 80).

A análise mais corrente que se faz dessa "geração de 1870" considera que ela manteve um significativo engajamento político na luta pelo fim da monarquia e pela abolição.[46] De acordo com essa interpretação, os literatos dividiram-se, a partir de 1889, em três grupos distintos: aqueles que aderiram ao novo regime, os que optaram pela defesa da arte literária separada da política e os que mantiveram o engajamento político, tratando a literatura como um instrumento de compreensão e luta pela

---

[45] Importantes análises sobre a "geração de 1870" podem ser encontradas nos seguintes textos: Sevcenko e Needell (1991) Velasques (2000), Pereira (1994) e Alonso (2002).

[46] Sobre a análise dessa geração de intelectuais, ver também Alonso (2002).

transformação do país.⁴⁷ Pertenceram a essa geração: Tobias Barreto,⁴⁸ Aluísio Azevedo, Joaquim Nabuco, José do Patrocínio, Alberto Salles, Miguel Lemos, Silva Jardim, Clóvis Bevilaqua, Silvio Romero, Rui Barbosa, Olavo Bilac, Paula Ney, Guimarães Passos, Coelho Neto, Pardal Mallet, José Veríssimo, entre outros. Distintos em seu posicionamento político, estes intelectuais da virada do século XIX para o XX pertenciam às mais diversas correntes literárias: eram naturalistas, românticos, simbolistas e parnasianos. Outra característica marcante dessa mesma geração era que eles frequentemente se reuniam nos cafés da cidade onde formavam suas rodas e se dedicavam a polêmicas.⁴⁹

Com o passar dos anos, o modo de vida boêmio da intelectualidade foi, progressivamente, cedendo espaço a outros meios de sociabilidade. A fundação da Academia Brasileira de Letras, em 1897, foi um marco significativo nesse processo. A partir da criação dessa agremiação, a vida intelectual da cidade se institucionalizou deixando, pouco a pouco, os boêmios numa posição secundária. Se até esse momento eram os cafés o principal palco da produção literária na cidade, a Academia Brasileira de Letras surgiu para modificar essa situação, como comenta Pedro Calmon:

> A Academia apareceu em 1896, fundada por um aristocrata, Joaquim Nabuco, um retraído, Machado de Assis: até então o café é o salão literário da cidade, onde surgem os poetas com seu ar sombrio, a gravata em borboleta e os cabelos compridos, é onde se aparam as farpas, escrevem-se os artigos de imprensa, os escritores convivem – bebendo – o que é indispensável – e fazendo frases – o que é temível (CALMON apud VELASQUES, 2000, p. 53).

---

⁴⁷ Ver a esse respeito Rodrigues (2001, p. 17-18).

⁴⁸ Na classificação de Machado Netto (1973), Tobias Barreto figura entre os membros da geração de 1833-1847. Entretanto, Tania de Luca argumenta que Tobias Barreto iniciou seus estudos tardiamente, tornando-se aluno da Faculdade de Direito do Recife apenas com 31 anos e graduando-se apenas um ano antes de Araripe Junior. Por isso, na opinião dessa autora, pode-se considerar Tobias Barreto pertencente a essa mesma geração intelectual. Ver Luca (1996, p. 7).

⁴⁹ Os estudiosos que analisaram essa geração de intelectuais basearam-se principalmente nas memórias redigidas nos primeiros anos do século XX e nas biografias escritas entre os anos 1940 e 60. Na opinião de João Paulo Coelho de Souza Rodrigues (1998), o uso dessas fontes levou a construção de uma memória sobre este grupo que destacou muito mais o seu caráter boêmio que o seu engajamento político nos primeiros anos da República Velha.

Criada em 1897, a partir da ação de alguns homens de letras que se reuniam em torno da *Revista Brasileira*, a Academia, ao longo dos anos, foi adquirindo prestígio entre os intelectuais cariocas, bem como entre os membros da elite letrada brasileira. A criação de uma academia de letras, nesse momento, não foi uma iniciativa isolada visto que, nesse período, os institutos, museus e estabelecimentos científicos eram vistos como meio fundamental da produção intelectual e seus integrantes eram considerados homens ilustres e respeitados.

Ao longo dos anos 1880 e 90, diversas experiências haviam tentado fundar um instituto totalmente dedicado às letras nacionais. Os "homens de letras" do país "[...] queriam reconhecimento social e uma identidade que os diferenciasse dos outros setores da sociedade intelectual" (EL FAR, 2000, p. 42). Propunham, assim, a criação de uma instituição que viabilizasse encontros regulares para "com isso institucionalizar um saber literário e reivindicar os interesses específicos da profissão" (p. 42). Assim, no final do século XIX, surgiram, na cidade do Rio de Janeiro, o Grêmio de Letras e Artes (1887),[50] a Sociedade dos Homens de Letras (1890),[51] entre outras instituições que tinham como objetivo congregar os "homens de letras".

A própria Academia Brasileira de Letras tem sua origem relacionada a esse período.[52] No ano de 1889, Medeiros e Albuquerque que, naquela época, era diretor de Instrução Pública do Ministério do Interior do governo provisório de Deodoro da Fonseca, teve a ideia de criar uma academia de letrados patrocinada pelo governo. Ao tratar desse

---

[50] A criação do Grêmio de Letras e Artes foi noticiado pelo *Jornal do Comércio* em fevereiro de 1897. A agremiação pretendia reunir seus membros para a leitura de trabalhos literários além de auxiliar os escritores que não possuíam recursos suficientes para a publicação de seus textos. Faziam parte dessa associação: Artur e Aluísio Azevedo, Coelho Neto, Paula Nei, Guimarães Passos, Valentim Magalhães, Olavo Bilac, Rodrigo Otávio, Figueiredo Coimbra, Alberto Silva, além do artista plástico Rodolfo Bernardelli (EL FAR, 2000, p. 42).

[51] A Sociedade dos Homens de Letras tinha como principal objetivo conseguir do governo brasileiro uma lei reguladora dos direitos autorais. A instituição teria representantes em todos os centros intelectuais do país, criando e regulamentando oportunidades seguras de publicação. Propunham ainda um fundo social de ajuda em casos extremos e uma solidariedade mútua com o objetivo de salvaguardar a profissão literária no país. Assinaram seus primeiros estatutos: Valentim Magalhães, Olavo Bilac, Artur e Aluísio Azevedo (EL FAR, 2000, p. 43).

[52] A história dessa proposta inicial de criação da Academia Brasileira de Letras é contada por Rodrigues (2001, p. 34).

assunto com seu superior, o ministro Aristides Lobo, e com o secretário do Ministério da Justiça, Lúcio de Mendonça, teve imediatamente sua ideia aceita. No entanto, mudanças políticas acabaram atrapalhando seus planos e a ideia de uma academia de letras só seria retomada alguns anos mais tarde pelos grupos[53] que se reuniam em torno da *Revista Brasileira*, da revista *A Semana*[54] e do clube Rabelais.[55]

Em 1896, novamente os meios intelectuais viram surgir um novo projeto de criação de uma academia de letras. Desta vez, seu principal articulador era o poeta e jornalista Lúcio de Mendonça, que possuía considerável prestígio entre a elite letrada da época, principalmente por ter alcançado um posto importante na política republicana.[56] Em meio às reuniões literárias da *Revista Brasileira*,[57] que se realizavam todas as tardes no horário do chá das cinco, na rua do Ouvidor, 66, Lúcio de Mendonça – juntamente com Machado

---

[53] Josué Montello (*apud* ABL, 1997, p. 13) afirma que "a redação de *A Semana*, o clube Rabelais e a redação da *Revista Brasileira* atuaram como núcleos de convergência afetivas das gerações literárias que fundaram a Academia".

[54] A revista literária *A Semana* foi criada por Valentim Magalhães, um dos fundadores da Academia Brasileira de Letras, na década de 1890.

[55] O Clube Rabelais foi fundado por Araripe Junior e Raul Pompéia, em 1892, com o objetivo de realizar um jantar mensal em que se reuniam escritores e artistas (MONTELLO *apud* ABL, 1997, p. 16).

[56] Lúcio de Mendonça era bacharel em Direito, tendo realizado seu curso na faculdade de Direito do Largo de São Francisco, em São Paulo. Em 1889, chegou ao Rio de Janeiro e, junto com Valentim Magalhães, fundou o panfleto político *O Escândalo*. Fracassada a tentativa de um jornal próprio, tornou-se colaborador de *O Paiz* e do *Jornal do Brasil*. Durante todos esses anos, publicou seus livros em pequenos estabelecimentos editoriais, como foi o caso de *Vergastas* (1889), lançado pela tipografia Carlos Gaspar da Silva. Com a proclamação da República, esse jornalista, que tinha sido um dos maiores propagandistas do novo regime na imprensa, foi chamado a ocupar o cargo de diretor geral da Secretaria do Estado da Justiça e dos Negócios Internos, aí permanecendo até 1895, quando foi nomeado presidente do Supremo Tribunal Federal. Em 1901, Lúcio de Mendonça foi nomeado Procurador Geral da República. Lúcio de Mendonça publicou um único romance *O marido da adúltera*, em 1882. Sobre sua biografia, ver El Far (2000, p. 15), Mendonça (1934) e Rodrigues (2001, p. 80).

[57] A *Revista Brasileira* era uma publicação quinzenal com cerca de setenta páginas vendida em toda a cidade a 2 mil réis. Definia-se como uma revista de ciências, letras, artes, história, filosofia, economia, política, sociologia, viagens e bibliografia. Publicava frequentemente artigos de Nina Rodrigues, Silvio Romero, Araripe Junior, Joaquim Nabuco, Coelho Neto, almirante Jaceguai, Medeiros e Albuquerque, Visconde de Taunay, Inglês de Souza, Capistrano de Abreu, Domício da Gama, Graça Aranha, Filinto de Almeida, Lucio de Mendonça, Machado de Assis, Magalhães de Azeredo, entre outros. O grupo não se distinguia por uma estética comum, mas, ao contrário, justamente pela aceitação de sua heterogeneidade. O que constituía sua unidade era o culto às letras (EL FAR, 2000, p. 44-45).

de Assis, Joaquim Nabuco, Valentim Magalhães, Graça Aranha e Araripe Junior – alimentou o sonho de fazer nascer uma nova academia de letrados. A futura agremiação teria o nome de Academia Brasileira de Letras e, no projeto inicial de seus criadores, receberia proteção oficial do governo republicano que seria responsável pela indicação dos dez primeiros acadêmicos, que por sua vez elegeriam outros vinte, e mais dez correspondentes. A academia surgiria sob a tutela do governo, que provisoriamente cederia um espaço no Ginásio Nacional para sua sede e autorizaria a publicação das obras de seus membros pela Imprensa Nacional. Segundo seus mentores, a fórmula pensada de associação, formada por membros indicados pelo governo e por outros eleitos pelos seus próprios pares garantiria a neutralidade das "paixões políticas", termo utilizado na época para se referir aos embates políticos, partidários ou não:

> A discussão acadêmica situar-se-ia além de qualquer incompatibilidade política, e a maior prova dessa neutralidade seria eleger como membros homens da estatura de Joaquim Nabuco, Taunay, Afonso Celso, que ainda defendiam a antiga monarquia, ao lado de declarados republicanos,[58] como Olavo Bilac, Coelho Neto e o próprio Lúcio de Mendonça (EL FAR, 2000, p. 23).

No projeto de seus mentores, a Academia seria um local neutro, à parte da vida política. Ela funcionaria como um espaço agregador onde os "homens de letras" poderiam dedicar-se exclusivamente à defesa de sua "arte" (RODRIGUES, 2001, p. 45).

Mas esse projeto não foi implementado sem resistências. Assim que a proposta de uma academia de letras com o apoio do governo republicano ganhou as ruas, os jornais começaram a publicar artigos ridicularizando o que consideravam ser a continuidade de modelos e símbolos monárquicos. Além disso, a possibilidade de criação de uma academia de letrados num país de analfabetos era também

---

[58] Em 1888, Lúcio de Mendonça havia lançado um folheto no qual afirmava ter sido o período monárquico no Brasil "[...] um tempo tristíssimo, delimitado, constrito, impregnado de convenção e de mentira, tempo que era escandaloso dizer a verdade" (MENDONÇA; MENDONÇA; BARBOSA *apud* MIGNOT, 2002, p. 80).

frequentemente criticada.⁵⁹ As críticas negativas veiculadas pela imprensa não desanimaram Lúcio de Mendonça, como demonstra o artigo publicado na *Gazeta de Notícias*, em 3 de dezembro de 1896:

> Tendo o governo tido escrúpulos sobre a constitucionalidade da criação da projetada Academia de Letras, resolveram os iniciadores da idéia constituir-se livremente, o que farão brevemente. Isso não impede, porém, que na próxima reunião do Congresso eles peçam certas concessões necessárias ao bom funcionamento da Academia e que habilitam a prestar os serviços que é lícito esperar de tão útil instituição (MENDONÇA, 1896 *apud* EL FAR, 2000, p. 52).

Assim, mesmo sem lugar fixo para as suas reuniões e com uma verba mínima, foi fundada em 20 de julho de 1897 a Academia Brasileira de Letras:

> Nascemos em 1897. Precisamente no dia 20 de julho, à sombra de tênue inverno carioca. Um ano que recolhia os escombros da Monarquia, enquanto aguardava o futuro de uma República apenas instaurada.⁶⁰

A reunião de fundação da Academia, realizada numa das salas do Pedagogium, importante colégio localizado na rua do Passeio, não contou com um grande número de adeptos. Apenas dezesseis futuros acadêmicos⁶¹ participaram desse encontro. Algumas ausências foram bastante notáveis como, por exemplo, a de Lúcio de Mendonça, o principal responsável pelo nascimento da nova instituição (RODRIGUES, 2001, p. 33). Por sua simplicidade, pode-se supor que a cerimônia de inauguração da Academia foi mais um evento interno, um rito que visava criar maior coesão entre seus membros,

---

⁵⁹ Sobre a polêmica na imprensa a respeito da criação da Academia Brasileira de Letras, ver El Far (2000, p. 24-33).

⁶⁰ Nélida Piñon (*apud* ABL, 1997, p. 7).

⁶¹ Compareceram a essa reunião: Araripe Junior, Arthur Azevedo, Franklin Dória, Filinto de Almeida, Graça Aranha, Guimarães Passos, Joaquim Nabuco, Machado de Assis, Olavo Bilac, Rodrigo Otávio, Silva Ramos, Sílvio Romero, Teixeira de Melo, Urbano Duarte, visconde de Taunay e José Veríssimo (RODRIGUES, 2001, p. 33).

garantindo a construção de uma identidade singular a esse grupo de pessoas.

Inspirada na Académie Française, uma das mais respeitadas instituições de letrados da época, a Academia Brasileira de Letras teria quarenta membros fundadores vitalícios, escolhidos, como previam seus estatutos, entre os homens que houvessem publicado obras de reconhecido mérito e valor literário. Além desses membros efetivos, haveria vinte sócios correspondentes[62] indicados pelos acadêmicos. Os sucessores dos membros efetivos seriam escolhidos por eleições internas.

A nova academia tinha como missão elaborar uma história oficial das obras e dos autores da literatura nacional, bem como preocupar-se com as normas ortográficas da língua portuguesa. Para a consecução do primeiro desses objetivos, organizar-se-ia um dicionário bibliográfico nacional coligindo dados biográficos e literários dos acadêmicos.

Além disso, adotar-se-ia um patrono para cada uma das cadeiras da Academia, com vistas a organizar-se uma genealogia entre os escritores brasileiros. Em seu discurso, na reunião de fundação da Academia Brasileira de Letras, Machado de Assis realizou uma "memória histórica" (RODRIGUES, 2001, p. 34) sobre os movimentos pela inauguração daquela instituição e referiu-se especialmente à questão da nomeação dos patronos das cadeiras:

> Já o batismo de suas cadeiras com os nomes preclaros e saudosos da ficção, da lírica, da crítica e da eloqüência nacionais é indício de que a tradição é o seu primeiro voto. Cabe-vos fazer com que ele perdure. Passai aos vossos sucessores o pensamento e a vontade iniciais, para que eles os transmitam aos seus, e a vossa obra seja contada entre as sólidas e brilhantes páginas da nossa vida brasileira (ASSIS, 1934, p. 11).

Ficava claro, no discurso de Machado, que a genealogia que se visava criar entre os literatos fundava uma tradição necessária à

---

[62] Os vinte primeiros sócios correspondentes foram, segundo El Far: Bartolomeu Mitre, Eça de Queirós, Elisée Reclus, Émile Zola, Eugênio de Castro, Guerra Junqueiro, Henrique Sienkiewicz, John Fiske, John Milton Hay, Teófilo Braga, Garcia Merou, Guilherme Blest Gana, Henrique Ibsen, Herbert Spencer, José Echegaray, Giosué Carducci, Lev Tolstoi, Paul Groussac, Rafael Obligado e Theodor Mommsem.

construção de uma memória que eles, a partir de então, lutariam para preservar. Os patronos seriam escolhidos pelos acadêmicos entre os escritores brasileiros falecidos cujas obras tivessem marcado a história literária do país: "ao ordenar o passado, que até então se mostrava disperso, os acadêmicos estabeleceriam uma história oficial, instituiriam mitos e recortariam uma memória literária, mostrando, por fim, a existência de uma tradição nas letras brasileiras" (EL FAR, 2000, p. 60). Os acadêmicos teriam, portanto, inventado uma tradição literária no país.[63]

As sessões ordinárias aconteceriam semanalmente, necessitando para a sua realização de um quórum mínimo de dez acadêmicos e a diretoria seria composta basicamente de cinco cargos: presidente, secretário-geral, 1º secretário, 2º secretário e tesoureiro.

Os quarenta primeiros acadêmicos,[64] apesar de serem todos reconhecidos como homens de letras, formavam um quadro bastante heterogêneo. Havia entre os fundadores da Academia romancistas, poetas, críticos literários, gramáticos, historiadores, dramaturgos e cronistas. Dividiam-se em parnasianos, realistas e naturalistas, além de professarem, no terreno da política, opiniões díspares e contraditórias. Quanto à formação intelectual, a maioria absoluta era formada de bacharéis em Direito, mas havia também médicos, engenheiros, além daqueles que não tinham realizado um curso superior. Com relação à idade, havia certa concentração de homens entre 36 e 46 anos, mas pode-se dizer que a Academia "compunha-se de moços e de velhos" (EL FAR, 2000, p. 66), visto que estavam presentes desde

---

[63] Hobsbawm considera tradição inventada "[...] um conjunto de práticas, normalmente reguladas por regras tácita ou abertamente aceitas; tais práticas, de natureza ritual ou simbólica, visam inculcar certos valores e normas de comportamento através da repetição, o que implica automaticamente uma continuidade em relação ao passado. Aliás, sempre que possível, tenta-se estabelecer uma continuidade com um passado histórico apropriado" (HOBSBAWM; RANGER, 1984, p. 9).

[64] Os quarenta primeiros acadêmicos foram: Luís Murat, Coelho Neto, Filinto de Almeida, Aloísio Azevedo, Raimundo Correia, Teixeira de Melo, Valentim Magalhães, Alberto de Oliveira, Carlos Magalhães de Azeredo, Rui Barbosa, Lúcio de Mendonça, Urbano Duarte, Visconde de Taunay, Clóvis Bevilávqua, Olavo Bilac, Araripe Junior, Silvio Romero, José Veríssimo, Alcindo Guanabara, Salvador de Mendonça, José do Patrocínio, Medeiros e Albuquerque, Machado de Assis, Garcia Redondo, Franklin Dória, Guimarães Passos, Joaquim Nabuco, Inglês de Sousa, Artur Azevedo, Pedro Rabelo, Luís Guimarães Junior, Carlos de Laet, Domício da Gama, Pereira da Silva, Rodrigo Otávio, Afonso Celso, Graça Aranha, Oliveira Lima e Eduardo Prado.

jovens como o poeta e diplomata Magalhães de Azeredo, de 25 anos, até o advogado e historiador Pereira da Silva, então com 80 anos.

Sem a ajuda financeira do governo e sem sede própria, a Academia viveu um período de grande instabilidade, nos seus primeiros anos. Diante das dificuldades apresentadas, Joaquim Nabuco[65] sugeriu a Machado de Assis uma mudança na política de admissão de novos acadêmicos:

> Você sabe que eu penso dever a Academia ter uma atmosfera mais lata do que a literatura exclusivamente literária para ter maior influência. Nós precisamos de um certo número de grands seigneurs de todos os partidos. Não devem ser muitos, mas alguns devemos ter, mesmo porque isso populariza as letras (ASSIS, 1946, p. 52-53 *apud* EL FAR, 2000, p. 82).

Ao longo dos anos 1910 e 20 foi, então, a política dos *grands seigneurs* proposta por Nabuco[66] que levaria à consolidação do modelo da Academia e o seu reconhecimento junto à elite brasileira. Essa política levou à proposição de nomes de diversos indivíduos que não tinham uma grande experiência no mundo jornalístico ou editorial. Algumas propostas criaram grandes polêmicas e debates entre os acadêmicos a respeito do que deveria ser uma instituição como a Academia Brasileira de Letras e de quem mereceria estar nela representado. Entre as eleições mais polêmicas podemos citar a do almirante Jaceguai, a de Lauro Muller e a de Oswaldo Cruz.[67]

---

[65] Desde os primeiros tempos da Academia, Joaquim Nabuco defendia a posição de que não deveriam ser excluídos dos quadros dessa instituição "[...] políticos e cientistas que prezassem as letras [...]". Ver "Discursos do sr. Joaquim Nabuco" (NABUCO, 1934, p. 15).

[66] Alessandra El Far (2000) argumenta que a ampliação do conceito de "homens de letras", permitindo a entrada de não literatos na Academia, fez parte de uma política proposta por Joaquim Nabuco. Já João Paulo Rodrigues (2001, p. 148), ao contrário, afirma que foi somente a partir da morte de Machado de Assis, Lúcio de Mendonça e Joaquim Nabuco que houve "[...] o surgimento de visíveis rachas internos à instituição e a volatização daquele sufixo 'de letras'".

[67] João Paulo Rodrigues possui, a respeito dessas eleições, uma interpretação diversa. Ele argumenta que as eleições de Lauro Muller e de Oswaldo Cruz marcam o fim de um período na Academia Brasileira de Letras, marcado pelo controle de Lúcio de Mendonça, Machado de Assis e Joaquim Nabuco. Segundo esse autor, após as mortes dos três acadêmicos, ocorridas entre 1908 e 1910, o modelo de academia construído por eles – aparentemente distante e livre dos conflitos políticos – deixou de existir. O jogo político, com suas negociações e conflitos, tornou-se mais aparente e é essa situação que explica, na opinião do autor, os debates desencadeados pelas eleições de Muller e Oswaldo Cruz (RODRIGUES, J. P. C. S. "Mesquinhezas imortais", 2001, p. 129-180).

A eleição do almirante Jaceguai foi resultado de uma batalha pessoal de Joaquim Nabuco. Desde 1903, Nabuco insistia com Machado na entrada de Jaceguai[68] na Academia. Veterano militar da guerra do Paraguai, o próprio almirante declinava constantemente do convite alegando não ser um homem de letras. Mas a insistência de Nabuco foi mais forte, o que levou Jaceguai a se candidatar e eleger-se em 1907.

Outra eleição polêmica foi a de Oswaldo Cruz, que concorreu, em 1911, à vaga deixada por Raimundo Correia. O famoso médico brasileiro, que não tinha jamais publicado uma linha sequer, concorria com o romancista Batista Cepelos e os poetas Emílio de Menezes e Luís Guimarães Filho. A candidatura de Oswaldo Cruz gerou uma grande discussão entre os acadêmicos: de um lado estavam aqueles como Olavo Bilac, que acreditavam que a eleição do sanitarista significaria o fim dos critérios de definição dos homens de letras e afirmavam que se o médico fosse eleito, qualquer outro indivíduo, sem vínculo com as letras, também poderia candidatar-se. Por outro lado, ficaram aqueles, como Afonso Celso, que argumentavam que Oswaldo Cruz "estimava os nossos escritores e que seria do maior interesse que o sanitarista adotasse em seus trabalhos as normas ortográficas da Academia" (*apud* EL FAR, 2000, p. 112). Apesar do debate, deu-se a eleição de Oswaldo Cruz, em 1912, que ganhou por dezessete votos contra dez de Emílio de Menezes a vaga deixada por Raimundo Correia. Essa eleição fez com que o debate em torno do que seria efetivamente um homem de letras extravasasse os muros da Academia e ganhasse a imprensa:

> Alguns jornais questionavam a falta de critério acadêmico ao aceitar "homens não de letras", criticando a tentativa de transformar o "cenáculo exclusivo das letras" no "capitólio geral das glórias" ou num espaço de "expoentes da mentalidade brasileira". As revistas de humor chegavam mesmo a indicar quem seriam os verdadeiros homens de letras e, além das rimas irônicas, lançavam listas de futuros candidatos à Academia, incluindo desde o então presidente da

---

[68] Artur Silveira da Mota, o barão de Jaceguai, nasceu em 1843 e morreu em 1914. Era oficial da Marinha, tendo participado da Guerra do Paraguai. Foi adido naval de várias embaixadas brasileiras na Europa e nos Estados Unidos e diretor da Escola Naval. Publicou suas *Memórias* em 1905.

República, o marechal Hermes da Fonseca, até exdrúxulos personagens fictícios, como o "capitão Brederodes, chefe do serviço de mata-carapanãs do Pará" (EL FAR, 2000, p. 115).

Alguns meses depois da eleição de Oswaldo Cruz, a Academia viveria outra eleição polêmica: a de Lauro Muller. Militar e ministro das Relações Exteriores, Muller candidatava-se à vaga do Barão de Rio Branco e como não possuía nenhum texto publicado apressou-se a mandar imprimir, em Paris, um discurso feito numa festa para o então presidente marechal Hermes da Fonseca, com vistas a cumprir as exigências estatutárias para a candidatura. Assim como acontecera com Oswaldo Cruz, os acadêmicos dividiram-se sobre a legitimidade, ou não, dessa candidatura. Muller acabou se elegendo com 22 votos contra 15 dados a Ramiz Galvão, diretor da Instrução Pública, que com ele disputava a vaga.

Essas eleições, apesar de gerarem polêmicas e dissidências internas na Academia, levaram essa instituição a ganhar maior visibilidade e a estreitar seus laços com a elite política, garantindo a ela acesso à rede de favores com que a citada elite presenteava seus amigos. Por outro lado, como instituição responsável pela constituição e preservação da excelência literária das letras brasileiras, a Academia decidiu, em 1916, – talvez influenciada pelos debates provocados em torno dessas eleições – impor que todo candidato à imortalidade comprovasse a propriedade de obras publicadas como se percebe da notícia divulgada na *Revista do Brasil*:

> A Academia Brasileira resolve exigir que todo candidato a eleição na casa lhe envie uns tantos exemplares dos seus livros publicados. Quer dizer que, sem obra impressa, já ninguém pode pretender as honras da imortalidade. Até aqui, só se exigia oficialmente do candidato que tivesse talento e valor. Não era preciso que ele os provasse, exibindo os seus livros. A Academia reconhecia-os, proclamava-os, e como ninguém tinha nada a ver com a vida daquela sociedade independente e fechada, é claro que a Academia exercia um direito seu. Exercia-o logicamente. Sendo ela o tribunal superior e soberano das letras, os méritos possíveis do candidato não poderiam ter melhor prova do que o próprio fato dele ser admitido no alto cenáculo [...] (*Revista do Brasil*, 1916, p. 281-282).

Os anos 1920 e 30 viriam consolidar a posição da Academia como legitimadora da produção intelectual e do reconhecimento do valor das obras. É Lima Barreto que, em tom sarcástico, descreve, em 1921, as condições de produção intelectual no Brasil, destacando o papel exercido pela Academia Brasileira de Letras:

> Em letras, temos a nossa Academia Brasileira – é verdade. É uma bela senhora, generosa, piedosa, religiosa; mas tem um defeito: só estima e julga com talento os seus filhos legítimos, naturais, espúrios e, mesmo, os adotivos. Quem não sugou o leite da academia ou não foi acalentado por ela, quando de colo, a rabugenta matrona não dá mérito algum (BARRETO, 1956, p. 172-173).

Nos anos 1920, pertencer a essa instituição significava prestígio social e proporcionava ao intelectual destaque entre a elite da época. A Academia havia se firmado como "a instituição de letras por excelência do país. Os acadêmicos eram escolhidos para presidir concursos literários, recepcionar os escritores estrangeiros que por aqui passavam e até mesmo acompanhar os cursos de língua portuguesa ministrados em faculdades europeias" (EL FAR, 2000, p. 118). Apesar de ainda haver um grande debate sobre as qualidades literárias dos eleitos, muitos escritores desejavam ostentar em suas publicações o título de imortal, levando-os a tentar, alguns, por vezes consecutivas, a eleição para a Academia.

Foi também nessa década que se consolidou a representação de homens de letras utilizada pela Academia, tornando sua definição mais extensa e menos diretamente ligada à literatura. As eleições de Gustavo Barroso, em 1923, Claudio Justiniano de Sousa, em 1924, Dom Aquino Correia e Fernando Magalhães, em 1926, Edgar Roquette Pinto, em 1927, Afonso Taunay, em 1929, José de Alcântara Machado, em 1931, Celso Vieira, em 1933, Rodolfo Garcia e Ribeiro Couto, em 1934, Alceu Amoroso Lima e Miguel Osório de Almeida, em 1935, Pedro Calmon, Levi Fernandes Carneiro e João Neves da Fontoura, em 1936, José Carlos Macedo Soares, Oliveira Vianna, Cassiano Ricardo, em 1937, e Clementino Fraga e Viriato Correia, em 1938, confirmariam o alargamento da definição de "homens de letras" utilizada pela Academia Brasileira de Letras visto serem todos eles intelectuais ligados à produção de obras históricas, antropológicas, sociológicas, mas não particularmente associados à poesia, à literatura ou ao teatro. Alguns entre eles tinham uma trajetória muito mais ligada à política e à diplomacia do que uma atuação no mundo das letras, seja no que se refere à produção jornalística seja à editorial.

Oliveira Vianna foi um desses novos nomes incorporados à Academia Brasileira de Letras durante os anos 1930.[69] Depois de muito resistir, Vianna candidatou-se e se elegeu, em 1937, ingressando em 1940, aos 57 anos. No momento de sua posse, a instituição já desfrutava de um imenso prestígio entre as camadas letradas e a elite política brasileira.

O caminho de Vianna até a Academia havia sido bastante longo. Desde o início dos anos 1920, seus amigos mais próximos, entre eles o poeta parnasiano Alberto de Oliveira, insistiam para que Vianna se candidatasse a uma vaga na Academia. A insistência dos amigos era tão grande que eles chegaram a formar o que se autointitulou "o grupo da catequese".[70] Alberto de Oliveira era o que mais insistia junto a Oliveira Vianna para que ele se candidatasse e, por isso, ele próprio se apresentava como o "presidente do grupo da catequese".

Durante muitos anos, e a cada vez que uma cadeira se tornava vaga, o "grupo da catequese" entrava em ação para tentar convencer Vianna de que ele deveria se candidatar. Insistentemente, Vianna declinava do compromisso e mantinha-se resistente. Entretanto,

---

[69] De 1932 a 1940, Oliveira Vianna ocupou o cargo de consultor jurídico do Ministério do Trabalho. Sérgio Miceli, em seu estudo sobre os intelectuais brasileiros, afirma que, ao longo dos anos 1930, a elite intelectual que colaborava com o Estado varguista foi paulatinamente sendo incorporada às instâncias de reconhecimento intelectual tais como a Academia Brasileira de Letras. Diz ele, "o valor social conferido a essa elite transparece sobretudo nas recompensas com que foram brindados [...] cujos lucros materiais e simbólicos derivam das eleições para a Academia Brasileira de Letras, para o Instituto Histórico, das designações para o desempenho de representações oficiais no Exterior ou para a participação de colegiados internacionais [...]". Como exemplo dessa elite brindada com recompensas, ele cita Levi Carneiro, Oliveira Vianna e José Carlos Macedo Soares, que tornaram-se membros da Academia em 1936 e 1937 (MICELI, 1979, p. 147-148).

[70] Foi Marcos Almir Madeira que nos concedeu essa informação, em entrevista no dia 17 de maio de 2002. Segundo ele, esse grupo era formado por Alberto de Oliveira, José de Castro Nunes, Levi Carneiro e Henrique Castrioto.

em 1937, um fato mudaria a sua posição: a morte do amigo Alberto de Oliveira.

Quando Alberto de Oliveira morreu, Vianna, sem comunicar a nenhum outro membro do "grupo da catequese", dirigiu-se à Academia Brasileira de Letras e propôs a sua candidatura. Seria essa, talvez, a oportunidade que Vianna teria de prestar uma homenagem pública ao velho amigo visto que, pelas normas da Academia, cabia ao novato fazer o elogio de seu antecessor. Na opinião de um antigo membro[71] do "grupo da catequese", o Oliveira Vianna que se candidatou à Academia não foi o intelectual, mas sim o amigo de Alberto de Oliveira.

Apresentada a sua candidatura, Vianna foi eleito. Vencida a etapa da candidatura, ele ainda adiaria por muito tempo a posse na cadeira 8 da Academia. Em 15 de novembro de 1937, quando já findava o prazo previsto pelo estatuto para a sua posse, Vianna escreve ao presidente da Academia Brasileira de Letras, Ataulfo de Paiva, justificando a demora e pedindo a extensão do prazo:

> Como sabe V. Ex., vence este mês o prazo, que me concedem os estatutos, para empossar-me na cadeira para que fui eleito. O meu intuito é empossar-me até o fim deste ano, mas pelos motivos poderosos que tive oportunidade de expor a V. Ex., receio que os meus múltiplos afazeres, de caráter inadiável, não me permitam realizar este objetivo. Por isso, quero desde já me prevenir, rogando a V. Ex. que me [ilegível] a conceder, na forma dos estatutos e do regimento, uma prorrogação de mais 4 meses, em continuação ao prazo regimental para empossar-me.[72]

Apesar do aparente desinteresse manifestado por Oliveira Vianna pelo constante adiamento da posse, a carta a Ataulfo de Paiva finalizava com uma observação importante: "Isto não importa na renúncia de meu projeto de empossar-me". E, até mesmo, estabelecia uma data:

---

[71] Essa opinião foi manifestada pelo professor Marcos Almir Madeira em entrevista concedida no dia 17 de maio de 2002 no Pen Clube do Brasil, no Rio de Janeiro.

[72] Carta de Oliveira Vianna a Ataulfo de Paiva, 15 de novembro de 1937. Arquivo da Academia Brasileira de Letras (correspondência ativa de Oliveira Vianna, 1937-1945).

"[...] até 30 de dezembro deste". Vianna manifestava, assim, seu interesse em manter-se entre o grupo de acadêmicos, o que certamente angariaria prestígio a sua trajetória intelectual e política.

Apesar da demora e dos constantes adiamentos, a posse de Vianna na Academia deu-se finalmente em 20 de julho de 1940, três anos após a sua eleição. A cerimônia de posse de Vianna contou com a presença do presidente da Academia, Celso Vieira, de Levi Carneiro, Clementino Fraga, Afonso Taunay, Afrânio Peixoto, Alcides Maya, Aloísio de Castro, Antonio Austregésilo, Ataulfo de Paiva, Barbosa Lima Sobrinho, Filinto de Almeida, Múcio Leão, Pedro Calmon, Ribeiro Couto, Rodolfo Garcia e Viriato Correia. Participaram ainda, o sócio correspondente da Academia Brasileira de Letras, João Luso, o representante do Presidente da República – comandante Otávio Medeiros – e o Ministro do Trabalho, Waldemar Falcão.[73] Os jornais, como era comum na época, registraram a posse do novo acadêmico.

Tão logo assumiu a cadeira número 8, Vianna tornou-se um acadêmico bastante presente, tendo participado de praticamente todas as sessões que se realizaram no segundo semestre de 1940. Das 25 sessões que ocorreram no período, Vianna faltou a apenas duas: a de 22 de agosto de 1940, momento em que o escritor argentino Antonio Aita proferiu uma conferência sobre a literatura argentina contemporânea[74], e à sessão de 7 de novembro de 1940. Percorrendo-se as atas das sessões da Academia, nota-se que Vianna, apesar de falar pouco, não participando das polêmicas e debates travados durante as reuniões, esteve sempre presente, tendo composto, somente no ano de 1940, três das comissões designadas pelo presidente Celso Vieira.

A primeira das comissões de que Oliveira Vianna participou referia-se à mais importante questão discutida pelos acadêmicos ao longo do segundo semestre de 1940: a proposta de João Neves da Fontoura e Cassiano Ricardo de novo processo eleitoral para membros efetivos. A questão, por se tratar de assunto de profundo interesse dos acadêmicos e, principalmente, por alterar aspectos

---

[73] Ata da sessão de 20 de julho de 1940.

[74] Ata da sessão de 22 de agosto de 1940.

dos ritos tradicionais estabelecidos pela instituição, mobilizou, de maneira apaixonada, os membros da Academia. Na sessão de 17 de outubro de 1940, Alcides Maya enviou à mesa um requerimento solicitando a nomeação de uma comissão que discutisse o projeto de mudança no processo eleitoral e desse um parecer. O presidente Celso Vieira designou para a comissão os nomes de Levi Carneiro, Oiiveira Vianna e Pedro Calmon.

Ainda em 1940, Oliveira Vianna participaria de mais duas comissões. A primeira delas foi nomeada para representar a Academia na homenagem que a Associação Brasileira de Imprensa prestou a Ataulfo de Paiva, mandando fundir placas de bronze para serem colocadas na avenida que leva seu nome, no Leblon.[75] Ao lado de Adelmar Tavares, Alceu Amoroso Lima e Pereira da Silva, Oliveira Vianna compareceu à cerimônia que se fez realizar no dia 7 de dezembro de 1940.

A última das comissões de que Vianna participou, em 1940, foi formada por ele, Pereira da Silva e Cassiano Ricardo, para julgar o concurso de biografias dos maiores vultos nacionais, realizado por iniciativa de Roberto Marinho, diretor do jornal vespertino *O Globo*.[76] Nessa mesma sessão, Pedro Calmon prestou uma homenagem a Oliveira Vianna pela sua nomeação para o cargo de Ministro do Tribunal de Contas da União.

No ano de 1941, a participação de Vianna na Academia Brasileira de Letras começaria a ser menos assídua. Das 47 sessões realizadas ao longo do ano, ele deixou de comparecer a 24. Porém, embora tenha participado de apenas metade das sessões, Oliveira Vianna não ficou de fora do que talvez tenha sido o mais importante acontecimento do ano: a indicação e eleição de Getúlio Vargas, então Presidente da República, para a Academia.

Na sessão do dia 8 de maio, Oliveira Vianna, Olegário Mariano, Alcides Maya, Gustavo Barroso, Ataulfo de Paiva, Aloysio de Castro, Adelmar Tavares, Osvaldo Orico, José Carlos Macedo Soares e Celso Vieira propuseram a indicação do nome de Getúlio Vargas para a vaga aberta com a morte de Alcântara Machado.

---

[75] Ata da sessão de 28 de novembro de 1940.

[76] Ata da sessão de 12 de dezembro de 1940.

Após a indicação do nome de Vargas, os demais candidatos, cientes da prática interna da Academia, marcada pelo jogo de acordos e relações pessoais, retiraram suas candidaturas.[77]

Oliveira Vianna não esteve presente em todas as sessões realizadas entre maio e julho de 1941, momento em que se teceu a eleição de Vargas, mas ele não deixou de comparecer à sessão de 7 de agosto de 1941, dia em que ocorreu a votação para a cadeira número 37. Naquele dia, o presidente da Casa iniciou a sessão dizendo que procederia à eleição do novo membro efetivo para a vaga de Alcântara Machado, sendo candidato Getúlio Vargas e José Julio de Carvalho. Roquette-Pinto tomou a palavra para condenar a candidatura deste último, argumentando que "[...] por ocasião de apresentar-se candidato a uma das vagas da Academia um indivíduo dessa cidade notoriamente imbecil, ficaria resolvido que a mesa teria autoridade para aceitar ou não as candidaturas que se apresentassem".[78] E completava dizendo que se deveria "[...] cancelar essa inscrição". Com a concordância dos demais acadêmicos, cancelou-se a inscrição de José Julio, tornando-se Getúlio Vargas candidato único à cadeira de Alcântara Machado.

Vianna, apesar de faltar às sessões seguintes à eleição de Vargas, retornaria à Academia no dia 9 de outubro, quando Vargas apresentou-se para

> [...] agradecer duplamente aos seus colegas, primeiro pela espontaneidade da indicação de seu nome sem que de sua parte tivesse havido qualquer solicitação, segundo, pelo número expressivo de votos com que os acadêmicos homologaram essa indicação.[79]

A partir de 1942, a presença de Vianna nas sessões da Academia tornou-se cada vez mais rara. Mesmo assim, ele ainda participa, ao lado de Clementino Fraga, Pedro Calmon, Ribeiro Couto, Levi Carneiro, João Neves da Fontoura e Cassiano Ricardo, da comissão julgadora do

---

[77] Eram candidatos já inscritos Basílio de Magalhães, Menotti del Picchia e Martins de Oliveira.
[78] Ata da sessão de 7 de agosto de 1941.
[79] Ata da sessão de 9 de outubro de 1941.

primeiro prêmio de crítica e história literária da Academia Brasileira de Letras, cujo vencedor foi Menotti del Picchia.

Vianna utilizou ainda o espaço de uma das sessões em que compareceu para divulgar o livro recém-publicado de um de seus raros amigos íntimos. Na sessão do dia 9 de julho, ele apresentou o livro *Homens e ideias*, de Geraldo Bezerra de Menezes, esclarecendo que:

> O autor é ainda muito moço; é este o primeiro livro que publica. Traz um prefácio do nosso eminente confrade sr. Levi Carneiro, escrito com a largueza de vista, o brilho e o autorizado e atualizado saber de costume. Publicista católico, inicia o novel autor a sua carreira literária por um ato de fé, escrevendo um livro de combate em prol de seu ideal. É um ato de coragem, de firmeza, de dignidade espiritual que marca e define a personalidade do jovem pensador fluminense – e fá-lo bem o herdeiro de José Geraldo Bezerra de Menezes, seu pai, um erudito admirável e dispersivo, dos mais informados e dos mais completos [...][80]

Na segunda metade dos anos 1940, a presença de Vianna na Academia Brasileira de Letras rarearia ainda mais. Os amigos também acadêmicos reclamariam a sua falta, como se pode notar pelo cartão escrito por Levi Carneiro no Natal de 1946:

> [...] que o ano novo o torne mais assíduo à Academia, mais desejoso do convívio dos amigos e admiradores que lá se acham.[81]

A frequente ausência de Oliveira Vianna na Academia Brasileira de Letras parece confirmar a opinião de um de seus amigos de que ele "[...] gostava mais do Instituto Histórico do que da Academia",[82] pois possuía "maior afinidade" com seus membros. Talvez o espaço do Instituto Histórico e Geográfico Brasileiro (doravante IHGB) fosse mais adequado a homens como Vianna, cuja produção não se caracterizava por obras literárias, poéticas ou teatrais, mas sim por estudos que

---

[80] Ata da sessão de 9 de julho de 1942.
[81] Cartão de Natal de Levi Carneiro a Oliveira Vianna. Arquivo pessoal de Oliveira Vianna.
[82] Entrevista concedida por Marcos Almir Madeira no dia 17 de maio de 2002.

visavam compreender o Brasil, apontando caminhos para o seu desenvolvimento. Essa perspectiva o aproximava dos "homens de ciência"[83] da época, divididos em função dos seus diversos interesses profissionais, econômicos e regionais, mas, antes de tudo, "[...] intelectuais que lutavam pelo progresso científico da Nação" (SCHWARCZ, 1993, p. 40).

Os espaços ocupados por esses "homens de ciência" eram outros. Eles estavam localizados nos museus etnográficos que surgem naquele momento, no Instituto Histórico e Geográfico Brasileiro, nos diversos institutos históricos regionais e estariam, ainda, a partir dos anos 1930, nas universidades que se organizariam no país, consolidando um novo espaço da produção científica nacional.

Templos da ciência, da memória e da história nacional: museus e institutos históricos

Se, desde o período colonial, o Brasil havia servido de roteiro de viagens e estudos de viajantes e naturalistas estrangeiros que "aqui coletavam vestígios de culturas em extinção" (ABREU, 1996, p. 163), ao longo do século XIX essa situação começou a se modificar, com o surgimento de diversos centros nacionais de pesquisas científicas, que se baseavam prioritariamente nas teorias evolucionistas desenvolvidas na Europa. Até aquele momento, fora o olhar europeu que se destacara nas visões e interpretações do Brasil. A partir daí, os "homens de ciência" iniciariam "[...] um trabalho de reelaboração das teorias europeias em função do contexto específico brasileiro, pensando em sua aplicação local" (ABREU, 1996, p. 163). Nas últimas décadas do século, entraram em funcionamento alguns centros que seguiam essa perspectiva[84]. O Museu Paranaense, fundado em 1866, o Museu Paulista, dirigido pelo cientista alemão Hermann Von Ihering, em 1893, e o Museu Nacional, que apesar de ter sido criado em 1818, passou, a partir de 1876, por grandes transformações, sob a direção de Ladislau Neto (AGOSTINHO, 2014).

---

[83] Lilia Schwarcz (1993, p. 38-39) inclui Oliveira Vianna entre os homens de ciência listados por ela em seu trabalho.

[84] A descrição dos processos de fundação dos museus, bem como da reorganização do Museu Nacional, seguem neste texto a proposta desenvolvida por Lilia Schwarcz (1993).

A fundação do Museu Paraense, em Belém, deu-se com o estabelecimento da Associação Filomática do Pará, organizada por Domingos Soares Ferreira Penna, em 6 de outubro de 1866. Ferreira Pena – geógrafo, etnógrafo, político e jornalista – criou essa fundação acreditando que ela teria um importante papel a cumprir numa cidade onde faltava tanto uma escola de ensino superior quanto centros de pesquisas científicas. O objetivo dessa associação "[...] seria o estudo da natureza amazônica, de sua flora e fauna, da constituição geológica, da geografia e história da imensa região" (SCHWARCZ, 1993, p. 84).

A associação, entretanto, devido a diversos contratempos, acabou extinta, em 1888, por decisão dos deputados da Assembleia Legislativa Estadual. Somente em 1891, a associação e o museu foram reorganizados, passando a contar, a partir de 1893, com a direção do zoólogo suíço Emílio E. Goeldi.

Durante a gestão de Goeldi na direção do museu, ocorreram diversas mudanças na sua organização interna: foram criadas diferentes seções (zoologia, botânica, etnologia, arqueologia, geologia e mineralogia), uma biblioteca especializada em ciências naturais e biologia, e foram montados jardins zoológicos e botânicos ao lado do museu. Também nesse momento, o museu passou a publicar uma revista intitulada *Boletim do Museu Paraense Emílio Goeldi*, cujo projeto era "[...] bastante centrado nas ciências naturais, que tinham como base estudos locais, orientados, porém, pela produção e inquietação dos naturalistas europeus e norte-americanos" (SCHWARCZ, 1993, p. 86). Nessa publicação, figuravam, em primeiro lugar, os estudos de Zoologia, seguidos pelos de Botânica e Geologia (p. 88).

Os estudos naturalistas, no entanto, não se limitavam à fauna e à flora. Partindo da análise, classificação, hierarquização e exposição desses objetos, o museu deu início a uma discussão singular sobre o "homem brasileiro". Os profissionais do museu passaram a conceber "[...] a ciência do homem como uma espécie de arte classificatória, sendo sua tarefa obter exemplos típicos de etapas pelas quais tem caminhado a humanidade em seu avanço até o nosso tempo e, sobretudo, a nossa sociedade" (DA MATTA, 1983, p. 8 *apud* SCHWARCZ, 1993, p. 92).

Foi igualmente essa a perspectiva do Museu Paulista, a respeito do "homem brasileiro". Inaugurado em 1894, com o objetivo de estudar a "[...] história natural da América do Sul e do Brasil, por meios científicos" (SCHWARCZ, 1993, p. 79). O Museu Paulista passou a ser dirigido, nesse mesmo ano, pelo zoólogo Herman von Ihering, que criou uma publicação com o objetivo de divulgar os estudos científicos da instituição: a *Revista do Museu Paulista*. Concebendo a Antropologia como um ramo dos estudos zoológicos e botânicos, Von Ihering chega a afirmar nas páginas da revista:

> [...] de fato, o que vale para os animais e no mundo da natureza vale também para os homens e sua evolução (VON IHERING *apud* SCHWARCZ, 1993, p. 82).

Essa publicação, da mesma forma que a anterior, apontava para uma estreita relação entre a Biologia e a Antropologia. Para seus autores,

> [...] estudar o "homem primitivo" não era muito diferente de estudar a flora e a fauna locais. Na verdade, na perspectiva oficial do Museu Paulista, o estudo da humanidade claramente se subordinava a certos ramos do conhecimento científico, em especial a biologia, e só interessava enquanto tal. Afinal, era de Von Ihering a definição e a certeza de que "a evolução encontrada na natureza era exatamente igual àquela esperada para os homens" (SCHWARCZ, 1993, p. 83).

Da mesma forma, no Museu Nacional, reorganizado a partir das administrações de Ladislau Netto (1874-1893) e Batista Lacerda (1895-1915), surgiu, em 1876, uma publicação – os *Archivos do Museu Nacional* – cujo conteúdo revelava igualmente um predomínio absoluto das ciências naturais: Zoologia, Botânica e Geologia.[85] Do mesmo modo que nas instituições citadas anteriormente, para o Museu Nacional, a Antropologia constituía um ramo das ciências biológicas e naturais, afastada das teorias sociológicas ou filosóficas (SCHWARCZ, 1993, p. 78).

Pelo que se apresentou até o momento, pode-se perceber que, preocupadas com a análise da flora e da fauna nacionais, as publicações produzidas pelos museus etnográficos serviam, principalmente, para a divulgação das teorias evolucionistas em voga na Europa, na segunda

---

[85] Sobre essa revista, ver Agostinho (2014).

metade do século XIX. A partir daí, a transposição dos modelos da Biologia para a Antropologia deu-se rapidamente. Apesar do pouco espaço destinado à Antropologia nas publicações, foi através dos estudos que se faziam nos museus que os intelectuais partiram para pensar a especificidade do homem brasileiro e o papel da miscigenação racial na composição do povo do país:

> Partindo do modelo das ciências naturais, utilizavam o desenvolvimento das espécies animais e vegetais ora como metáforas, ora como modelos para explicar, seja os tipos puros, seja a presença da hibridação (SCHWARCZ, 1993, p. 93).

Num contexto dominado pelos estudos biológicos, os intelectuais viram-se, portanto, desafiados a pensar quem era o "homem brasileiro".

Francisco José de Oliveira Vianna foi uma dessas pessoas sensibilizadas pela produção etnográfica dos museus. Leitor assíduo das publicações desses centros científicos, Vianna mantinha-se atualizado nas discussões teóricas realizadas nesses espaços, o que, para ele, era um motivo de orgulho:

> De mim comigo, devo confessar que [...] costumo receber de todos os cantos do país, desde o extremo norte ao extremo sul, livros e folhetos que se publicam sobre assuntos relativos aos problemas históricos, econômicos, étnicos, jurídicos e sociais das nossas regiões e Estados. Posso dizer mesmo que tudo que se tem publicado em nosso país de mais excelente e substancial sobre estas matérias me tem sido enviado (VIANNA, 1991, p. 380).

Na biblioteca de Vianna encontram-se tanto as publicações do Museu Emílio Goeldi quanto as do Museu Paulista, além dos Anais do Museu Nacional.

Como "homem de ciência", Vianna também parece ter sido inspirado, em seus estudos, pela "obsessão biológica do século",[86] como parece confirmar a carta recebida por ele, escrita por uma

---

[86] Expressão utilizada por Antonio Candido e citada por Schwarcz (1993, p. 92).

pessoa chamada O. Domingues, da escola de agricultura "Luiz de Queiroz", de Piracicaba:

> Piracicaba, 10 de novembro de 1929.
> [...] no meio cultural brasileiro, vejo no autor da "Evolução do povo brasileiro", o espírito mais bem orientado em sociologia – justamente porque se mostra mais culto em biologia, ciência onde aquela tem suas raízes principais. [...] Sou apreciador devotado da vossa obra de sociólogo armado da biologia, o que é entre nós cousa nova, caminho aberto pelo autor de "Populações meridionais do Brasil".[87]

Na verdade, o trabalho etnográfico produzido nos museus foi um dos assuntos que mais desafiaram Vianna, nos primeiros anos do século XX.[88] Para colocar-se a par do que de mais novo se fazia em termos de pesquisa etnográfica, ele se mantinha atualizado, não somente com as já citadas revistas editadas pelos museus, mas também com a leitura de folhetos, boletins e periódicos publicados pelos diversos institutos históricos organizados no país, pois, na opinião de Vianna, eram essas publicações que garantiam a divulgação do conhecimento etnográfico no Brasil:

> No tocante à pesquisa histórica e à etnografia, principalmente à etnografia indígena, estes estudos ou ensaios ainda se salvam do olvido inevitável, porque, em regra, são recolhidos nas páginas das Revistas dos vários Institutos Históricos, que se espalham, hoje, por quase todos os Estados. Destas revistas algumas são publicações valiosas, ricas pelas fontes documentárias que revelam, e pelas monografias originais que editam sobre a historiografia local. Para não citar as do Instituto Histórico e do Arquivo Público de São Paulo e a do arquivo público de Minas, recordo apenas as editadas pelo

---

[87] Carta de O. Domingues a Oliveira Vianna, datada de 10 de novembro de 1929. Arquivo privado pessoal de Oliveira Vianna. Seção Correspondências. Pasta O. Domingues.

[88] O acervo fotográfico do arquivo de Oliveira Vianna guarda um documento interessante a esse respeito: um álbum de fotografias intitulado álbum de estudos. É um álbum composto de 68 fotos, coletadas por Vianna, dos mais variados tipos físicos de homens da Baixada (incluindo a região de Saquarema). A maior parte das fotografias conta ainda com anotações sobre os "estudos raciais" de Vianna.

Instituto Histórico de Pernambuco, da Bahia, do Ceará, do Rio Grande do Norte e do Rio Grande do Sul: todas elas já consagradas como coletâneas preciosas de informações sobre a nossa história, a nossa geografia e a nossa economia regional e local (VIANNA, 1991, p. 380).

Os temas relativos aos indígenas, bem como questões a respeito de viagens e explorações científicas e debates sobre história regional eram fundamentais nas publicações dos institutos históricos (GUIMARÃES, 1988, p. 20).

Essas instituições, criadas em diversos estados brasileiros ao longo do século XIX, tiveram como modelo o pioneiro IHGB, criado em 1838, no Rio de Janeiro, com o objetivo de elaborar uma história nacional assim como de recolher, organizar e guardar uma farta documentação que pudesse servir a esse propósito.

Inspirado no Institut Historique de Paris, o IHGB constituiu-se como uma instituição responsável por elaborar uma história do Brasil que abrangesse a gênese da Nação e que inserisse o país numa tradição de civilização e progresso (GUIMARÃES, 1988, p. 8).

O IHGB organizou-se segundo os critérios das academias ilustradas europeias dos séculos XVII e XVIII, nas quais a seleção dos membros pautava-se mais por determinações sociais do que pela produção intelectual. Assim, a forma de recrutamento de seus sócios baseou-se mais no jogo das relações sociais do que no critério da competência profissional.

Desde os seus primeiros anos de funcionamento, o instituto manteve uma estreita ligação com o Estado brasileiro. Entre os seus 27 primeiros sócios, encontravam-se "[...] nada menos que dez conselheiros de estado, seis destes ainda senadores. Portanto estava aí reunida a nata da política imperial [...]" (SCHWARCZ, 1993, p. 102). O reinado de D. Pedro II veio estreitar ainda mais esses laços, pois, a partir dos anos 1940, o Imperador passou a financiar as atividades do Instituto, bem como a frequentar pessoalmente suas reuniões. Essa relação tão próxima com o Estado Imperial marcou profundamente a produção do IHGB, que guardou as determinações de um saber oficial (p. 102).

Ao longo de sua história, o IHGB manteve e até reforçou essas características. Mesmo no fim do período monárquico, que tanto havia marcado a instituição, os membros do Instituto (re)elaboraram símbolos e rituais adequando-se à nova ordem republicana:

> Em 1905 [Max Fleiuss, secretário da instituição] tomou a iniciativa de alterar a data das sessões magnas – realizadas até então no dia da primeira participação do imperador no IHGB – para 15 de novembro, como homenagem ao novo regime. Demonstrava o secretário a mesma fidelidade ao sistema vigente, ainda que essa lealdade implicasse um câmbio de posições políticas. Sem esquecer a monarquia, e em especial d. Pedro II, considerado "protetor perpétuo" do estabelecimento, Fleiuss garantia uma nova aliança com os representantes da República, que a partir de então ganhavam um acesso mais formalizado aos recintos do instituto (SCHWARCZ, 1993, p. 107).

Oliveira Vianna tornou-se sócio do IHGB em 18 de junho de 1924, quando Fleiuss era seu secretário. A relação entre eles vinha de um período anterior a essa data, visto que em janeiro desse mesmo ano Vianna havia se tornado sócio correspondente da Société des Américanistes de Paris,[89] por indicação do próprio Max Fleiuss. Esse fato demonstra que Vianna já mantinha, com pelo menos alguns membros do IHGB, um relacionamento muito próximo.

Vianna frequentou com assiduidade as reuniões do Instituto e manteve-se a par de sua produção através da coleção de sua revista. Nesse periódico, a maior parte dos artigos relacionava-se à História, à Geografia e às biografias. Embora com menor importância, a Antropologia e a Etnologia eram também disciplinas contempladas em suas páginas.

---

[89] A Société des Américanistes de Paris havia sido fundada em 1895, com o objetivo de reunir os estudos científicos sobre a América e seus habitantes. Essa sociedade era formada por membros titulares, membros de honra e membros correspondentes, que deveriam ser apresentados por, pelo menos, dois membros mais antigos e eleito pela maioria dos membros da sociedade. Oliveira Vianna foi apresentado à Sociedade, em 1923, por Max Fleiuss e P. Rivet, secretário da Sociedade e funcionário de um museu de Paris. Vianna foi nomeado membro-correspondente na sessão de 8 de janeiro de 1924, juntamente com outros brasileiros indicados pelos mesmos sócios: Affonso Celso, Taunay, Augusto Tavares de Lyra, Manoel Cícero Peregrino da Silva e Agenor de Roure. Nessa mesma sessão, Capistrano de Abreu foi também nomeado sócio-correspondente, indicado por P. Rivet e por Mlle. Pomès.

A discussão etnográfica que se fazia nas páginas da *Revista do IHGB* seguia de perto as abordagens desenvolvidas nos museus. No entanto, a produção do IHGB associava à visão evolucionista dos naturalistas um discurso religioso católico, como afirma Schwarcz:

> Elaborada sobretudo por jesuítas e elementos ligados ao setor militar – como, por exemplo, o coronel José de Machado Oliveira, ou Domingos Alves Moniz Barretos –, a imagem do indígena era a de um elemento redimível mediante a catequese, que o retiraria de sua situação "bárbara e errante" para inseri-lo no interior da civilização, entendida pelo instituto como processo eminentemente branco. Nesse aspecto, a mesma postura teórica se mantém para a população negra: ainda que participasse de um "estado ainda mais inferior", não lhes era retirada a humanidade. Era sempre um modelo evolucionista social e monogenista que predominava, coerente com a marcada influência católica no local (SCHWARCZ, 1993, p. 112).

Essa produção certamente interessava Vianna, que, ao longo dos anos 1920, dedicou-se prioritariamente aos estudos relativos à composição do povo brasileiro, em livros como *Populações meridionais do Brasil*, *Raça e assimilação* e *Evolução do povo brasileiro*.

Apesar dessa proximidade temática entre os estudos etnográficos e antropológicos que se publicavam na *Revista do IHGB* e a produção intelectual de Oliveira Vianna, é interessante observar que os artigos que publicou nesse periódico trataram de outro tipo de assunto. Analisando os textos publicados por Vianna na *Revista*, entre 1920 e 1945, nota-se que ele publicou apenas ensaios histórico-biográficos, não havendo nenhum artigo de cunho etnográfico.[90]

No entanto, a publicação desses textos revela um lado da produção de Vianna diferente daquele que ele vinha tornando público por outros meios. Ao longo dos anos 1920, tanto nos livros que lançou quanto nos artigos que publicou nos jornais – espaço privilegiado de discussão intelectual, nas primeiras décadas do século XX, no Rio de Janeiro – Vianna priorizou temas ligados à Etnografia e, muito raramente, dedicou-se à publicação de ensaios biográficos.

---

[90] VIANNA, 1925a; 1925b (publicado também no *Correio da Manhã* de 2 de dezembro de 1925); 1944 (publicado também em *A Manhã* de 12 de fevereiro de 1943 e no livro *Ensaios inéditos* [1991]).

Os jornais e a inserção de Vianna nos diálogos intelectuais

Os jornais foram, no início do século XX, o principal meio, utilizado pela intelectualidade brasileira, de publicação e circulação de ideias. Até os anos 1920, quando a produção das editoras em atuação no Brasil era predominantemente marcada por obras didáticas,[91] eram os jornais que publicavam diálogos, discussões e polêmicas, num "jogo intelectual" que fazia com que os autores obtivessem, no mínimo, maior visibilidade e prestígio, e pudessem, assim, almejar um posto na burocracia oficial ou no mundo da política.

Apesar de frequente, a participação de Oliveira Vianna na imprensa foi sempre marcada pela livre colaboração e não por uma função remunerada. Ele não era um jornalista de profissão, talvez porque buscasse manter a independência de suas opiniões, como sugere Vasconcelos Torres (1956, p. 38), seu principal biógrafo: "[...] jornalista profissional não poderia ser; jamais redigiria contra as suas ideias". De qualquer forma, Vianna era, assim como diversos intelectuais de seu tempo, um homem que fazia da imprensa um espaço para a divulgação de suas ideias e para a legitimação de sua forma de pensamento. Segundo Barbosa, os colaboradores eram

> [...] políticos ou profissionais liberais que, através de artigos publicados, procuravam alcançar a notoriedade almejada. Assim, era comum nessas empresas a colaboração gratuita de deputados, senadores, médicos e advogados, juízes e outros, que faziam do jornal um meio de divulgação pessoal (BARBOSA, 1996, p. 102).

A estreia de Oliveira Vianna na imprensa ocorreu quando ainda cursava os preparatórios para o colégio Pedro II. Devido à amizade mantida com Alfredo Azamor, secretário de *O Fluminense*, ele enviou ao jornal um artigo que, para sua surpresa, acabou saindo na pouco

---

[91] Em seu estudo sobre a produção de livros no Brasil, Laurence Hallewell (1985, p. 235) conclui que "[...] no período 1914-1920 [...] a produção editorial que ainda tinha lugar no Brasil raramente se aventurava além dos campos seguros dos livros didáticos e de livros sobre a legislação brasileira, e não passava de atividade casual e secundária das grandes livrarias".

prestigiosa coluna dos textos "A pedidos", o que o deixou um pouco decepcionado. Após essa estreia, um pouco desastrosa para Vianna, ele colaborou com os jornais *Diário Fluminense* e *A Capital*,[92] antes de passar a colaborar com os periódicos cariocas *A Imprensa* e *O Paiz*.

Considerando os recortes guardados pelo próprio Vianna em seu arquivo privado pessoal, pode-se observar que ele escreveu principalmente nos seguintes periódicos: *Correio Paulistano, Correio da Manhã, A Nação, Jornal do Comércio, Diário de Notícias* e *A Manhã*.

Percebe-se ainda que essa colaboração se divide em períodos determinados: nos anos 1920, ela se deu principalmente no *Correio Paulistano* e *Correio da Manhã*; nos anos 1930, Vianna continuou a colaborar no *Correio da Manhã* e iniciou sua participação nos jornais *A Nação, Jornal do Comércio* e *Diário de Notícias,* passando, nos anos 1940, a colaborar no jornal *A Manhã*.

O jornal *Correio Paulistano*, com o qual Vianna colaborou nos anos 1920, surgiu em 1854, na cidade de São Paulo. Foi publicado diariamente até julho de 1855, quando se tornou bi-semanal, tendo retomado, em 1858, sua publicação diária.

Em seu primeiro número, no dia 26 de junho de 1854, o edital apresentava a linha do jornal como informativa e imparcial. Ao longo do tempo, o *Correio Paulistano* assumiu diversas orientações distintas, como descreve Nelson Werneck Sodré:

> Em 1882, assumiu a direção do Correio Paulistano Antonio Prado, que levaria o jornal, em 1887, a fazer-se abolicionista, para, em junho de 1889, com os liberais no poder, exercer severa oposição, mas na linha monarquista, e, com os acontecimentos de 15 de novembro na corte, ser o primeiro órgão a considerar irreversível a República (SODRÉ, 1966, p. 259).

O jornal durou até 1930, quando o movimento revolucionário praticamente liquidou a imprensa que apoiava o regime anterior. Os bens do *Correio Paulistano* foram desapropriados pelo novo governo do estado, que os anexou às oficinas da imprensa oficial.

---

[92] O periódico *A Capital* foi fundado por Álvares de Azevedo Sobrinho e Mario Vianna, em 1902. O secretário era Quaresma Junior. O jornal funcionava em Niterói, na rua Visconde do Rio Branco, esquina da rua Saldanha Marinho (BACKHEUSER, 1994, p. 276).

A colaboração de Oliveira Vianna nesse jornal foi frequente ao longo dos anos 1920, como demonstra a carta de Francisco Ferreira, de 17 de junho de 1927:[93]

> Meu ilustre amigo Dr. Oliveira Vianna,
> Recebi com grande prazer sua preciosa carta anunciando-me que embora irregular por mais algum tempo, a sua colaboração continuará a ilustrar as colunas do "Correio Paulistano". Como são raros os grandes espíritos no nosso país, é uma verdadeira felicidade para um jornal poder contar com um deles e dos mais eminentes, como é o meu amigo. Continue, pois, Dr. Oliveira Vianna [...] os seus magistrais artigos.
> Os melhores agradecimentos do amigo e admirador
> Francisco Ferreira

Nesse período, Vianna colaborava ainda com outro órgão importante da grande imprensa do Rio de Janeiro: o *Correio da Manhã*,[94] como se pode observar pela carta de Manoel Paulo Filho, datada de 18 de setembro de 1926:[95]

> Meu ilustre e prezado amigo Dr. Oliveira Vianna,
> Atenciosos cumprimentos. Até agora, 11 da noite, não me chegou às mãos o seu costumado artigo de Domingo, o que registro com imenso pesar [...] Peço-lhe despachar pelo nosso maldito serviço postal o artigo com quarenta e oito horas de antecedência, às sextas-feiras, por exemplo. Às vezes, para os nossos Correios, entre o Rio e Niterói, vai uma distância maior que a que existia entre Palos, em 1492, e o arquipélago das Bahamas, era de Colombo.

---

[93] Carta de Francisco Ferreira a Oliveira Vianna, 17 de junho de 1927. Arquivo Privado de Oliveira Vianna. Série Correspondências. Pasta: Francisco Ferreira.

[94] O jornal O *Correio da Manhã* foi fundado em 15 de junho de 1901, no Rio de Janeiro, por Edmundo Bittencourt, com o objetivo de ser, desde o primeiro momento, um jornal de oposição. Segundo Werneck Sodré, o artigo de apresentação já deixava bem delineada a linha participante e combativa do jornal: "[...] em bom senso sabe o povo que essa norma de neutralidade com que certa imprensa tem por costume carimbar-se é puro estratagema para, mais a gosto e a jeito, poder ser parcial e mercenária. Jornal que se propõe a defender a causa do povo não pode ser, de forma alguma, jornal neutro. Há de ser, forçosamente, jornal de opinião" (*apud* SODRÉ, 1966, p. 328).

[95] Carta de Manuel Paulo Filho a Oliveira Vianna, 18 de setembro de 1926. Arquivo Privado de Oliveira Vianna. Série Correspondências. Pasta: Manuel Paulo Filho.

Nos primeiros vinte anos do século XX, esse jornal era um dos periódicos mais populares do Rio de Janeiro:

> [O Correio da Manhã] era um dos mais baratos da cidade, custando o exemplar avulso 100 réis, e as assinaturas que inicialmente eram de 30$000 a anual e de 19$000 réis a semestral, diminuirão de preço em 1904, passando para 25$000 e 16$000 (BARBOSA, 1996, p. 44).

Além de manter o preço baixo, o *Correio da Manhã* desenvolveu diversas estratégias promocionais, de redação e editoriais, para ser lido por um número cada vez maior de pessoas. A criação de pequenos anúncios de oferecimentos e pedidos de empregos e de aluguéis de casas simples, como também a oferta de brindes em datas especiais do ano, fizeram com que o jornal aumentasse seu número de leitores. A utilização de recursos gráficos e editoriais, como fotografias ilustrando a matéria principal, entrevistas esclarecendo assuntos anteriormente publicados e o recurso a manchetes de páginas, seguidas de subtítulos, tornava o jornal moderno e atraente aos seus compradores (BARBOSA, 1996, p. 37-45).

Ao longo dos anos 1920, Oliveira Vianna tornar-se-ia um intelectual bastante conhecido em função do lançamento de seus primeiros livros, publicados desde os primeiros anos da década. A publicação de *Populações meridionais do Brasil*, em 1920, pela editora Monteiro Lobato & Cia.,[96] permitiu o lançamento de vários outros textos seus, lançados por essa mesma editora ou por outras.

Ocupando o cargo de professor da Faculdade de Direito de Niterói, desde 1916, e o de diretor do Instituto de Fomento Agrícola do estado do Rio de Janeiro, desde 1926, Vianna destacava em seus artigos principalmente questões como a política do café ou as caixas rurais de crédito. Ou ainda questões metodológicas para o desenvolvimento de seus estudos sociológicos, como o artigo que tratava do método de Le Play.[97]

---

[96] A respeito das edições e reedições dos livros de Oliveira Vianna, ver o *capítulo 4* deste livro.

[97] Frédéric Le Play foi um dos precursores dos estudos sociológicos na França. Ele foi um dos primeiros estudiosos a tentar elaborar um método de observação direta, etnográfico e comparativo (CABIN; DORTIER, 2000).

Nos anos 1930, Oliveira Vianna passou a colaborar, ainda, com outros periódicos, além de ter dado continuidade aos seus trabalhos no *Correio da Manhã*. Dos artigos de sua autoria relativos a esse período e guardados em seu arquivo pessoal, a maior parte foi publicada no *Jornal do Comércio* e no *Diário de Notícias*. Os temas dos artigos sofreram também uma transformação. Ao ocupar o cargo de consultor jurídico do Ministério do Trabalho (1932-1940), Vianna começou a destacar, em seus textos, temas como sindicalismo, legislação trabalhista, corporativismo e salário mínimo.

Os periódicos escolhidos para sua colaboração demonstravam, igualmente, um maior prestígio de Vianna e sua maior aproximação com o poder estabelecido, pois esses jornais, ao contrário daqueles com os quais ele havia colaborado nos anos 1920, eram muito mais próximos da elite política e econômica do país.

O *Jornal do Comércio*, antigo periódico, fundado em 1827, orgulhava-se de ser "[...] o jornal das classes conservadoras, lido pelos políticos, pelos homens de negócios e pelos funcionários graduados" (BARBOSA, 1996, p. 58). Era, ao lado da *Gazeta de Notícias,* um dos maiores jornais brasileiros. A condição de jornal das elites era também determinada pelo seu preço, pois o periódico era o mais caro do Rio, chegando sua assinatura a ser comercializada pelo dobro do preço da do *Jornal do Brasil*.

O *Diário de Notícias,* outro jornal com o qual Vianna colaborou, ao longo dos anos 1930, foi fundado em 1930 por Orlando Ribeiro Dantas, Nóbrega da Cunha e Alberto Figueiredo Pimentel. A maior participação de Vianna nesse periódico deu-se durante o período do Estado Novo, momento em que o Departamento de Imprensa e Propaganda (DIP), chefiado por Lourival Fontes, controlava de forma bastante rigorosa a imprensa e o rádio, baixando, inclusive, listas de assuntos proibidos. Além disso, o DIP distribuía verbas a jornais e emissoras de rádio, levando vários proprietários de órgãos de imprensa a enriquecer rapidamente. Segundo W. Sodré, "os jornais passaram, assim, por gosto ou a contragosto, a servir à ditadura" (SODRÉ, 1966, p. 439), exceção feita a poucos jornais que não se corromperam, entre eles, o *Diário de Notícias* (SODRÉ, 1966, p. 439). Apesar de esse periódico não estar "a serviço da ditadura", os artigos assinados por Vianna em suas páginas tratavam sempre de assuntos de interesse do governo do Estado Novo e, mais especificamente, do Ministério do Trabalho, do qual fazia parte. Temas como "o cidadão do Estado Novo", "crise e salário mínimo", "novos tempos" eram os tratados por ele no *Diário de Notícias*.

Nos anos 1940, a colaboração de Oliveira Vianna na imprensa se intensificou no jornal *A Manhã*, periódico que começou a circular, no Rio de Janeiro, em agosto de 1941, com uma postura francamente favorável ao Estado Novo (GOMES, 1996, p. 16-17). A publicação do jornal tinha por objetivo torná-lo o porta-voz do regime de Vargas, fazendo-o assumir um caráter didático na exposição de ideias do presidente e na publicação de realizações do regime.

O superintendente das Empresas Incorporadas ao Patrimônio da União, coronel Luiz Carlos da Costa Neto, encarregado de indicar o nome do diretor do jornal, escolheu Cassiano Ricardo para essa função. Membro da Academia Brasileira de Letras desde 1937, Cassiano Ricardo havia sido um dos líderes do movimento da Semana de Arte Moderna em 1922, tendo participado ativamente dos grupos Verde Amarelo e Anta, ao lado de Plínio Salgado, Menotti del Picchia, Raul Bopp, Cândido Mota Filho e outros. Havia ainda trabalhado como redator no *Correio Paulistano*, entre 1923 e 1930 e fundado a *Novíssima*, revista literária dedicada à causa dos modernistas e ao intercâmbio cultural pan-americano, em 1924.

Em 1937, Cassiano Ricardo tinha fundado, com Menotti del Picchia e Mota Filho, a Bandeira, movimento político que se contrapunha ao Integralismo. O movimento possuía um jornal, *O Anhangüera*, que defendia a ideologia da Bandeira, condensada na fórmula: "Por uma democracia social brasileira,[98] contra as ideologias dissolventes e exóticas". Cassiano lançara ainda, em 1937, um livro denominado *Brasil no original*, em que defendia, de forma mais acabada, a ideia de uma democracia social para o país. A produção desses textos, que demonstravam uma clara harmonia entre as suas ideias e o regime de Vargas, aliado ao grande prestígio angariado por Cassiano Ricardo nas instituições legitimadoras dos "homens de letras" do país,[99] faziam dele uma escolha acertada, sob a perspectiva do governo, para dirigir o jornal *A Manhã*.

---

[98] O conceito de democracia social é desenvolvido por Gomes (1994, cap. 4, p. 125-155).

[99] Além da Academia Brasileira de Letras, Cassiano Ricardo pertenceu à Academia Paulista de Letras.

O nome de Cassiano Ricardo deu ao periódico um grande prestígio, atraindo para as páginas de *A Manhã* o nome de vários intelectuais da época. Foram membros de seu corpo editorial: Barros Vidal, como secretário, Jorge Lacerda, Cecília Meirelles, Ribeiro Couto e Leopoldo Aires. Além desses intelectuais, Oliveira Vianna, Afonso Arinos de Mello Franco, José Lins do Rego, Alceu Amoroso Lima, Vinícius de Moraes e Manuel Bandeira eram nomes de prestígio nos meios intelectuais que colaboraram frequentemente com o jornal.

O primeiro dos artigos de Vianna publicados no jornal *A Manhã* tratava justamente do "movimento de 1937 e seu sentido histórico". A partir daí, seguiu-se uma série de artigos que tinham como principal tema a questão do nazismo, da doutrina nacional-socialista e do conceito de ariano na doutrina nazista. Todos esses artigos foram escritos e publicados em 1943, momento em que o Estado Brasileiro participava da Segunda Guerra Mundial, ao lado dos países aliados. Os artigos de Vianna foram escritos com o objetivo de avaliar as atitudes de Hitler na guerra e de criticar os brasileiros que se mostravam então simpáticos à Alemanha. Diz ele em um dos artigos:

> De alguns tenho ouvido mesmo que seria muito mais fácil nos "arregalar" proveitosamente diante de uma Alemanha vitoriosa do que diante de uma Inglaterra vitoriosa. – "Os alemães – dizem eles, simploriamente – nunca tiveram conflitos ou casos conosco, como os ingleses – haja vista a questão Christie e da ilha da Trindade [...] São estes os argumentos dos nossos "simpatizantes" da Alemanha e dos nossos "neutralistas". No fundo, todos eles estão sentindo o constrangimento da situação esquerda em que se encontram, oscilando entre as suas preferências de "snobs", que os inclinam para o sadismo nazista, e o seu dever de brasileiros, que lhes impõe o imperativo categórico de serem inimigos dos inimigos de sua pátria (VIANNA apud MADEIRA, 1999, p. 68).

Para Vianna, a defesa da posição oficial adotada pelo Estado Novo era mais importante do que qualquer simpatia pessoal por este ou aquele bloco. Tanto mais que esses artigos estavam sendo publicados num periódico que, como foi dito anteriormente, desempenhava a função de porta-voz dos interesses do Estado.

Os artigos escritos por Vianna serviram também como estratégia para responder aos seus críticos quanto ao uso que havia feito do conceito de raça, nos livros publicados durante os anos 1920 e 30. Nas folhas de *A Manhã*, Vianna tentava estabelecer diferenças precisas no conceito de "raça" utilizado pelos alemães e a definição que havia servido aos seus próprios estudos antropológicos. Em um dos textos, Vianna afirma:

> Tendo a raça ariana tantos direitos, é natural que se pergunte o que é essa raça, ou melhor: como os nacionais-socialistas conceituam essa raça? Porque o que importa é, realmente, o conceito que os modernos doutrinadores do pangermanismo fazem ou admitem da "raça ariana", que é, aliás, um conceito mais "político" do que "biológico" e, por isso, propositadamente impreciso, de modo a assegurar maior liberdade de ação aos inspiradores e executores do expansionismo alemão (VIANNA apud MADEIRA, 1999, p. 94).

Defensor ferrenho do Estado Novo, Vianna utilizou o espaço do jornal *A Manhã* não somente para estabelecer e propagar as posições políticas do Estado varguista, mas também para defender suas ideias sociológicas e antropológicas, tentando diferenciá-las das posições mais radicais do nazismo.[100]

Naquele momento, fase de aguda polarização política, não apenas os jornais cumpriam o papel de divulgadores do debate de ideias no interior do campo intelectual. Também as diversas revistas culturais e literárias representavam um importante espaço de sociabilidade intelectual, publicando os confrontos de ideias travados nos limites das instituições que abrigavam os "homens de letras" e de "ciência" do país.

As revistas literárias, porta-vozes de intelectuais

As revistas literárias e culturais cumpriram, na primeira metade do século XX, um importante papel como espaço de intercâmbio

---

[100] Uma análise, um pouco diversa desta, sobre os textos publicados por Vianna no jornal *A Manhã* pode ser encontrada em Madeira (1999).

intelectual.[101] Assim como os jornais, por seu caráter de "obra em movimento", de escrita mais efêmera que a dos livros, serviram de "espaço de experimentação", onde as ideias dos autores se ofereciam à discussão e se testavam permitindo a publicação de trabalhos ainda em curso e de obras em elaboração.

Bem como os demais espaços de trocas intelectuais, já analisados, as revistas serviam de "[...] ponto de encontro de itinerários individuais sob um credo comum" (PLUET-DESPATIN, 1992, p. 126). Uma revista – escrita plural e coletiva – veiculava ao ser publicada uma proposta singular e reivindicava, em oposição a outras, uma "[...] nova cultura, uma nova estética ou uma nova orientação científica que ela significa[va] ou não sob a forma de um manifesto ou de um artigo fundador" (p. 129). Ao tornar-se pública, a revista tomava a aparência de um projeto consolidado, unido, minimizando, ou mesmo fazendo desaparecer, todo o processo que levara à sua organização e que, nos "bastidores",[102] se caracterizara por disputas intelectuais e políticas. O exemplar publicado mascara, de certa forma, o processo de criação e elaboração da "mensagem" veiculada.

Por isso, torna-se fundamental investigar os traços dos "bastidores" das revistas – a composição dos comitês de redação, a presença ou não de determinados nomes em seu corpo editorial e a identidade dos colaboradores –, tendo em vista compreendê-las como mais um espaço de sociabilidade intelectual que, assim como os demais, servia de lugar de concorrência e disputas.

Essa investigação, no entanto, é dificultada pela escassez de fontes que se referem aos processos de criação e publicação desses periódicos. Para desenvolver esse tipo de abordagem, podem ser considerados alguns tipos de documentos tais como os diários, as memórias de literatos e editores e as correspondências. Todas elas, fontes fragmentárias e dispersas, tanto mais por serem características,

---

[101] Sobre as revistas de humor, nas quais se expressaram os diversos membros da geração boêmia, ver Velloso (1996).

[102] Na opinião de Jacqueline Pluet-Despatin (1992, p. 127), "[...] une revue ne se réduit pas à son sommaire et celui-ci est le produit d'une intense activité en coulisse" [[...] uma revista não se reduz ao seu sumário, e mesmo este é fruto de uma intensa atividade de bastidor]. Por esse motivo, para investigar as redes de sociabilidade estabelecidas a partir de uma revista é necessário, segundo ela, conhecer os "bastidores" da publicação.

principalmente, de arquivos privados pessoais, de difícil localização e, frequentemente, não organizados ou fechados aos pesquisadores.

Entre esses documentos citados, a correspondência surge como uma fonte particularmente importante. Embora seja um registro difícil de inquirir, em função de seu caráter de "documento de complexo tratamento analítico",[103] diferentemente das outras fontes citadas, as cartas possuem um traço singular: elas portam os diálogos, as falas de editores e colaboradores, de solicitantes e solicitados, e são, por esse motivo, fontes privilegiadas para se observar a intensa negociação que se estabelece em torno de um projeto editorial.

Vianna, como os demais intelectuais de seu tempo, publicou alguns de seus textos em periódicos literários e científicos. Assim, seu arquivo privado pessoal registra, através de sua correspondência passiva, alguns dos convites que recebeu para colaborar em diferentes publicações.

As cartas solicitando artigos de Vianna ocupam um espaço significativo em seu acervo. Por esse motivo, pode-se sugerir que a solicitação de amigos e editores foi, muitas vezes, um estímulo para a elaboração de novos textos, tendo servido de inspiração[104] para o exercício intelectual de Oliveira Vianna. As solicitações de artigos e textos para revistas e/ou para compor obras de autoria coletiva, além de diversas encomendas de artigos para jornais, funcionaram, frequentemente, como um incentivo para o prosseguimento do trabalho intelectual.

---

[103] Ver, a esse respeito, o texto de Gomes (2000, p. 18-22).

[104] A noção de "inspiração" descrita aqui como resultado do trabalho de leitura e troca de informações foi desenvolvida por Peter Stalybrass no texto "La materialité de l'écriture, 1450-1600", apresentado no seminário do professor Roger Chartier na École des Hautes Études en Sciences Sociales, Paris, em junho de 2001. Segundo as palavras do autor, "Quand Shakespeare écrivait une pièce, à mon avis, il ne 'réfléchisait' pas. Il ouvrait sur sa table ou sur son bureau (dont malheureusement nous ne savons rien) les chroniques de Raphael Holinshed, s'il écrivait une pièce sur l'histoire d'Angleterre, de même que d'autres chroniques historiques, et des livres plus banals, tels que la traduction d'Ovide et de Virgile, des passages de Marlowe et de Sidney, etc. L'inspiration, autrement dit, ne venait pas des profondeurs de l'âme mais de l'analyse de textes et de sa propre mémoire; elle provenait de lectures et de conversations" [Quando Shakespeare escrevia uma peça, a meu ver, ele não 'refletia'. Ele abria sobre sua mesa ou sua escrivaninha (sobre a qual, infelizmente, nada sabemos) as crônicas de Raphael Holinshed, se estava escrevendo uma peça sobre história da Inglaterra, assim como outras crônicas históricas e livros mais banais, tais como as traduções de Ovídio e de Virgílio, passagens de Marlowe e de Sidney, etc. Dito de outro modo, a inspiração não vinha das profundezas da alma, mas da análise de textos e de sua própria memória; ela provinha de leituras e de conversações.] (STALYBRASS, 2001).

Consultando sua correspondência, pode-se verificar que há diversas encomendas para revistas literárias e científicas dos mais diferentes gêneros e tendências político-ideológicas.

Em carta datada de 1º de junho de 1931, San Tiago Dantas pergunta a Oliveira Vianna sobre a possibilidade de enviar um artigo para o jornal *A Razão*:

> Caro amigo Dr. Oliveira Vianna,
> Venho com prazer anunciar-lhe que "A Razão" já agora está em vésperas de aparecer, e que eu aqui estou para lembrar a sua magnífica promessa de nos dar uma colaboração periódica. Pretendemos começar a publicação do jornal no dia dez, mais ou menos, e seria para nós uma incomparável alegria ainda poder contar para o primeiro número com a sua colaboração.

A direção dessa revista, de caráter anticomunista, via em Oliveira Vianna um aliado, como se percebe no trecho abaixo, citado da mesma carta:

> São Paulo, mais do que nunca está precisando do senhor, como de todos os que abrem caminhos seguros, nesta hora tão confusa, tão indecisa da vida brasileira. O comunismo e o separatismo embriagam a mocidade e os homens já formados. A compreensão do Brasil, a sua visão objetiva, real, é, como o senhor vem dizendo há tantos anos, nosso único caminho da salvação. E nós precisamos ouvir agora novamente essa verdade, que nos chegará aumentada pelas profundas ressonâncias do ambiente em pânico em que estamos.
>
> O nosso jornal terá talvez esse papel magnífico, de fazer ouvir em São Paulo, as vozes dos grandes "clérigos" do espírito brasileiro, que falam aos "leigos" de todo o país. Como espero ir ao Rio ainda antes de sair "A Razão", terei o prazer de vê-lo e, se for possível, de receber do senhor o primeiro artigo, com que se iniciará sua colaboração.
>
> Por ora apenas desejo exprimir-lhe o nosso profundo agradecimento pela confiança e pelo prestígio com que o senhor auspicia o nosso jornal. E apresentando-lhe as saudações do Dr. Alfredo Egydio de Souza Aranha, nosso diretor, e do Plinio Salgado, quero mais uma vez exprimir-lhe, Dr.

Oliveira Vianna, os meus protestos de grande admiração e profundo respeito, por quem é hoje um dos maiores mestres do espírito e da mocidade brasileira.
San Tiago Dantas.

Ainda nesse mesmo ano, em carta de 9 de novembro, enviada de Paris, Ribeiro Couto[105] solicita uma contribuição de Oliveira Vianna para publicação na revista portuguesa *Descobrimento*. Diz ele:

> Meu querido mestre e amigo Oliveira Vianna,
> Aparece em Lisboa, de três em três meses, uma revista de cultura, de excelente apresentação intitulada Descobrimento. Tenho o encargo de obter colaboração brasileira para ela. O Alberto Rangel, por exemplo, colabora no número 3 (a aparecer por esses dias). Vou mandar-lhe um exemplar. Estas linhas são para pedir-lhe encarecidamente que me remeta um capítulo inédito de um de seus livros em preparação, ou um ensaio sobre qualquer assunto para essa revista. Imagine que quando fui convidado para dirigir a colaboração brasileira, prometi logo um trabalho seu, pois você é o maior nome da sociografia brasileira e um dos seus ensaios nos daria uma excelente posição naquela revista. Trata-se do interesse exclusivo do Brasil, para o qual e pelo qual você trabalha sempre luminosamente. Conto com você, em nome de uma velha e sólida devoção, que é também amizade. Manda-me?[106]

---

[105] Ribeiro Couto nasceu em Santos (SP) em 12 de março de 1898, e faleceu em Paris, França, em 30 de maio de 1963. Cursou a Faculdade de Direito de São Paulo, trabalhando no *Jornal do Comércio*, em 1916, e depois no *Correio Paulistano*. Transferiu-se para o Rio de Janeiro e, em 1919, bacharelou-se na Faculdade de Ciências Jurídicas e Sociais do Rio de Janeiro. Designado para o posto de auxiliar de consulado em Marselha, partiu em fins de 1928 para aquela cidade francesa, onde o cônsul-geral o indicou para vice-cônsul honorário. Em 1931, foi removido para Paris, onde serviu um ano como adido junto ao consulado geral. O governo provisório, por designação do ministro Afrânio de Melo Franco, em 1932, promoveu-o a cônsul de terceira classe. Foi 2º secretário de legação na Holanda, de 1935 a 1940; 1º secretário de legação, em 1942; encarregado de Negócios em Lisboa, de 1944 a 1946; ministro plenipotenciário na Iugoslávia, de 1947 a 1952; embaixador do Brasil na Iugoslávia, de 1952 até aposentar-se. Durante a sua permanência na Europa, ocupou-se também de divulgar a literatura brasileira. Foi eleito para a Academia Brasileira de Letras, em 28 de março de 1934.

[106] Carta de Ribeiro Couto a Oliveira Vianna, 9 de novembro de 1931. Arquivo pessoal de Oliveira Vianna. Série Correspondências. Pasta: Ribeiro Couto.

As correspondências citadas evidenciam as solicitações de artigos de Oliveira Vianna com grupos distintos formados tanto por intelectuais ligados ao pensamento integralista, quanto por outros que viriam se opor a essa forma de pensar.

As cartas também expõem a colaboração de Vianna com os órgãos de divulgação das ideias dos pensadores católicos. Em carta de 18 de outubro de 1932, Alceu Amoroso Lima propõe a Vianna que envie uma colaboração para a revista *A Ordem*, periódico que havia sido criado em agosto de 1921 por Jackson de Figueiredo,[107] fundador também do Centro Dom Vital. Ao longo dos anos 1920, esses órgãos tornaram-se responsáveis pelo início de um longo processo de revitalização do catolicismo. O Centro, assim como a revista, buscava reunir a inteligência católica tendo em vista promover a campanha por suas ideias. Ângela de Castro Gomes aponta a importância desses órgãos e dos intelectuais católicos, ao longo da Primeira República, como estratégia para o que ela denominou catolicização do país:

> As figuras exponenciais e referenciais desta bem cuidada investida foram, além do cardeal Leme, os líderes leigos Jackson de Figueiredo e Alceu Amoroso Lima, envolvidos na direção da revista A Ordem e do Centro Dom Vital, particularmente atuantes durante as décadas de 20 e 30 (GOMES, 1999, p. 31).

Ao analisar o ambiente intelectual do Rio de Janeiro durante os primeiros anos do século XX, Castro Gomes ressalta a convergência desse movimento de militância católica, que se desenvolvia, com outros movimentos intelectuais do período como, por exemplo, o simbolista. Segundo ela,

> [...] o Rio de Janeiro dos anos 10 torna-se uma cidade importante para a montagem de uma rede intelectual que se reconhece como pertencente a uma tradição simbolista. Essa tradição mística e espiritualista, contudo, não

---
[107]Jackson de Figueiredo nasceu em 1891, na cidade de Aracaju. Mudou-se em 1909 para Salvador, onde cursou a faculdade de Direito. Após concluir o curso, partiu para o Rio de Janeiro e tornou-se, em 1918, proprietário da Livraria Católica. Morreu no Rio de Janeiro, em 1928.

> pode ser mecanicamente associada ao boom da militância católica que então começava a se desenvolver. Entretanto seria impossível não assinalar a convergência, bem como os laços que passam a unir as trajetórias de alguns intelectuais simbolistas e algumas das mais importantes lideranças leigas da militância católica de então. São tais conexões que nos permitem transitar do simbolismo ao modernismo; do início do século aos anos 1920 e 1930; e de outros estados do Brasil à capital federal (GOMES, 1999, p. 39).

Entre os intelectuais que aproximavam as tendências simbolista e católica estava Tasso da Silveira. Ele nasceu em 1895, era filho do poeta simbolista e diretor da revista *Cenáculo*,[108] Silveira Neto. Em 1916, já no Rio de Janeiro, Tasso da Silveira estabeleceu contatos com vários intelectuais, como Jackson de Figueiredo, sobre quem escreveu um ensaio literário. Anos mais tarde, associado ao seu amigo Andrade Muricy,[109] Tasso participou da montagem de algumas revistas literárias, entre elas *América Latina*, em 1919, *Árvore Nova*, em 1922, e *Terra do Sol*, em 1924.

Foi justamente para solicitar uma colaboração para a revista *Terra do Sol* que Tasso da Silveira escreveu a Oliveira Vianna, em 8 de novembro de 1925. Não seria esse o primeiro trabalho de que os dois participariam juntos. No ano anterior, 1924, Vicente Licínio havia organizado um livro denominado *À margem da história da República*, que contou com a participação de Tasso da Silveira e de Oliveira Vianna, além de outros colaboradores como Alceu Amoroso Lima, Pontes de Miranda e Ronald de Carvalho.

A revista *Terra do Sol* expressava um grande interesse pelo pensamento social brasileiro e possuía uma postura bastante nacionalista. Contou com artigos de colaboradores como Rocha Pombo, Vitor Vianna, Amadeu Amaral e Elysio de Carvalho.

---

[108] A revista *Cenáculo* promoveu um grande impulso ao movimento simbolista em Curitiba, através da ação de seus principais colaboradores: Emiliano Perneta, Júlio Perneta, Dario Veloso e Silveira Neto.

[109] Andrade Muricy é considerado, segundo A. de Castro Gomes, um dos maiores estudiosos do Simbolismo no Brasil. Paranaense como Tasso da Silveira, eles eram muito amigos. Cursaram juntos o Ginásio Paranaense e a Faculdade de Direito do Paraná. Ambos vieram para o Rio de Janeiro em meados dos anos 1910. No Rio, Muricy viveu da crítica musical e literária.

Este último também está entre os que buscaram a colaboração de Oliveira Vianna para a composição de revistas literárias. Elysio de Carvalho era tradutor, crítico e ensaísta. Foi um dos grandes divulgadores da obra de Wilde no Brasil e escreveu diversas crônicas, nas quais descrevia a boemia do Rio de Janeiro, utilizando um estilo carregado de termos estrangeiros. Ao lançar a *Revista Nacional*, ele escreveu a Vianna solicitando um artigo:

> Prezado confrade,
> Tenho o prazer de comunicar-lhe que durante o mês de abril vindouro aparecerá nesta capital o primeiro número da Revista Nacional. Concebida nos moldes da Outlook de New York, essa publicação mensal terá o caráter do mais elevado e significativo expoente da cultura brasileira em mais variadas modalidades. A nossa metrópole não dispensa hoje a contribuição desse instrumento de cultura e nacionalismo e, para suprir essa lacuna, dado o nosso desenvolvimento econômico, científico e literário, um grupo de homens de letras a cuja frente se acham Celso Vieira, Carneiro Leão, Carlos Pontes, José Mariano Filho e o abaixo assinado, tomou a iniciativa de sua elaboração. Além do comentário elucidativo e orientador de todos os aspectos da vida brasileira e internacional, a Revista Nacional estamparia estudos ou artigos pelos maiores nomes que ilustram nossa atualidade, contando desde já com a colaboração permanente do Sr. Pedro Lessa, Assis Brasil, Oliveira Lima, Carlos de Laet, João Ribeiro, Azevedo Amaral, Roquette Pinto e outros muitos. Transmitindo-lhe essa notícia, faço em nome de todos meus colegas de direção, um apelo a sua dedicação e ao seu patriotismo, a fim de tomar um posto entre nossos colaboradores efetivos. Certo do seu valiosíssimo concurso, pelo qual a Revista Nacional antecipa a expressão de seu máximo reconhecimento, devo comunicar-lhe que é desejo de todos nós que seu nome figure desde o primeiro número nos sumários da revista. Inútil dizer-lhe que a Revista Nacional está aparelhada para remunerar essa colaboração [...] Aguardando a sua resposta aproveito o ensejo para apresentar-lhe os meus protestos da mais forte admiração e meu particular apreço.
> Elysio de Carvalho.

A solicitação de Elysio de Carvalho foi prontamente aceita por Oliveira Vianna, como se pode observar pela carta enviada nove dias após a primeira:

> Prezado confrade Dr. Oliveira Vianna,
> Acuso o recebimento de sua carta datada de 25 do corrente. Os diretores da Revista Nacional ficam muito penhorados com o acolhimento que dispensou à iniciativa que pretendem levar a cabo e estavam bem certos de que outra não seria a atitude de seu nobre espírito. Todos nós temos em alta conta a sua mentalidade e somos acordes em considerá-lo o mais brilhante e o mais profundo dos sociólogos brasileiros. Bem vê, meu caro confrade, que, assim sendo, não poderia a Revista Nacional dispensar o seu valiosíssimo concurso e espera que seu nome figure no sumário de seu primeiro número. [...]
> Sem outro motivo, aproveito o ensejo para dizer-lhe que tem o direito de contar com a minha simpatia e a minha forte admiração.
> Elysio de Carvalho.

A correspondência de Vianna permite ainda identificar outras revistas que igualmente solicitaram trabalhos seus. Em carta datada de 3 de maio de 1932, Candido Motta Filho envia a Vianna exemplares da revista *Política,* que ele havia fundado em São Paulo, e, meses depois, em nova carta de 26 de outubro, solicita sua colaboração para esse periódico. Mas as cartas recebidas por Vianna demonstram que as solicitações de seus trabalhos não se limitaram aos periódicos citados. Além deles, artigos de Vianna foram também requeridos por Anísio Ribeiro, em 30 de agosto de 1932, para compor a revista *Arquivo*; por Pantaleão Pessoa, em 19 de julho de 1935, para a *Revista Militar do Brasil*; por Oswaldo Vianna, em 22 de abril de 1939, para a revista *A Planície*; por Roland Cerbini em carta de 7 de setembro de 1948, para o jornal *O Colégio*; e por Montan Leite, para a *Revista de Criminologia de Medicina Legal.*

Ao consultar essa coleção de cartas, pode-se perceber que as encomendas de trabalhos partiam de grupos distintos. Através delas, identifica-se uma rede de relações profissionais, composta de intelectuais dos mais diversos grupos: do pensamento católico ao Modernismo, dos militares e conservadores aos liberais.

Mapeando a rede de amigos: a caderneta de anotações de Oliveira Vianna e a correspondência social

Vianna apresentou, assim, à sua maneira, uma estratégia de sociabilidade baseada prioritariamente na escrita. Em seu arquivo privado, há diversos tipos de documentos que testemunham suas práticas de intercâmbio cultural e profissional e comprovam a hipótese de que foi através da escrita que ele estabeleceu uma rede de relações profissionais e pessoais.

Assim, ganha destaque em seu arquivo pessoal um documento curioso, uma caderneta de anotações onde se leem nomes de pessoas a quem enviar livros e cumprimentos de Boas Festas. A caderneta contém uma lista de pessoas a quem Oliveira Vianna enviava presentes e cumprimentos: é um desses documentos que tornam pública a intimidade das relações pessoais. Trata-se de uma anotação onde o próprio titular nos poupa o trabalho de identificar e caracterizar sua correspondência. Ela expõe suas intenções e pretensões de intercâmbios epistolares. Mas uma questão imediatamente se impõe: seriam essas as pessoas que Oliveira Vianna estimava, apesar de não estarem presentes no seu dia a dia solitário? A descoberta desse documento indica, mesmo que de forma imprecisa e parcial, o grupo ao qual estava referida a sociabilidade daquele homem recluso. A caderneta parece apontar para uma prática de relacionamento pessoal marcada e materializada pela escrita. Era através do envio de seus próprios livros e cartões de Boas Festas que Oliveira Vianna estabelecia, concretizava e reproduzia relações de amizade.

Na caderneta do arquivo encontram-se discriminados os nomes das pessoas voluntariamente escolhidas por ele para estabelecer laços de relações pessoais e profissionais. Mas o fato de constar daquela lista não significava que uma determinada pessoa tivesse realmente recebido livros e cumprimentos ou, melhor dizendo, a lista poderia compreender um número maior de pessoas do que aquelas a quem Oliveira Vianna efetivamente enviou presentes e cartões de Boas

Festas. A caderneta traduz, sem dúvida, uma intenção, mas não necessariamente um contato efetivo. Como saber quais das pessoas constantes na lista contaram realmente com a estima e consideração de Oliveira Vianna e foram agraciadas com "presentes de papel", livros de sua autoria e cartões de Boas Festas? Quais dos que receberam esses presentes iniciaram ou deram continuidade à troca voluntária de gentilezas que marca as relações sociais?

Esse foi o principal questionamento que nos remeteu à exploração das correspondências como a principal fonte a ser explorada. Se as relações pessoais do titular baseavam-se, principalmente, na prática escriturária, a correspondência emergia como uma via privilegiada para o desvendamento dessas relações. A análise da prática epistolar em momentos distintos da história e em espaços diversos vem demonstrando como a correspondência "[...] pôde se inscrever nos tempos e espaços sociais específicos [...] preenchendo funções extremamente variáveis" (CAMARGO, 2000, p. 208). Segundo Maria Rosa Camargo,

> Nos motivos, nas necessidades e interesses dos correspondentes, nos assuntos que trazem e especialmente nos procedimentos a que recorrem, a escrita vai ocupando seu espaço como prática social, que se concretiza no próprio objeto, neste caso nas cartas, e que se constrói no jogo das interações sociais (CAMARGO, 2000, p. 203).

Dessa forma, pode-se relativizar a interpretação que considera Oliveira Vianna um homem isolado. Em seu arquivo, encontra-se um grande número de cartas de caráter social. Entre elas, há principalmente as mensagens de Natal e Boas Festas; os cartões de participação de nascimento, de comunicação de novo endereço ou de felicitações por novos cargos ocupados por Vianna; os convites para festas e casamentos; os cartões postais; os avisos de falecimento; os agradecimentos de manifestações de pesar e as cartas desejando melhoras de saúde e pronto restabelecimento em casos de doenças.

Entre centenas de documentos de sua correspondência social, que se caracteriza por uma forma repetitiva: cartas e cartões impressos, onde a escrita manuscrita aparece apenas na assinatura do remetente, no arquivo de Oliveira Vianna encontra-se uma carta que representa uma exceção, justamente por seu conteúdo e extensão. É a carta que Raimundo Maranhão Aires escreve a Oliveira Vianna da cidade de Lageado, no Mato Grosso, no dia 20 de agosto de 1937:

> Ilmo. Sr. Oliveira Vianna.
> Saudações cordiais.
> Desde o momento em que fostes eleito para a vaga do memorável Alberto de Oliveira, o nosso ex-príncipe dos poetas brasileiros, tive em mente levar-vos as minhas felicitações pela vossa ingressão na Casa de Machado de Assis. Porém agora se me apresentando um momento oportuno transmito nessas linhas incolores os meus parabéns pela vossa vitória, pela vossa entrada naquela casa, que tendes direitos sobejos, porque sois grande e talentoso.
>
> A vossa obra profunda vazada em forma puramente sadia e complexa, nos faz crer, a paciência e a cultura que dispondes para nos apresentar com tanta segurança de dados e notas, uma obra como "Raça e assimilação", "Populações Meridionais", "Problemas de política objetiva", "O Idealismo na Constituição" e tantos outros similares em estilo e perfeição, em tonalidades frescas e agradáveis, como em pureza de moldes e agudeza de explanação dos assuntos. A vossa literária, apesar de um pouco obscura perante o alto sertão brasileiro, ultimamente tem se difundido em escala mais dilatada e vasta. O eco de vosso nome já ecoa com simpatia, por esses lugares ínvios e irredentos da civilização. A vossa obra apesar de profunda goza nos nossos meios o lugar merecido [...]
>
> Assim, pois, aqui deixo novamente as minhas congratulações pela vossa vitória, dispondo sempre do menor admirador.
> Raimundo Maranhão Aires.

Essa carta é bastante representativa, visto que possui características pouco comuns à correspondência social.

Raimundo Maranhão Aires, autor da carta, era membro da Academia Mato-grossense de Letras, e escreve a Oliveira Vianna que, naquela data, além de consultor Jurídico do Ministério do Trabalho, era autor de uma extensa obra publicada e já consagrada – que o missivista demonstra conhecer – e membro recém-eleito da Academia Brasileira de Letras. A aproximação e possível amizade com Oliveira Vianna interessava, possivelmente, a esse homem do interior, em luta pela obtenção de uma visibilidade para sua trajetória no campo intelectual.[110]

Para Maranhão Aires, escrever naquele momento a Oliveira Vianna significava aproximar-se de um indivíduo que desfrutava de grande prestígio intelectual e político, o que explica, por exemplo, o fato de ele finalizar a carta com a seguinte observação manuscrita: "Aguardo que o ilustre sociólogo me honre com algumas de vosso próprio punho, aí vai o endereço".

Na tentativa de aproximar-se mais uma vez de Vianna, Maranhão Aires voltaria a escrever ao sociólogo alguns anos mais tarde. Na ocasião, enviou cartões de Natal – nos anos de 1944 e 1945 – que são também bastante ilustrativos das estratégias utilizadas por esse missivista para se fazer reconhecer por Vianna. Esses cartões demonstram que a correspondência, enquanto uma forma de intercâmbio social como qualquer outro, se insere num tipo de prática social mais ampla, ultrapassando a esfera do íntimo e referindo-se a determinações da esfera pública.[111]

Ao contrário dos cartões de Boas Festas, comumente utilizados, Maranhão Aires mandou imprimir um modelo no qual apareciam listadas as academias e associações culturais às quais ele pertencia. Ao observar os cartões enviados em anos consecutivos, pode-se perceber que Aires atualizava os dados do seu "currículo", o que caracteriza um interesse em demonstrar o progresso de seu posicionamento no espaço social da produção cultural.

---

[110]Como afirma Bourdieu (1992, p. 154), "a forma das relações que as diferentes categorias de produtores de bens simbólicos mantêm com os demais produtores [...] depende diretamente da posição que ocupam no interior do sistema de produção e circulação de bens simbólicos, e ao mesmo tempo, da posição que ocupam na hierarquia propriamente cultural dos graus de consagração, tal posição implicando numa definição objetiva de sua prática e dos produtos dela derivados".

[111]Sobre a correspondência como uma prática que ultrapassa os limites do privado, ver Chartier (1991).

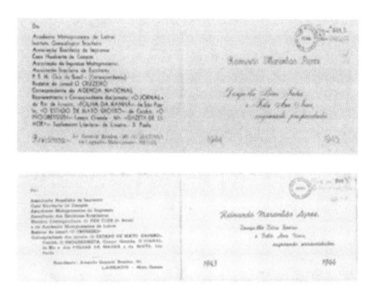

Figura 3 – Cartões de Raimundo Aires
Fonte: Documento pertencente ao arquivo privado de Oliveira Vianna.

Se é verdade que alguns missivistas como Maranhão Aires enviaram a Vianna cartas nas quais tentavam demonstrar um maior reconhecimento no campo intelectual, também é real que Vianna se utilizou dos mesmos recursos para fazer-se reconhecer nesse campo.

Trajetórias no espelho

O *homo academicus*

> *O que os indivíduos devem à escola é, sobretudo, um repertório de lugares comuns, não apenas um discurso e uma linguagem comuns, mas também terrenos de encontro e acordo, problemas comuns e maneiras comuns de abordar tais problemas comuns.*
> Pierre Bourdieu, "Sistemas de ensino e sistemas de pensamento", 1992, p. 207.

A maior parte das pessoas com as quais Oliveira Vianna se relacionava atuava no espaço que se pode denominar, seguindo Pierre Bourdieu, de campo intelectual. Ao caracterizar o campo universitário como um *locus* de intensas disputas de poder, apesar de sua conformação como um lugar no qual a verdade científica se impõe como crença, Bourdieu definiu o que seria o *homo academicus*. Sugere, assim, o autor, que a "análise das transformações das relações de forças entre as disciplinas e os graus" (BOURDIEU, 1992, p. 60) permite dar conta de fenômenos que apontam para "as ligações pessoais, fundadas nos acasos socialmente organizados dos encontros e dos convívios comuns e na afinidade dos *habitus* vivida como simpatia ou antipatia" (p. 23).

Certamente que o mundo intelectual brasileiro dos primeiros anos do século XX estava muito distante de sua plena configuração, portanto, bastante distindo do campo universitário francês sobre o qual Bourdieu se debruçou. No entanto, a análise feita por ele pode ser inspiradora da reflexão que se pretende empreender neste capítulo, qual seja a de compreender a contingência histórica na qual se deu o processo de formação intelectual de Vianna. Como se formava um bacharel no tempo de Oliveira Vianna? Quais eram os valores atribuídos pela formação escolar às suas práticas? Reflexões que podem desvelar processos compartilhados de formação e disputas intelectuais.

Como se sabe, ao longo do período Imperial a formação jurídica no país se fazia exclusivamente nas faculdades de Recife e de São Paulo, em torno das quais se desenvolvia grande parte da vida cultural. Apesar de não se poder considerar as faculdades de Direito como o único lugar de formação da intelectualidade brasileira[112] nos primeiros anos do século XX, é possível julgá-las como um espaço privilegiado no processo histórico de produção intelectual no Brasil. Os relatos de Clóvis Beviláqua sobre a famosa Escola do Recife, de Spencer Vampré acerca da Academia de São Paulo, e o livro de Pedro Calmon a respeito da Faculdade de Direito do Rio de Janeiro compõem uma trilogia que permite inserir a história dos cursos jurídicos na origem da formação do campo intelectual no Brasil (FARIA, 1987).

Oliveira Vianna, como se verá neste capítulo, cumpriu o caminho mais comum seguido pelos intelectuais de seu tempo. Sua formação acadêmica deu-se na Faculdade de Direito, mas, diferentemente de outros contemporâneos, não foi a Escola de Recife ou a de São Paulo que serviu de palco para seus estudos, mas sim a recém-criada Faculdade Livre de Direito do Rio de Janeiro. Esse curso, ao lado do da Faculdade Livre de Ciências Jurídicas e Sociais do Rio de Janeiro, surgiu em 1891, pondo fim à exclusividade até então desfrutada pelas escolas jurídicas oficiais. Criadas nos primeiros anos do governo republicano, com o objetivo de formar a burocracia estatal na capital da República, essas escolas passaram a concorrer com Recife e São Paulo no processo de formação da intelectualidade do país. Se até os

---

[112]Luiz de Castro Faria (1987, p. 22-28) chama atenção para a importância dos seminários religiosos, das faculdades de Medicina e das escolas militares que, ao lado das faculdades de Direito, formavam a elite intelectual do país no século XIX e primeiros anos do século XX.

últimos anos do Império havia sido para as duas faculdades oficiais que os jovens haviam se deslocado em busca de formação e de maior prestígio social e político, nos primeiros anos da República as escolas criadas no Rio de Janeiro permitiram maior diversidade na formação da intelectualidade e da burocracia do Estado republicano.

O ensino jurídico no período imperial, além de concentrado nos dois estabelecimentos citados há pouco, enfrentava ainda outros problemas: o absenteísmo dos alunos, a grande autonomia do corpo docente e a inexistência de controle por parte do Estado.[113] Apesar das sucessivas tentativas de organização do ensino superior no país representadas pelas reformas de 1854, 1865, 1871, 1879 e 1885,[114] o Estado Imperial não conseguiu exercer sobre o ensino jurídico um efetivo controle do currículo, métodos de ensino e corpo docente.[115]

O curso jurídico no Brasil apresentava problemas. Um dos mais sérios era a ausência de alunos das aulas. A falta de obrigatoriedade da presença às aulas fazia com que os estudantes deixassem de assisti-las, tornando praticamente inexistente a vivência acadêmica. Muitos alunos apareciam na faculdade apenas nos dias dos exames.

Um segundo problema dizia respeito à qualidade dos conteúdos ministrados. Era comum os alunos acusarem os professores de incompetência e denunciarem a prática de "aulas lidas", frequentemente monótonas e pouco atraentes. Além disso, a baixa remuneração da atividade do magistério agravava ainda mais a situação, pois, embora o ofício de professor representasse prestígio social, os baixos salários acabavam tornando a prática complementar às demais atividades profissionais desempenhadas pelos bacharéis e doutores, tais como a política, a magistratura e advocacia (VENANCIO FILHO, 1982, p. 119).

---

[113] É importante notar que há autores que trabalham com a hipótese contrária de que foi justamente o grande controle exercido pelo Estado Imperial que impediu a criação de um ensino jurídico livre. Seguimos aqui a tese de Sérgio Adorno (1988), que demonstrou que, apesar das diversas tentativas de controle por parte do Estado, na verdade, o ensino jurídico constituiu-se no país de forma desordenada e livre.

[114] Data de 1854 a reforma Couto Ferraz e de 1879 o decreto que instituiu o ensino livre.

[115] Segundo Adorno (1988), a despeito das interpretações que consideram que o ensino jurídico no Império teria se caracterizado por uma visão lógica e harmônica do Direito e teria sido rigidamente controlado pelo Estado, não teria havido qualquer controle efetivo sobre os cursos de Direito.

Apesar dessa situação, e a despeito das constantes denúncias de baixa qualidade do ensino jurídico no país, o governo Imperial decidiu, em abril de 1879, através do Decreto n. 7.247, institucionalizar o ensino livre, o que significava maior rigor nos exames, porém, ao mesmo tempo, maior liberdade nas práticas cotidianas de ensino nas faculdades brasileiras. Na verdade, essa proposta já vinha sendo defendida desde meados do século por indivíduos reconhecidamente liberais, como Martim Francisco, que a havia escrito em sua *Memória histórica* da Faculdade de São Paulo, do ano de 1857, e ratificada, alguns anos mais tarde, por Leôncio de Carvalho.[116]

Somente no período republicano essa situação começaria a se transformar. Deodoro da Fonseca, ao nomear Benjamin Constant como Ministro da Instrução Pública, Correios e Telégrafos, em 19 de abril de 1890, abriu espaço para modificações no ensino jurídico no país. A ação de Benjamin Constant à frente dessa pasta imediatamente se fez sentir, quando, em 2 de janeiro de 1891, foi aprovado o Decreto n. 1.232-H, que estabelecia "[...] o regulamento das instituições de ensino jurídico dependentes do Ministério da Instrução Pública" (VENANCIO FILHO, 1982, p. 179-180). Esse regulamento determinava que os cursos das faculdades de Direito passariam a ser divididos em Ciências Jurídicas, Ciências Sociais e Notariado, e organizados em quatro séries para o primeiro, três séries para o segundo e duas para o terceiro.[117]

---

[116] Segundo ele, era preciso acabar com o "[...] carrunchoso regimen de faltas, lições e sabatinas, regimen de grande vantagem nos estabelecimentos de instrução primária e secundária, mas impróprio para as faculdades, cujas aulas são frequentadas por alunos que já devem dispor de um espírito culto e, por consequência, saber discriminar o que mais convém aos seus interesses e às suas aspirações. Querer compelir ao trabalho o estudante de uma academia por outros meios que não seja o exemplo do mestre, a proficiência das lições e a severidade dos exames é uma perfeita utopia. Cada um estude com quem quiser e onde lhe for mais cômodo e venha prestar depois, na devida ocasião, perante os lentes do instituto oficial, as provas determinadas por lei. Conceda-se a todo cidadão o direito de abrir cursos em que lecione e desenvolva qualquer ciência, tendo, como único juiz de seu mérito, a opinião independente do público" (CARVALHO *apud* VAMPRÉ, 1924, p. 337).

[117] Segundo esse decreto, do curso de Ciências Jurídicas constariam as seguintes matérias: Filosofia e História do Direito, Direito Público e Constitucional, Direito Romano, Direito Criminal (incluindo o Direito Militar), Direito Civil, Direito Comercial (incluindo o Direito Marítimo), Medicina Legal, Processo Criminal, Civil e Comercial, Prática Forense, História do Direito Nacional e Noções de Economia Política e Direito Administrativo; o curso de Ciências Sociais seria composto das seguintes disciplinas: Filosofia e História do Direito, Direito Público, Direito Constitucional, Direito das Gentes, Diplomacia e História dos Tratados, Ciência da Administração e Direito Administrativo, Economia Política, Ciência das Finanças e Contabilidade do Estado, Higiene Pública e Legislação Comparada sobre Direito Privado (noções); e as matérias do curso

Determinava ainda que o grau de bacharel em Ciências Jurídicas habilitava para a advocacia, a magistratura e os ofícios de justiça, enquanto que o de bacharel em Ciências Sociais permitia o exercício de funções nos corpos diplomático e consulares e para os cargos de diretor, subdiretor e oficial das secretarias de governo e administração. O curso de Notariado habilitava para todos os ofícios da justiça.

O decreto de 1879 estabelecendo o ensino livre havia agravado também, de certa forma, aquele que era o principal problema do ensino jurídico no país: a situação de ausência dos alunos. Isso levou ao crescimento das denúncias de falta de rigor nos exames e de piora na qualidade de ensino das faculdades. Por esse motivo, a questão da presença obrigatória voltou a mobilizar, nos primeiros anos da República, as discussões a respeito da organização dos cursos jurídicos no país.

Para tentar resolver parte dos problemas que a frequência livre trazia para o ensino jurídico, o governo fez aprovar a Lei n. 444 de 3 de setembro de 1895, que determinava o regime misto, estabelecendo que somente os alunos matriculados nas faculdades antes de 30 de outubro de 1895 poderiam usufruir do privilégio da não obrigatoriedade da frequência às aulas.

Porém, não era somente a presença dos alunos que a nova lei estabelecia. Também a assiduidade dos professores passaria a ser controlada pelos fiscais do governo. A partir de 1901, ficou ainda determinado que os professores deveriam cumprir uma carga horária de cinco dias semanais e não apenas três como previa o regulamento anterior.

Na tentativa de solucionar de uma vez por todas o problema da frequência de alunos e professores, o governo passou a exigir, a partir de 1902, que o relatório apresentado pelas faculdades demonstrasse a presença por mês e não o total anual.

Se, por um lado, o decreto de 1879 havia agravado, como foi demonstrado, a situação da ausência dos alunos nas aulas, por outro, ele estimulou a criação de faculdades livres no país levando à imediata fundação, na cidade do Rio de Janeiro, capital federal, de duas

---

de Notariado seriam: Explicação Sucinta do Direito Pátrio Constitucional e Administrativo, Explicação Sucinta do Direito Pátrio Criminal, Civil e Comercial, Explicação Suscinta do Direito Pátrio Processual e Prática Forense. Ver Venancio Filho (1982, p. 180).

novas faculdades de Direito: a Faculdade Livre de Ciências Jurídicas e Sociais e a Faculdade Livre de Direito.[118]

Foi na Faculdade Livre de Direito do Rio de Janeiro que Oliveira Vianna se matriculou. Que papel o sistema de ensino[119] e, particularmente, da Faculdade Livre de Direito, teria cumprido na formação e produção intelectual e política de Vianna?

As faculdades de Direito no Rio de Janeiro na Primeira República

Em nota explicativa que abre seu livro sobre a história da Faculdade Nacional de Direito, Pedro Calmon adverte para o fato de que a dificuldade existente para se reconstruir essa história reside na questão de que as duas instituições que lhe deram origem não deixaram vestígios organizados de suas existências. Além disso, na opinião desse mesmo autor, outra dificuldade resulta da "[...] ausência de uma tradição escolar viva, pitoresca, memorável, como acontecia em São Paulo [...] ou em Recife [...]" (CALMON, 1945).

A Faculdade Livre de Ciências Jurídicas e Sociais do Rio de Janeiro havia sido planejada antes mesmo da reforma Benjamin Constant, ainda durante o período monárquico. Um jovem advogado, Dr. Fernando Mendes de Almeida, havia reunido, em 18 de abril de 1882, alguns amigos em seu escritório – na rua do Rosário, número 74 – para fundar a Faculdade Livre de Ciências Jurídicas e Sociais, o que se limitou, naquele momento, à redação de uma ata de fundação, que previa o início das aulas para 1º de maio de 1883. Segundo esse documento – assinado por Tarquínio Bráulio de Souza Amarantho, João Batista Pereira, João Carlos de Oliva Maya, Rodrigo Otávio de

---

[118] Sobre a organização dessas faculdades no Rio de Janeiro, ver Venancio Filho (1982) e Calmon (1945).

[119] A noção de sistema de ensino aqui utilizada é baseada na definição dada por Luis de Castro Faria, inspirado pelos estudos de Pierre Bourdieu e Maurice Godelier. Segundo Castro Faria, para falarmos em sistema de ensino, "temos que pensar necessariamente em objetos, coisas, indivíduos e relações entre eles, sem o que essa categoria perde o sentido [...] Essa noção de sistema, como sabem, representa uma totalidade. Quando estou usando a palavra sistema, quando estou operando com a noção de sistema, eu tenho sempre presente objetos e relações". Ver Faria (1987, p. 2-3).

Oliveira Menezes, José da Silva Costa, Antônio Coelho Rodrigues, Bulhões de Carvalho e Fernando Mendes de Almeida – determinava-se que este último seria o diretor da nova faculdade e que se responsabilizaria por providenciar todos os procedimentos necessários a sua instalação (CALMON, 1945, p. 25).

O projeto só pôde ser implementado após 1891, quando então se promulgou a reforma Benjamin Constant. Nesse momento, muitos dos signatários da primeira ata de fundação da faculdade não mais poderiam participar. Entretanto, a ausência dos companheiros não tirou o fôlego daqueles que tinham como objetivo lutar pela instalação de um curso de Ciências Jurídicas no Rio de Janeiro. Dessa forma, imediatamente após a publicação do decreto da reforma, o grupo liderado por Fernando Mendes de Almeida – do qual se mantinham solidários Tarquínio de Souza, Batista Pereira, Oliva Maya, Silva Costa e Bulhões de Carvalho – enviou ao Ministro e Secretário de Estado da Instrução Pública, Correios e Telégrafos, Benjamin Constant, um documento comunicando a fundação da Faculdade Livre de Ciências Jurídicas e Sociais do Rio de Janeiro.[120] E, alguns meses mais tarde, em 19 de maio de 1891, reuniram-se no salão do Liceu de Artes e Ofícios, e declararam "organizada e instalada definitivamente a Faculdade Livre de Ciências Jurídicas e Sociais do Rio de Janeiro iniciada em 1882"[121] (VENANCIO FILHO, 1982, p. 187), relacionando os membros do corpo docente a serem submetidos à aprovação do Governo Federal.[122]

---

[120] Documento datado de 13 de janeiro de 1891. Arquivo Nacional. Série Educação. Notação: IE 3 250.

[121] É interessante notar que, apesar de instalada somente no ano de 1891, os membros da nova faculdade guardariam, durante toda a sua existência, a data de fundação de 1882, constando sempre essa data dos documentos oficiais.

[122] Sobre o corpo docente organizado nessa ocasião, Pedro Calmon tece o seguinte comentário: "[...] era uma elite acadêmica de alta reputação intelectual, que assumia a responsabilidade de incorporar, impor, defender, um instituto universitário digno da capital do país. Vultos do passado e jovens homens públicos, que faziam brilhantemente as primeiras artes na imprensa, no livro, na tribuna; antigos ministros e bacharéis recentes; gente da Monarquia e republicanos de pensamento e ação; sábios e literatos; humanistas e advogados de intensa atividade profissional. Mesmo representantes de correntes opostas, como José Higino e Silvio Romero a propósito da "Escola do Recife", e Fernando Mendes e Afonso Celso, a respeito do regime..." (CALMON, 1945, p. 38 *apud* VENANCIO FILHO, 1982, p. 187).

Ainda no ano de 1892, o governo republicano estabeleceria novas normas, com vistas a aumentar o controle sobre os cursos jurídicos em funcionamento no país. Em regulamento datado de 3 de dezembro, o Ministério da Justiça e Negócios Interiores transformou a ação dos comissários do governo que, até aquele momento, tinham a função de assistir e intervir apenas nos exames finais dos cursos, em inspetores fiscais com atividades permanentes junto aos institutos. Esses inspetores deveriam fiscalizar todas as atividades dos cursos jurídicos, remetendo ao Ministério relatórios semestrais.[123]

Em 1895, faleceu o conselheiro Portela, que inicialmente havia ocupado o cargo de decano[124] e, mais tarde, de diretor da faculdade. A Congregação, em sessão de 19 de dezembro de 1895, criou, em homenagem a sua memória, um prêmio, uma medalha de ouro, com seu nome, a ser concedido aos alunos que se destacassem durante o curso.[125] Também em 1895 foi criada a *Revista Jurídica*, periódico organizado pelos alunos, tendo ainda sido nomeados lentes substitutos: Manuel Álvaro de Souza Sá Vianna, Rodrigo Octávio Langaard de Menezes e José Pereira da Graça Aranha. Nesse mesmo ano, foram aprovados os novos estatutos que unificavam os cursos de Ciências Jurídicas, Sociais e Notariado, que passou a se compor das seguintes disciplinas, ministradas pelos professores abaixo discriminados[126]:

---

[123] Os inspetores responsáveis pela fiscalização da Faculdade Livre de Ciências Jurídicas e Sociais do Rio de Janeiro foram: Antonio Carlos Ribeiro de Andrada Machado e Silva, seguido de João Joaquim Pizarro (23 de junho de 1891 a abril de 1892) ; Lúcio de Mendonça e Vicente de Souza (de abril de 1892 a maio de 1893); José Cesário de Miranda Ribeiro (de maio de 1893 a junho de 1894); Joaquim Xavier da Silveira (de junho de 1894 a 19 de novembro de 1897); Augusto Álvares de Azevedo (de 19 de novembro de 1897 a 28 de abril de 1898); Miranda Ribeiro (de 28 de abril de 1898 a abril de 1903); Carlos Silveira Martins (de abril de 1903 a julho de 1915); Manuel Porfírio de Oliveira Santos (de julho de 1915 a abril de 1919) e Alfredo Paranaguá Moniz (a partir de abril de 1919) (CALMON, 1945, p. 53).

[124] O decano não tinha função definida. Era como um presidente de honra que tinha por função fornecer à Congregação um pouco de seu prestígio e agremiar pessoas para levar em frente o projeto da faculdade. Ver Calmon (1945, p. 47).

[125] O primeiro aluno vencedor do prêmio Conselheiro Dr. Manuel Portela foi José de Miranda Valverde (*Relatório dos comissários fiscais do governo junto às faculdades livres de direito da Capital Federal no ano de 1896*. Arquivo Nacional, série Educação, notação IE 3 240).

[126] *Relatório dos comissários fiscais do governo junto às faculdades livres de direito da Capital Federal no ano de 1896*. Arquivo Nacional, série Educação, notação IE 3 240.

Quadro 1 – Professores da Faculdade Livre de Ciências Jurídicas e Sociais do Rio de Janeiro – 1895

Série	Disciplina	Professor
Primeiro ano	Filosofia do Direito	Silvio Romero
	Direito Romano	João Evangelista Sayão de Bulhões Carvalho
	Direito Público Constitucional	Tarquínio de Souza
Segundo ano	Direito Civil	Antonio Coelho Rodrigues
	Direito Criminal	João Batista Pereira
	Direito Internacional e Diplomacia	Felisberto Pereira da Silva
	Economia Política	João Carlos de Oliva Maya
Terceiro ano	Direito Civil	João Costa Lima Drummond
	Direito Criminal	Cândido Mendes de Almeida
	Ciência das Finanças e Contabilidade do Estado	José Viriato de Freitas
	Direito Comercial	Pedro Leão Velloso Filho
Quarto ano	Direito Civil	Paulino José Soares de Souza Jr.
	Direito Comercial	José da Silva Costa
	Teoria do Processo Civil, Comercial e Criminal	João Bandeira de Melo
	Medicina Pública	Agostinho José de Souza Lima e Antonio Maria Teixeira
Quinto ano	Prática Forense	João Manuel Carlos de Gusmão
	Ciência da Administração e Direito Administrativo	João Carneiro de Souza Bandeira
	História do Direito, especialmente do Direito Nacional	Affonso Celso de Assis Figueiredo
	Legislação Comparada sobre Direito Privado	Hermenegildo Militão de Almeida

Fonte: Elaboração própria.

Obs.: Além desses professores, ainda lecionavam nessa faculdade os seguintes lentes substitutos: Oscar Nerval de Gouveia, José Pereira da Graça Aranha, Júlio de Barros Raja Gabaglia, Alfredo do Nascimento Silva, João Policarpo dos Santos Campos, Rodrigo Octávio, Herculano Inglez de Souza e Manuel Álvaro de Souza Sá Vianna. Havia ainda as cadeiras facultativas Enciclopédia Jurídica e Direito Internacional Privado, ministradas respectivamente por Eduardo Ramos e Fernando Mendes de Almeida.

No ano de 1901, nova reforma dos estatutos modificou mais uma vez o curso de Ciências Jurídicas. Manteve-se o mesmo tempo de formação, mas houve mudanças nas disciplinas, que passaram a se distribuir da seguinte forma: primeiro ano: Filosofia do Direito e duas cadeiras de Direito Romano; segundo ano: Direito Público e Constitucional, Direito Internacional Público, Direito Civil e Direito Internacional Privado; terceiro ano: Direito Civil, Direito Criminal, Direito Comercial; quarto ano: Direito Civil, Direito Comercial, Direito Criminal, Economia Política, Ciência das Finanças e Contabilidade do Estado; quinto ano: Teoria do Processo Civil, Comercial e Criminal, Ciência da Administração e Direito Administrativo, Legislação Comparada do Direito Privado e Prática do Processo Civil, Comercial e Criminal.

Em novembro de 1904, os distúrbios causados na cidade em função das transformações urbanísticas que se processavam e, mais particularmente, por causa da Revolta da Vacina, afetaram também o bom andamento das aulas da Faculdade de Ciências Jurídicas e Sociais.[127]

Mas, após o fim do motim, a faculdade voltou a funcionar normalmente e, cerca de um ano e meio mais tarde, em maio de 1906, inaugurou-se a revista *A Época*, periódico organizado pelos estudantes que durou até, pelo menos, 1941 e que contava com o apoio financeiro da diretoria da faculdade. Segundo Pedro Calmon, o redator-chefe de *A Época* era normalmente o líder intelectual de sua turma.

---

[127] O motim foi deflagrado a partir da publicação, no dia 9 de novembro de 1904, de um decreto regulamentando a aplicação da vacinação obrigatória contra a varíola. Sobre as transformações urbanísticas na cidade do Rio de Janeiro e a Revolta da Vacina, ver Carvalho (1987); Mead (1986); Pamplona (1990); Sevcenko (1984).

Apesar de algumas dificuldades enfrentadas,[128] a faculdade permaneceu no prédio do Ginásio Nacional até 1915, quando conseguiu, por iniciativa de Affonso Celso, adquirir sede própria, na rua do Catete, número 243.

Há quem afirme que Oliveira Vianna frequentou a Faculdade de Ciências Jurídicas e Sociais. Talvez porque ainda em 1956, Cruz Costa faz uma afirmação que induz a essa ideia, como evidencia Luiz de Castro Faria ao citá-lo:

> Na Faculdade de Direito do Rio de Janeiro, ele [Vianna] teria por mestre Silvio Romero e seria este que abriria novas perspectivas à sua inteligência. Mais tarde, Oliveira Vianna tomaria conhecimento das obras de Le Play e Demolins, que irão estabelecer os fundamentos de seu raciocínio na pesquisa social [...] (COSTA *apud* FARIA, 2002, p. 41).

Note-se que Cruz Costa fala em Faculdade de Direito do Rio de Janeiro, sem esclarecer se era a Faculdade de Ciências Jurídicas e Sociais ou a Faculdade Livre de Direito. No entanto, essa referência foi imediatamente apropriada pela Historiografia como se Vianna tivesse estudado na primeira das instituições citadas.

Contudo, em investigação no Fundo Educação, do Arquivo Nacional, é possível consultar diários de classe da Faculdade de Ciências Jurídicas e Sociais para todos os anos nos quais Vianna teria possivelmente permanecido na instituição, e não se encontra nenhuma referência à sua presença. Por esse motivo, é possível supor que Francisco José de Oliveira Vianna tenha sido aluno da Faculdade Livre de Direito,[129] fundada no mesmo ano de 1891, na cidade do Rio de Janeiro, pelo Dr. Carlos Antônio França de Carvalho, numa sala do mosteiro de São Bento.[130]

---

[128] Entre março e maio de 1912, a faculdade funcionou na Academia de Comércio, situada à praça Quinze de Novembro, no antigo Convento do Carmo.

[129] O fato de ele ter estudado na Faculdade Livre de Direito não invalida, contudo, o argumento de Luiz de Castro Faria da influência de que Vianna apropriou-se da obra de Silvio Romero em seus textos. Como se verá, Romero deu aulas nas duas instituições e, mesmo que ele não tenha sido diretamente seu aluno, certamente Vianna teve acesso aos seus compêndios e à sua obra. Além disso, Castro Faria conhecia e afirmava, explicitamente, em seu texto, que Oliveira Vianna havia estudado na Faculdade Livre de Direito (FARIA, 2002, p. 115).

[130] Apenas em 1920, a Faculdade Livre de Direito do Rio de Janeiro e a Faculdade Livre de Ciências Jurídicas e Sociais do Rio de Janeiro fundiram-se, passando a denominar-se

França Carvalho era, segundo Pedro Calmon, um "ortodoxo" da liberdade do ensino superior. Acreditava que a melhoria do ensino jurídico se faria não pelo restabelecimento de antigos métodos pedagógicos, mas, ao contrário, pela criação de um método baseado na liberdade. Por esse motivo, ele era contrário à presença obrigatória dos alunos. A proposta da Faculdade Livre de Direito do Rio de Janeiro era, portanto: "frequência livre, lentes respeitáveis, exames rigorosos e métodos recentes sem as ásperas tradições de Coimbra..." (CALMON, 1945, p. 145). Porém, paradoxalmente, a faculdade que França Carvalho organizou foi a que melhor se adequou à lei da presença obrigatória de alunos e professores.[131]

A faculdade foi constituída a partir da ação de França Carvalho, um certo Dr. Carmo, advogado na capital da República, e Benedito Raimundo. Raimundo era amigo íntimo do então Ministro da Justiça, João Barbalho, desde os tempos de aluno da Faculdade de Direito do Recife, além de ter sido também professor do colégio dos frades beneditinos e amigo pessoal do frei D. Manuel de Santa Catarina Furtado, abade da ordem de São Bento. Foram essas relações de amizade que garantiram a instalação da faculdade de Direito no mosteiro de São Bento e que facilitaram a rápida autorização para o funcionamento do curso. Assim, a Faculdade Livre de Direito foi fundada no dia 31 de maio de 1891, com os seguintes professores assinando a ata de fundação: José Joaquim do Carmo, Carlos Antônio de França Carvalho, Álvaro Caminha Tavares da Silva, José de Oliveira Coelho, Benedito Raimundo da Silva, Leandro Chaves de Melo Ratisbona, Antônio Vaz Pinto Coelho da Cunha, Eugênio de Valadão Cata Preta, Augusto Daniel de Araujo Lima, Manoel Inácio Gonzaga, Ubaldino

---

Faculdade de Direito do Rio de Janeiro, sob a direção do conde Afonso Celso. Meses depois, em 7 de setembro de 1920, o presidente Epitácio Pessoa criou a Universidade do Rio de Janeiro, reunindo a Escola Politécnica do Rio de Janeiro, a Faculdade de Medicina do Rio de Janeiro e a Faculdade de Direito do Rio de Janeiro. Oliveira Vianna formou-se em 1905, portanto, não poderia ter sido na Faculdade de Direito do Rio de Janeiro.

[131] França Carvalho faz questão de frisar em relatório a assiduidade de alunos e professores na instituição que dirige: "as aulas funcionaram com toda a regularidade, sendo notável a assiduidade dos alunos e ainda mais notável a assiduidade dos lentes, que, cinco vezes por semana, conforme a nova lei, regiam as espectivas cadeiras, tendo esgotado quase todas as cadeiras dos respectivos programas". Ver *Relatório do diretor Carlos Antonio de França Carvalho*, dezembro de 1901. Arquivo Nacional, série Educação, notação IE 3 241.

do Amaral Fontoura, João Pedro Belfort Vieira, José de Góis Siqueira, Luiz Carlos Fróes da Cruz, João Brasil Silvado, Teodureto Carlos de Faria Souto, José Antonio Pedreira de Magalhães Castro, Eduardo Teixeira de Carvalho Durão, Antônio de Paulo Ramos Jr. e Dr. Carmo (CALMON, 1945, p. 150). Essa reunião de fundação não contou com a presença de Dermeval da Fonseca, José Higino Duarte Pereira e Silvio Romero que, no entanto, participaram da segunda sessão, realizada no dia 4 de junho com o objetivo de distribuir as disciplinas entre os professores e determinar o horário das aulas.

Apesar de a Faculdade Livre de Direito ter começado a se organizar muitos anos depois da Faculdade Livre de Ciências Jurídicas e Sociais, ela conseguiu instalar-se mais rápido e começar as aulas antes ainda que a sua congênere. A direção fez noticiar nos jornais da cidade o início do funcionamento da primeira Faculdade de Direito da capital da República, não sem deixar de registrar o pioneirismo dessa iniciativa:

> Ontem, em um dos salões de ensino do mosteiro de São Bento efetuou-se a abertura das aulas dos diferentes cursos dessa faculdade. Além do concurso de numerosos alunos já inscritos compareceram o Dr. Carmo, Manuel Inácio Gonzaga, Silvio Romero, França Carvalho, Fróis da Cruz, Teodureto Souto, Valadares, Ratisbona, Paula Ramos, Carvalho Durão, Álvaro Caminha, Ubaldino do Amaral, Pelino Guedes, Benedito Raimundo da Silva, Vaz Pinto, Brasil Silvado, José de Góis, Dermeval da Fonseca e Araujo Lima, faltando alguns professores por motivos justificados. Subiram a cadeira para apresentar em largos traços, os seus planos de ensino, perfeitamente acordes os Drs. Silvio Romero, Carvalho Durão, França Carvalho, Paula Ramos, Álvaro Caminha, Pelino Guedes e Fróis da Cruz, os quais foram aplaudidos ao proferirem as últimas palavras em seus discursos. O ilustre diretor da faculdade, Dr. Carmo, subiu por sua vez à cadeira, de onde, ao esboçar o seu programa, agradeceu a todos quantos, pela palavra e pelos fatos, o engrandeciam, ajudando-o na realização da idéia da primeira faculdade livre do Brasil (GAZETA DE NOTÍCIAS, 1891 *apud* CALMON, 1945, p. 156).

No ano de 1892, o ministro Campos Sales determinou a instalação da Faculdade Livre de Direito no prédio da Escola Normal. Assim, na opinião de Pedro Calmon, o governo tratava "[...] com eqüidade as duas instituições. No Ginásio uma, na Escola Normal a outra, ficavam instaladas à sombra, e sob o amparo do Estado" (CALMON, 1945, p. 164).

A partir de 1892, mais professores passaram a fazer parte do corpo docente da faculdade, ficando o quadro das disciplinas e seus respectivos professores organizados da seguinte maneira, em 1893:

Quadro 2 – Professores da Faculdade Livre de Direito – 1983

Disciplina	Professor
Filosofia do Direito	Fausto Cardoso
Direito Constitucional	França Carvalho
Direito Romano	Giffenig von Niemeyer
Direito Civil	Benedito Valadares e Rodrigo Otávio
Direito Criminal	Viveiros de Castro
Direito Comercial	Frederico Borges e Sancho Barros Pimentel
Medicina Pública	Araujo Lima
História do Direito Nacional	Silvio Romero
Processo Civil	Paula Ramos Jr.
Economia Política	Serzedelo Correia
Praxe Forense	Benedito Raimundo
Direito Internacional Público	Nilo Peçanha
Higiene	Pizarro

Fonte: Relatório dos comissários fiscais do governo junto às faculdades livres de Direito da Capital Federal no ano de 1896.

Os anos de 1893 e 1894 foram tempos difíceis para a cidade do Rio de Janeiro. A Revolta da Armada tumultuou o espaço urbano, dificultando a vida dos moradores da cidade e particularmente dos estudantes. Esse acontecimento adquiriu tal monta que Pedro Calmon chega a afirmar que

> [...] não podia haver estudo sério e contínuo no Rio de Janeiro, de setembro de 1893 a novembro de 1894. [...] a Revolta da Armada a flamejar no porto, a cidade em pé de guerra, estudantes arrolados nos batalhões de voluntários, cheio o ambiente de ruídos e tumultos duma profunda transformação nacional – em tal situação o curso jurídico não teria intensidade, mesmo constância (CALMON, 1945, p. 182).

Apesar das dificuldades enfrentadas, a faculdade seguiu funcionando, e entre os anos de 1895 e 1899, o quadro de professores da Faculdade Livre de Direito foi profundamente reformado, com a entrada de Antonio Sá Peixoto Pereira Leite, Enéas de Arroxelas Galvão e Esmeraldino Olímpio Torres Bandeira, na cadeira de Direito Criminal; Joaquim Xavier da Silveira e Joaquim Borges Carneiro, em Filosofia do Direito; Francisco de Paula Lacerda de Almeida e Carlos Afonso de Assis Figueiredo na disciplina Direito Civil; Amphilóquio Botelho Freire de Carvalho, para ministrar Direito Público Constitucional; Dídimo Agapito da Veiga, na cadeira de Finanças; Mario da Silveira Vianna, professor substituto de Direito Civil e Comercial; Carlos Seidl na disciplina Medicina Pública; Cândido Luis Maria de Oliveira, em Legislação Comparada; e Raul Pederneiras na cadeira de Direito Internacional Público (CALMON, 1945, p. 179). O quadro docente foi ainda completado em 1901 e 1902, com a chegada de novos professores que passaram a compor o quadro da faculdade: Alfredo Varela, na cadeira de Direito Administrativo e Leôncio de Carvalho, ministrando a disciplina optativa Enciclopédia Jurídica. Segundo Calmon, "[...] este último dava ao estabelecimento o prestígio de seu nome" (CALMON, 1945, p. 190).

Quando Oliveira Vianna entrou nessa faculdade o curso estava organizado em torno dos princípios estabelecidos pela Lei n. 314, de 30 de outubro de 1895, que, modificando alguns aspectos da reforma Benjamin Constant, havia reunificado o curso de Direito, determinando o fim dos cursos de Ciências Sociais e de Notariado e estabelecendo maior rigor nas normas dos cursos jurídicos em funcionamento no país. Através dessa lei, o curso de Direito tinha passado a se organizar em cinco anos[132] e havia se tornado obrigatória a presença dos alunos, determinando-se ainda que as faculdades livres deveriam manter um mínimo de trinta alunos e um patrimônio mínimo de cinquenta contos de réis.

A unificação dos cursos era um antigo desejo de muitos professores e estudantes, como afirma Souza Bandeira, em 1892, em *Memória histórica*:

> A separação do ensino nos cursos jurídico e social afigurase-me uma medida que não consulta os interesses científicos e prende-se a uma falsa intuição do direito. Com efeito, no período atual da evolução científica do direito, tão ligadas estão entre si as diversas disciplinas que o compõem, que não se pode arbitrariamente separar umas das outras sem prejudicar a unidade do conjunto.[133]

No momento da entrada de Vianna na faculdade, após a reorganização do curso, o quadro de professores da Livre de Direito estava composto da seguinte maneira:

---

[132] A partir dessa reforma o curso de Ciências Jurídicas passou a contar com a seguinte distribuição de disciplinas: 1º ano: Filosofia do Direito, Direito Romano e Direito Público Constitucional; 2º ano: Direito Civil, Direito Criminal, Direito Internacional Público e Diplomacia e Economia Política; 3º ano: Direito Civil, Direito Criminal (especialmente Direito Militar e Regime Penitenciário), Ciências das Finanças e Contabilidade do Estado e Direito Comercial; 4º ano: Direito Civil, Direito Comercial (especialmente Direito Marítimo, Falência e Liquidação Judiciária), Teoria do Processo Civil, Comercial e Criminal, Medicina Pública; 5º ano: Prática Forense, Ciência da Administração e Direito Administrativo, História do Direito (especialmente do Direito Nacional) e Legislação Comparada sobre Direito Privado.

[133] *Memória histórica* lida em 20 de agosto de 1893 pelo Dr. João C. de Souza Bandeira (*apud* CALMON, 1945, p. 67).

Quadro 3 – Quadro de disciplinas e professores da Faculdades Livre de Direito

Disciplina	Professor	Breve biografia dos professores
Filosofia do Direito	Fausto Cardoso	Sergipano. Formou-se em Recife em 1884. Foi delegado de polícia e professor de história. Deputado federal (1900-1902). Publicou *Cosmogonia política e americana*, em 1892, *Concepção monística do Universo*, em 1894 e *Taxonomia social*, em 1898.
	Joaquim Xavier da Silveira	Nasceu em Santos (SP) em 1864. Formou-se pela Faculdade de Direito de São Paulo, em 1886. Governou o Rio Grande do Norte e foi deputado federal.
	Joaquim Abílio Borges Carneiro	Filho do barão de Macaúbas. Nasceu na Bahia, em 1860 e diplomou-se pela faculdade de Direito de São Paulo.
Direito Constitucional	França Carvalho	Nasceu em Igassú (RJ) em 1845. Foi abolicionista e redator-chefe de *A Reforma*, órgão liberal. Foi deputado provincial e geral no Império e deputado constituinte na República.
	Eugênio Valadão Cata-Preta	Republicano histórico. Formou-se pela Faculdade de Direito de São Paulo, em 1883.
	Amphilóquio Botelho Freire de Carvalho	Nasceu em Salvador em 1850. Formou-se pela Faculdade de Direito do Recife, em 1869. Foi juiz municipal e de órfãos em Feira de Santana. Foi chefe de Polícia em Salvador e presidente da Província de Alagoas. Foi nomeado ministro do Supremo Tribunal Federal.

Disciplina	Professor	Breve biografia dos professores
Direito Romano	Giffenig von Niemeyer	Nasceu na Bahia em 1841. Estudou Humanidades e Ciências na Alemanha. Formou-se em 1864 pela Faculdade de Direito de São Paulo.
Direito Civil	Benedito Valadares	Nasceu em Pitangui (MG) em 1850. Bacharelou-se em São Paulo em 1873, doutorando-se em 1874. Foi deputado provincial e geral no Império e diretor da Instrução Pública da cidade do Rio de Janeiro durante a gestão do prefeito Cesário Alvim.
	Rodrigo Otávio de Langaard Menezes	Nasceu em Campinas em 1866. Bacharelou-se em São Paulo em 1886. Foi secretário da presidência no governo de Prudente de Moraes.
	Francisco de Paula Lacerda de Almeida	Nasceu em Recife em 1850. Formou-se na Faculdade de Direito dessa mesma cidade em 1872. Foi delegado de polícia em Recife e juiz no Espírito Santo, Sergipe e Rio Grande do Sul. Foi professor da Escola Normal de Porto Alegre. Publicou *Obrigações*, em 1897; *Pessoas jurídicas*, em 1905, *o Código Civil visto por alto* e *Direito das cousas e sucessões*.
	Carlos Afonso de Assis Figueiredo	Foi Presidente da Província do Rio de Janeiro em 1889.

Disciplina	Professor	Breve biografia dos professores
Direito Criminal	Francisco José Viveiros de Castro	Nasceu em Alcântara (MA), em 1862. Foi deputado provincial (MA), presidente do Piauí, promotor e juiz. Publicou: *A nova escola penal*, *Atentado ao pudor*, *Sentenças e decisões em matéria criminal*, *Questões de direito penal* e *Ensaio jurídico*.
	Antonio Sá Peixoto Pereira Leite	★
Direito Criminal	Enéas de Arroxelas Galvão	Nasceu em São José do Norte (RS), em 1863. Formou-se em Ciências Jurídicas e Sociais na Faculdade de Direito de São Paulo. Foi promotor público em Barra Mansa e Juiz em Vassouras. Foi juiz do Tribunal Civil e Criminal e Chefe de Polícia do Distrito Federal. Em 1912, foi nomeado Ministro do Supremo Tribunal Federal.
	Esmeraldino Olímpio Torres Bandeira	Nasceu em Recife em 1865. Formou-se em Recife em 1889. Foi procurador Nacional da República, prefeito de Recife, deputado federal e Ministro da Justiça no governo Nilo Peçanha.
Direito Comercial	Frederico Augusto Borges	Cearense. Nasceu em 1853 e formou-se em Recife, em 1875. Foi promotor público em Fortaleza, jornalista e abolicionista. Deputado constituinte e liberal.
	Luiz Carlos Fróes da Cruz	Formou-se pela Faculdade de Direito de São Paulo, em 1872. Liberal, foi deputado entre 1906-1908 e 1912-1915.
	Sancho Barros Pimentel	Formou-se em Recife em 1870.
	Mário da Silveira Vianna	Bacharel em Direito

Disciplina	Professor	Breve biografia dos professores
Medicina Pública	Araujo Lima	Nasceu em Minas Gerais. Formou-se na Faculdade de Medicina do Rio de Janeiro. Foi professor do Colégio Militar e do Pedro II.
	Carlos Seidl	Médico. Foi Diretor da Saúde Pública da cidade do Rio de Janeiro, em 1918.
História do Direito Nacional	Silvio Romero	Nasceu em Lagarto, Sergipe, em abril de 1851 e faleceu no Rio de Janeiro, em 1914. Formou-se na Faculdade de Direito de Recife. Foi professor de Filosofia do Colégio Pedro II. Profundo admirador de Tobias Barreto, Silvio Romero caracterizou-se por uma extensa produção bibliográfica.
Processo Civil	Antonio Paula Ramos Jr.	Formou-se em São Paulo em 1860. Escreveu *Comentários ao Código Civil* e *Questões práticas do processo criminal*.
Economia Política	Inocêncio Serzedelo Correia	Nasceu no Pará, em 1858. Engenheiro militar. Foi deputado constituinte e prefeito do Distrito Federal.
Praxe Forense	Benedito Raimundo	Nasceu em São Luiz (MA) em 1842. Formou-se pela Escola de Direito de Recife. Foi diretor da Escola Normal e inspetor escolar de 1895 a 1902.
Direito Internacional Público	Nilo Peçanha	Nasceu em Campos (RJ) em 1862. Formou-se em Recife em 1887. Foi deputado, senador, governador do Rio de Janeiro, vice-presidente da República e presidente da República.
	Raul Pederneiras	Nasceu no Rio de Janeiro em 1874. Caricaturista e teatrólogo. Dirigiu interinamente a faculdade.

Disciplina	Professor	Breve biografia dos professores
Higiene	José Joaquim Pizarro	Nasceu em 1842. Doutorou-se em medicina em 1866. Foi diretor da seção de Zoologia e Anatomia Comparada do Museu Nacional. Diretor do Jardim Botânico.
Finanças	Dídimo Agapito da Veiga	Formou-se em São Paulo em 1868. Foi diretor do Tesouro Nacional e o primeiro diretor do Tribunal de Contas da União e a partir de 1894, foi seu presidente por 25 anos. Publicou *Lições de Ciências das Finanças e Economia pública; Ensaios de finanças e economia pública e Evolução das Ciências das Finanças*, os dois últimos em 1927.
Legislação Comparada	Cândido Luis Maria de Oliveira	Foi Ministro (interino) da Fazenda, de 20 de julho de 1889 a 28 de julho de 1889.
Direito Administrativo	Alfredo Varela	Deputado positivista. Fundador do jornal *O Comércio do Brasil*.
Enciclopédia Jurídica	Leôncio de Carvalho	Nasceu no Rio de Janeiro em 1848. Bacharelou-se e doutorou-se na Faculdade de Direito de São Paulo. Foi proprietário do *Correio Paulistano* e influente político liberal no Império. Foi deputado provincial e geral, ministro do Império e professor da Faculdade de Direito de São Paulo.
Teoria e prática do processo civil, comercial e criminal	João Pedro Belfort Vieira	Nasceu no Maranhão, em 1864. Bacharelou-se em São Paulo em 1884. Foi senador e ministro do Supremo Tribunal Federal.

Fonte: Elaboração própria.

O quadro de professores era composto por profissionais formados tanto na Escola de Recife quanto na de São Paulo, com destaque para a segunda. Em São Paulo, segundo Sérgio Adorno, a estrutura curricular e o conteúdo programático que se desenvolviam no curso jurídico expressavam tanto "[...] as antinomias do pensamento liberal quanto as correntes filosóficas que se sucediam, uma a uma na vã esperança de conciliar tendências opostas" (ADORNO, 1988, p. 96). Apesar de considerar que a tendência jus-naturalista tenha predominado, Adorno afirma que, nessa faculdade, os sistemas filosóficos tornaram-se conhecidos frequentemente através de "filósofos menores". Talvez seja essa uma explicação para a crítica desencadeada pelos alunos aos professores e aos cursos. Ao elaborar uma síntese a respeito do corpo docente da Faculdade de São Paulo no período final do Império, Afonso Arinos comenta:

> Antes da reforma republicana os estudos de direito na faculdade de São Paulo se processavam mais ou menos dentro do velho espírito rotineiro e canônico. Os lentes, para começar, eram sombras do passado. No tempo em que Afrânio [de Melo Franco] foi aluno (1887-1891), a faculdade ostentava um grupo de senectudes militantes (FRANCO, 1955, p. 132).

As novidades eram, muito frequentemente, trazidas pelos próprios alunos em um sem-número de periódicos que se criavam e que, com a mesma rapidez, muitas vezes, desapareciam (VENANCIO FILHO, 1982, p. 139). Era comum, na opinião de Adorno, que as novas correntes jurídico-políticas aparecessem, inicialmente entre os estudantes e se expressassem na imprensa acadêmica (ADORNO, 1988, p. 103). Assim, apesar da baixa qualidade dos cursos ministrados, e ainda que se considere insuficiente a produção de conhecimento na academia de São Paulo, as elites políticas mantinham a consideração de que nesse espaço se formava a elite pensante do país.

No Recife, o ensino processava-se de forma muito semelhante a São Paulo. Mas, apesar da acusação do grande rebaixamento do nível de ensino nessa academia nos anos 1980, a entrada de Tobias Barreto, em 1882, marcou a memória dessa faculdade: "[...] uma entrada de ar novo, de novas idéias, de novas concepções na mentalidade de então [...]" (VENANCIO FILHO, 1982, p. 114).

Assim, seja através das leituras e das trocas de informações desencadeadas pelo periodismo universitário, seja a partir da entrada de novos professores e do desenvolvimento de outras ideias nos cursos de São Paulo e Recife, os professores que vieram formar as faculdades do Rio de Janeiro eram, em sua maioria, críticos da visão clássica do Direito, baseada na ideia do livre-arbítrio, e compartilhavam da noção de que o indivíduo era produto de um meio genético e social específico. Assim, concorriam para um processo de crescente cientização do Direito, o qual importava à ciência e aos seus especialistas descobrir "as causas que levavam ao crime".

Em 1900, ano em que Vianna começava a frequentar a Faculdade Livre de Direito, eram essas as ideias em voga. O curso, que havia passado a ocupar o prédio do Instituto Comercial, na praça Duque de Caxias, número 10, cedido pelo prefeito João Felipe Pereira, consolidava o seu corpo docente em torno das ideias do Direito positivo e cientificista.

Em 1902, a faculdade mudou-se para a rua do Lavradio, número 96, prédio cedido pelo então prefeito da capital, Francisco Pereira Passos. Nesse mesmo prédio, veio a se instalar, alguns dias depois, o Instituto Comercial. Dois anos mais tarde, em 1904, o diretor do Instituto Comercial, Medeiros e Albuquerque, solicitou o esvaziamento do primeiro andar, que era ocupado pela faculdade de Direito. No entanto, o prefeito Pereira Passos autorizou a permanência da faculdade no prédio até o final do ano.

A Revolta da Vacina também repercutiu na Faculdade Livre de Direito, tanto mais porque um dos nomes mais em evidência na campanha contra o governo Rodrigues Alves era o de Alfredo Varela, professor do curso.[134]

No entanto, os anos passados no prédio da rua do Lavradio foram benéficos financeiramente. A instituição conseguiu acumular

---

[134] José Murilo de Carvalho descreve a participação de Alfredo Varela no conflito, nos seguintes termos: "Outro deputado positivista envolvido na campanha foi Alfredo Varela, ex-aluno da Escola Militar do Rio, positivista, também protegido de Júlio de Castilhos. Em maio de 1904, com o auxílio financeiro de monarquistas do Rio e de São Paulo, fundara o jornal *O Comércio do Brazil*, no qual passou a atacar com violência o governo. Em agosto, em consequência de ataques ao comandante da brigada policial, general Hermes da Fonseca, levou um tiro no ombro desfechado pelo filho deste" (CARVALHO, 1987, p. 97).

recursos para a compra do prédio onde veio a se instalar definitivamente — a casa da praça da República, número 54 — até a fusão com a Faculdade Livre de Ciências Jurídicas e Sociais.

Como vimos, no período compreendido entre os anos de 1891 e 1919, as duas faculdades de Direito conviveram concorrencialmente. Se nos ativermos ao número de bacharelandos em cada um dos cursos, como se vê no quadro a seguir, podemos considerar que a Livre de Direito desfrutou de maior popularidade entre os anos de 1892 a 1911, vindo a perder alunos para a Faculdade Livre de Ciências Jurídicas e Sociais no período subsequente.

Quadro 4 – Número de formandos na Faculdade Livre de Direito e na Faculdade Livre de Ciências Jurídicas e Sociais no período de 1891 a 1919

Ano	Faculdade Livre de Ciências Jurídicas e Sociais	Faculdade Livre de Direito
1891	★	1
1892	7	10
1893	13	23
1894	22	35
1895	8	19
1896	14	19
1897	9	9
1898	14	14
1899	10	4
1900	26	3
1901	★	18
1902	3	34
1903	26	17
1904	18	42

Ano	Faculdade Livre de Ciências Jurídicas e Sociais	Faculdade Livre de Direito
1905	12	44
1906	55	32
1907	19	66
1908	26	56
1909	70	71
1910	51	71
1911	43	97
1912	78	79
1913	51	54
1914	56	★
1915	76	★
1916	94	★
1917	119	119
1918	254	126
1919	201	117

★ A informação do número de formandos não consta nos relatórios desses anos.
Fonte: Relatórios dos fiscais do governo para o Ministério da Justiça.

A primeira notícia a respeito da fusão das duas faculdades livres foi proposta no relatório dos fiscais do governo em 1894.[135] Mas foi somente em 6 de maio de 1902 que Lima Drummond e Bulhões de Carvalho, professores da Faculdade Livre de Ciências Jurídicas e Sociais, escreveram a Batista Pereira uma carta solicitando que

---

[135] Os fiscais do governo afirmavam no relatório de 1894: "Antes de darmos por concluído o presente relatório, cumpre-nos assinalar, em breves considerações, já a desnecessidade e mesmo inconvenientes da coexistência de duas faculdades congêneres nesta cidade [...] Foi por isso que com a maior simpatia acompanhamos a tentativa de fusão das duas faculdades feitas por alguns professores, mas infelizmente frustradas por efeito da interposição de força estranha aos legítimos interesses do ensino público superior" (*Relatório dos comissários fiscais do governo junto às faculdades livres de direito da Capital Federal no ano de 1894*. Arquivo Nacional, série Educação, notação IE 3 240).

convocasse a Congregação para tomar conhecimento de uma proposta de modificação dos estatutos que sugeria, novamente, a fusão das duas faculdades. A ideia seduzia a maior parte do corpo docente e uma proposta acabou sendo elaborada por Fernando Mendes, Bulhões de Carvalho e Drummond. Entretanto, ela acabou obtendo resposta negativa, dada pela Faculdade Livre de Direito que, através de ofício de seu diretor, França Carvalho, lido na sessão de 12 de maio de 1902, recusava-se a aceitar a fusão nos termos que a Faculdade de Ciências Jurídicas e Sociais propunha. França Carvalho queria "fusão legítima" e não "absorção" ou "desigualdade". A Faculdade Livre de Direito propunha igualdade de patrimônio, mesmo número de professores, subordinação à lei do ensino e não aos estatutos da outra faculdade. Essas exigências acabaram inviabilizando a proposta de fusão.

Alguns anos depois, em 17 de novembro de 1919, mais uma vez a ideia da fusão voltou à pauta. O professor Cândido de Oliveira Filho propôs à Congregação da Faculdade Livre de Direito que se nomeasse uma comissão para viabilizar a fusão das duas faculdades de Direito da cidade do Rio de Janeiro. Foram designados para essa comissão o próprio Cândido de Oliveira Filho, Carpenter, Viveiros de Castro, Lacerda de Almeida e Porto Carreiro. No dia 27 de fevereiro de 1920, a comissão apresentou uma proposta de fusão baseada nos seguintes itens: plenos poderes ao diretor para promover a dita reforma, reconhecimento dos direitos adquiridos pelos substitutos, aprovação simultânea, pela outra escola, das mesmas resoluções.

A Faculdade Livre de Ciências Jurídicas e Sociais decidiu então nomear também uma comissão – constante de Fernando Mendes, defensor ardente da proposta de fusão, Carvalho Mourão, Manuel Cícero e Eugênio de Barros – para avaliar a proposta. No dia 1º de março, a congregação dessa faculdade aprovou o projeto de unificação, ratificada no dia 29 pela Faculdade Livre de Direito.

Finalmente, no dia 24 de abril de 1920, ambas as congregações se reuniram para reafirmar o acordo. Comunicaram-no ao governo e passaram a discutir os novos estatutos.

Um mês depois de fechado o acordo, em 24 de maio de 1920, os novos estatutos foram aprovados e foi determinado que o conde Affonso Celso seria o diretor da nova instituição, ficando o professor

Fróis da Cruz, antigo diretor da Faculdade Livre de Direito, vice-diretor da nova instituição.

Em setembro do mesmo ano, o presidente Epitácio Pessoa criou a Universidade do Rio de Janeiro, reunindo a Escola Politécnica, a Faculdade de Medicina e a Faculdade de Direito do Rio de Janeiro.

O professor Oliveira Vianna

Após a sua formatura, em 1905, Oliveira Vianna passou um longo período dedicando-se aos seus estudos e a ministrar aulas de Matemática no colégio Abílio, em Niterói.

Somente em 1916, Vianna viria a se tornar professor da Faculdade de Direito do estado do Rio de Janeiro. Essa faculdade havia se transferido para Niterói em 25 de março de 1915, a partir da fusão da Faculdade de Direito Teixeira de Freitas – que havia sido criada na cidade do Rio de Janeiro, em 1912, pelo professor Joaquim Abílio Borges – e da Faculdade de Direito do Estado do Rio de Janeiro, que também funcionava na capital da República.

Figura 4 – Antigo prédio da Faculdade de Direito de Niterói e relação dos professores
Fonte: Arquivo do Centro de Memória Fluminense da UFF.

Em 1921, essa faculdade adotou o nome de Faculdade de Direito de Niterói, considerando que passara a denominar-se Faculdade de

Direito do Rio de Janeiro aquela anteriormente descrita e que mais tarde seria a Faculdade Nacional de Direito.[136]

Assim, a Faculdade de Direito do estado do Rio de Janeiro, mais tarde Faculdade de Direito de Niterói viveu um significativo processo de crescimento ao longo dos anos 1920, tornando-se, segundo dados do relatório do Departamento Nacional de Ensino, a terceira maior faculdade de Direito do Brasil, em número de alunos, em 1926.[137] Subvencionada pelo governo federal, esta faculdade contava também, nesse período, com o apoio do governo estadual que, em troca da gratuidade de mensalidades oferecida a dez alunos por ano, concedia uma subvenção anual que lhe assegurava o pagamento do aluguel de sua sede.

Ao tornar-se professor da Faculdade de Direito, Vianna assumiu as disciplinas Teoria e Prática do Processo Penal e Direito Industrial. Esse novo desafio profissional o levou a novas leituras e ao reencontro com discussões jurídicas que ele vinha desenvolvendo desde os tempos de estudante. Na opinião de Castro Faria,

> Nada tem de estranho o fato de Oliveira Vianna ter lecionado "Teoria e prática do processo criminal": esse nome que deu à disciplina [...] ao contrário, constitui-se em dado indispensável para o restabelecimento dos caminhos percorridos no sentido de construir a cientificidade que sempre reivindicou para as suas análises (FARIA, 2002, p. 114).

O Direito Penal era, nesse momento, entre as disciplinas do curso, aquele que ocupava uma posição privilegiada em relação ao processo de modernização e cientização da profissão. No campo do Direito Criminal, iniciava-se então um movimento que se caracterizava pela crescente participação dos médicos-legistas, dos peritos e dos psiquiatras nos desvendamentos dos crimes e nos julgamentos. São criadas disciplinas especializadas nos cursos jurídicos e a ação desses especialistas passa a ser cada vez mais importante no andamento e no resultado dos processos criminais (RIBEIRO FILHO, 1994, p. 131).

Ao se tornar professor de Direito Penal, Oliveira Vianna retomou leituras que, provavelmente, havia realizado ao ser aluno, na Faculdade

---

[136] Ver *capítulo 1*, nota 22.

[137] Mensagem do Presidente de Província do Rio de Janeiro, 1928.

Livre de Direito, de Viveiros de Castro, que havia publicado, em 1894, um compêndio intitulado *A nova escola penal* (FARIA, 2002, p. 115).

Procedeu também a novas leituras, sem deixar de considerar o texto de Galdino Siqueira, *Curso de processo criminal*,[138] e os livros de dois dos principais representantes da Escola Positiva do Direito, Enrico Ferri e Rafael Garofalo.[139]

Essas leituras fizeram com que Oliveira Vianna desse início a uma produção intelectual diversa da que realizara até então. Ele elaborou um folheto de doze páginas que foi publicado pela Tipografia do Jornal do Comércio, intitulado *Programa de teoria e prática do processo criminal*, que seguia, segundo Castro Faria, muito de perto o compêndio de Galdino Siqueira (FARIA, 2002, p. 116).

Foi também na Faculdade de Direito de Niterói que Vianna começou a formar o que viria a ser, mais tarde, seu principal grupo de leitores e críticos. Ao lado de alunos, jovens estudantes que se tornariam seus amigos mais próximos, Vianna fundou o Clube de Sociologia, para o qual ele traçou um roteiro de trabalho apontando um caminho para o estudo de temas fluminenses e organizando grupos de pesquisa de campo em favelas e morros da cidade. Faziam parte desse grupo: Alberto Lamego Filho, Thiers Martins Moreira, Geraldo Bezerra de Menezes, Marcos Almir Madeira, Dail de Almeida, Anselmo Macieira, Vasconcelos Torres e Helio Palmier (LONGO, 1981, p. 39).

Esses alunos tornar-se-iam os principais herdeiros intelectuais de Vianna e seus amigos mais íntimos, aqueles que teriam acesso à biblioteca da alameda São Boaventura. Eles passariam a frequentar a casa de Vianna e privariam de sua intimidade até seus últimos dias. Vasconcelos Torres, um dos membros do grupo, descreve como eram as reuniões que se realizavam na casa da alameda São Boaventura:

> [...] chegávamos pela manhã e o surpreendíamos na espaçosa varanda, entregue à leitura dos jornais. Os artigos que despertavam sua atenção eram recortados e à medida

---

[138] O livro, cuja primeira edição data de 1910, encontra-se na biblioteca de Oliveira Vianna.

[139] Na biblioteca de Vianna encontram-se, desses autores, os livros *Os criminosos na arte e na literatura* (FERRI, 1923) e *La criminologie* (GAROFALO, 1890).

que se ia inteirando do noticiário, esparramava as folhas pelo chão. Logo nos conduzia à biblioteca e comentava o último livro lido ou abria a gaveta e nos exibia os originais do próximo estudo escolhendo um capítulo para que o lêssemos em voz alta. De ver como seguia atentamente a leitura, determinando aqui ou ali, uma interrupção para um comentário. Colhia, com tal sistema, a primeira impressão. Nós formávamos como que uma pequena sociedade para ele. As poucas visitas que fez foi sempre a um de nós, os amigos moços que contavam com a sua afeição (TORRES *apud* LONGO, 1981, p. 39).

Esses jovens amigos de Vianna formavam o grupo que participava da elaboração de seus textos, tendo a possibilidade de discuti-los e criticá-los antes de se tornarem públicos.

A atuação de Vianna na Faculdade de Direito colocou-o ainda em contato com importantes nomes da vida política fluminense e abriu caminhos para novas oportunidades profissionais. Assim, em 1926, Oliveira Vianna estreou no serviço público estadual ocupando o cargo de diretor do recém-criado Instituto de Fomento Agrícola do Estado do Rio de Janeiro.

Do governo do estado do Rio de Janeiro ao governo da União

O Instituto de Fomento Agrícola do Estado do Rio de Janeiro havia sido criado por sugestão de Feliciano Pires de Abreu Sodré, então presidente do estado do Rio de Janeiro, no ano de 1926, através do Decreto n. 2.189, de 21 de agosto, que regulou o seu funcionamento determinando que sua diretoria seria constituída por um presidente, cargo exercido pelo secretário de Estado das Finanças, um representante do governo e outro representante da lavoura. Para o cargo de representante do governo, o presidente Abreu Sodré nomeou o general Dr. Antônio Ilha Moreira, que declinou do convite. Em virtude dessa recusa, Francisco José de Oliveira Vianna foi nomeado para o cargo.

O Instituto de Fomento Agrícola tinha como objetivo principal estimular a produção agrícola do estado do Rio de Janeiro, principalmente no que diz respeito à produção cafeeira. A atuação de Vianna nesse instituto levou-o a angariar prestígio político que acabou por conduzi-lo a novos cargos na esfera do governo estadual. Em 1931, Oliveira Vianna tornou-se membro do Conselho Consultivo do estado do Rio de Janeiro e, a partir daí, foi nomeado para o cargo de consultor jurídico do Ministério do Trabalho.

Os anos 1930 e 40 podem ser considerados, na opinião de alguns autores (GOMES, 1992), como verdadeiramente revolucionários no que diz respeito ao tratamento da questão trabalhista no Brasil. Isso porque, nesse período, elaborou-se, além da legislação trabalhista, uma política de valorização do trabalho e de "reabilitação" do papel e do lugar do trabalhador nacional. O estado varguista estruturou um discurso que construiu, nas palavras de Gomes (1992), um homem novo, ao associar trabalho e cidadania. Ser cidadão passou a significar ser trabalhador, responsável pela expansão de sua riqueza individual e pelo desenvolvimento do país. Nesse momento o trabalho desvincula-se da situação de pobreza, passando a ser um direito e um dever do homem, ou seja, um ato de realização e uma obrigação para com a sociedade e o Estado.

É importante destacar o fato de que a maior parte da legislação trabalhista criada nesse período foi elaborada durante o período do governo provisório – entre 1930 e 1934 – e que esse foi o momento em que o palco das discussões, elaboração e aprovação das leis se transferiu do Legislativo para o Executivo, visto que estavam suspensas as casas legislativas federal, estaduais e municipais, além dos canais políticos de representação partidária. Por esse motivo, esta é uma fase em que o governo legisla sem obstáculos, transformando o Poder Executivo no *locus* privilegiado para a criação das leis trabalhistas (GOMES, 1979, p. 215).

É precisamente nesse momento que Oliveira Vianna se torna consultor jurídico do Ministério do Trabalho. Ao comentar a forma como se dava a elaboração da legislação social brasileira durante a gestão do ministro do Trabalho, Salgado Filho (1932-1934), ele demonstra claramente o processo de hipertrofia do poder Executivo:

> O processo adotado pelo Sr. Salgado Filho teve, além disso, a vantagem de, pela multiplicação das comissões técnicas, acelerar a elaboração das leis sociais, que as circunstâncias do momento estavam exigindo.

Como quer que seja, de uma forma ou de outra, pudemos realizar em cerca de quatro anos a elaboração de todo esse vasto complexo jurídico que forma a legislação social vigente. Esse vasto labor legislativo, operado em tão curto espaço de tempo, não tem paridade em nenhuma legislação do mundo, a não ser a NRA americana, e, deve-se a isto, por um lado à técnica adotada e, por outro, principalmente ao fato de estarmos num período de poderes discricionários confundidos como se achavam, numa mesma pessoa, as atribuições do Poder Legislativo e as do Poder Executivo – a facilidade de elaborar regulamentos.

Com o advento do regime constitucional, este trabalho de elaboração passou para a Câmara dos Deputados. Ora, esta, como é sabido, costuma imprimir aos seus trabalhos um ritmo de lentidão exasperante (VIANNA, 1991, p. 283).

Como se pode perceber, nessa estrutura de organização do poder, o Ministério do Trabalho, Indústria e Comércio, criado pelo Decreto n. 19.433, de 26 de novembro de 1930, se destacou, ao constituir o principal núcleo articulador de todas as medidas relativas ao trabalho. A participação de Oliveira Vianna no processo de normatização das relações de trabalho foi de grande relevância, visto que se tornou consultor jurídico durante oito anos, justamente no principal período de elaboração das leis trabalhistas, entre 1932 e 1940. Segundo dois de seus principais biógrafos (TORRES, 1956; MACIEIRA, 1990), Oliveira Vianna representaria muito mais do que um consultor, sendo, efetivamente, o verdadeiro articulador de toda a legislação trabalhista:

> Oliveira Vianna, no Ministério do Trabalho, ocuparia a relevante função de Consultor Jurídico. Denominação de um cargo somente, porque em verdade se constituiria no centro criador e orientador da reforma social (TORRES, 1956, p. 102).

Como consultor jurídico do Ministério do Trabalho, pode-se dizer que Vianna passou de autor de um discurso legítimo sobre a sociedade para artífice de uma nova organização social.

O objetivo do Ministério, explicitado pelo discurso oficial, era desenvolver uma política trabalhista que harmonizasse interesses de patrões e operários, como se percebe pelo texto que justifica sua criação:

> A norma de ação consiste em substituir a luta de classes negativa e estéril, pelo conceito orgânico e justo de colaboração entre as classes, com severa atenção às condições econômicas do país e aos reclamos da justiça social (SILVA, 1990, p. 59).

Era esse o argumento político e ideológico que presidia a fala do governo: a ideia da construção de uma ordem social, em que imperasse a colaboração entre as classes. Oliveira Vianna compartilhava os sonhos dos homens de sua geração: corrigir o Brasil e construir a nação, subordinando interesses individuais e privados aos interesses coletivos. O seu ideal era o de que a legislação trabalhista pudesse ser o instrumento básico desse processo. Segundo ele, as mudanças legais seriam capazes de corrigir as desigualdades e os desequilíbrios, transformando a sociedade dentro da ordem.

Em 1940, Oliveira Vianna sairia do Ministério do Trabalho para assumir o cargo de Ministro do Tribunal de Contas da União. Sérgio Miceli (1979), em seu estudo sobre *Intelectuais e classe dirigente no Brasil (1920-1945)*, destaca o papel exercido por Oliveira Vianna como membro do que ele denomina "elite intelectual e burocrática do regime". Esse seleto conjunto de intelectuais possuía enorme valor social adquirido por terem eles sido convocados, durante o período Vargas, para assumir cargos de cúpula do Executivo, onde tinham participação efetiva no processo decisório em matéria de sua alçada. Até mesmo a atividade intelectual desse grupo se confundia com a prestação de serviços políticos. A atuação de Oliveira Vianna no Ministério do Trabalho tinha esse caráter, a ponto de Castro Faria, afirmar que a convivência deste com o poder "deu-lhe a ilusão de poder converter suas ideias e programas em determinações políticas irreversíveis".

Tanta dedicação ao projeto de Estado organizado nos anos 1930 rendeu "prêmios" a Oliveira Vianna. Miceli anota que o valor da elite intelectual do regime transparece sobretudo nas recompensas com que os seus membros eram brindados:

[...] nos intervalos entre o desgaste produzido por uma missão e o início de um novo mandato, eram designados para os cargos honoríficos do Poder Judiciário e do Ministério Público, para alguns o *Tribunal de Contas*, para os que mais se expunham a Consultoria Geral da República, ou então, o consolo de uma procuradoria ou instância suprema da justiça eleitoral (MICELI, 1979, p. 147, grifo meu).

O caráter de prêmio dessa nomeação é destacado pelo seu principal biógrafo, Vasconcelos Torres, quando assinala que Oliveira Vianna

Cumprira seu dever no Ministério. [...] e esgotara-se demasiado na árdua função. O físico denunciava os excessos da atividade intelectual. [...] A velha e predileta sociologia não se encontrava abandonada mas não vinha tendo a assistência de antigamente. Já construíra o monumento e, bom pedreiro, não almejava perder-se nos arremates finais que deveriam competir aos outros. Carecia voltar ao estudo costumeiro, completar a pesquisa para o segundo volume de Populações meridionais do Brasil. [...] Que outros viessem para substituí-lo e seguissem as suas pegadas. Nesse meio tempo verifica-se uma vacância no tribunal de Contas da União. O presidente Vargas oferece-a ao escritor que admirava. *Desejava premiar-lhe o labor*. O lugar permite o prosseguimento do estudo e da pesquisa (TORRES, 1956, p. 112-113, grifo meu).

Além desse caráter, o cargo no Tribunal de Contas podia ser considerado de grande valia para Vianna num momento (início dos anos 1940) em que a recepção de suas ideias – diretamente associadas à ditadura do Estado Novo – já não contavam com um ambiente muito favorável (CARVALHO, 1999, p. 203).

Vianna permaneceria no Tribunal de Contas durante uma década, até que, no início dos anos 1950, as crescentes críticas à sua obra e o agravamento de suas condições de saúde levaram-no à aposentadoria e a dedicar-se exclusivamente à Sociologia e à conclusão dos estudos em andamento.

Foi nesse momento que a participação da rede de amigos, articulada ao longo de uma vida inteira, ganhou vulto. As cartas trocadas com os amigos durante o seu processo de aposentadoria testemunham o seu prestígio político, intelectual e social.

No seu arquivo pessoal, podemos identificar o início desse processo a partir de um bilhete de Marcos Almir Madeira, que diz:

> Mestre Dr. Oliveira Vianna,
> Escrevo-lhe do próprio correio em Niterói. Hoje, 2ª feira, dia 10, o Collet apresentará o projeto que lhe mando essa cópia, que acaba de sair da máquina da D. Maria. Seguirá carta amanhã. Antecipo-lhe os meus parabéns: garantida a sua aposentadoria.
> Lembranças e saudades a todos. Marcus

O bilhete acima encontra-se manuscrito acompanhando a cópia do projeto de aposentadoria de Oliveira Vianna, depositada em seu arquivo pessoal, e que foi apresentado pelo deputado Heitor Collet na Câmara dos Deputados em 10 de abril de 1950. A informalidade e o tom de intimidade do bilhete demonstram que estamos diante de uma situação em que compromissos fundados na lógica das relações pessoais permitem um acesso diferenciado ao poder estatal.

O bilhete se refere a um projeto que seria apresentado no Congresso Nacional. É importante destacar que, quando escrito, o projeto ainda não havia sido apresentado na Câmara, mas desde então, a aprovação era certa, o que se pode perceber pela frase: "garantida sua aposentadoria". Certamente um acordo previamente estabelecido entre o deputado que apresentaria o projeto e outros membros do Congresso garantiam a sua vitória.

Importante também é sublinhar o papel de mediador desempenhado tanto por Marcos Almir Madeira quanto por Heitor Collet. Nesse caso, o principal mediador é Madeira, amigo pessoal de Oliveira Vianna e autor do bilhete citado. As correspondências que precederam e sucederam esse bilhete demonstram que o seu papel como mediador foi importante para a aprovação, pelo Congresso Nacional, da lei especial que garantiu a aposentadoria de Oliveira Vianna.

Numa carta, sem data, também manuscrita, possivelmente escrita antes do bilhete, Marcos Almir Madeira diz o seguinte:

> Caro mestre Dr. Oliveira Vianna,
> Vai tudo bem: o Collet garante a vitória na Câmara. [...]
> Só mesmo os acontecimentos da hora – as demarches para a sucessão, coisas que, como o sr. sabe, estão absorvendo o Congresso – não consentiram que o nosso Heitor abrisse fogo; mas, logo depois do dia 10 – 4ª ou 5ª feira, portanto estará apresentando o projeto.

Os dois documentos demonstram que a mediação até ali realizada por Marcos Almir Madeira vinha dando resultados positivos. O mediador acionara um deputado federal que garantia não só a apresentação do projeto como também a vitória na Câmara, o que significa que também ele, Heitor Collet, vinha mediando outros contatos que permitiriam a aprovação do projeto.

A atuação de Collet está registrada ainda no arquivo, em dois outros documentos: uma nova carta de Almir Madeira e um recorte do Diário do Congresso. Na carta, Almir escreve:

> Escrevi-lhe anteontem, horas antes de ir à Tribuna o Collet. E realmente ele foi. Foi e ouviram-no com muito interesse. Mando-lhe um retalho do próprio Diário do Congresso para que o sr. veja que toda a bancada fluminense desta vez se uniu...

O recorte do *Diário do Congresso* também enviado por Almir Madeira reproduz o discurso do deputado Heitor Collet:

> Senhor Presidente, a Academia Brasileira de Letras, por proposta do ilustre Sr. Levi Carneiro [...] endereçou ao Congresso Nacional um apelo no sentido de decretar por lei especial a aposentadoria daquele eminente escritor (Oliveira Vianna) com vencimentos integrais no cargo de Ministro do Tribunal de Contas.
>
> A concessão da medida – são palavras do sr. Levi Carneiro – "não será apenas um prêmio, será a garantia de que o sr. Oliveira Vianna poderá levar a bom termo os livros que tem em preparação. Foi ao ler a sua recente e grandiosa obra – Instituições políticas brasileiras – acompanhando a larga e profunda análise da nossa estruturação social e

> política; verificando a imensa quantidade de estudos das datas mais recentes, em que ela se apoia – desde os mais notáveis sociólogos americanos e europeus até os de observação do meio nacional; atendendo a outros trabalhos já concluídos, ou em preparo, [...]e me salteou a impressão do ingente esforço, do sacrifício incalculável que está realizando o nosso insigne companheiro. Doente, isolado em seu retiro em Niterói, e ainda mais no da remota Saquarema, está ele empenhado em uma série de estudos que lhe hão de acrescer o glorioso renome conquistado e esclarecer os rumos da política nacional (COLLET, 1950).

Nesse discurso, Heitor Collet se refere a um terceiro mediador: Levi Carneiro. Este teria sido o responsável pelo encaminhamento ao Congresso do apelo no sentido de conseguir a aposentadoria de Oliveira. Foi ele também o autor da justificativa explicitada por Collet.

Vasconcelos Torres, em seu livro sobre Oliveira Vianna, registra a ação de Levi Carneiro da seguinte maneira:

> Quando, no Congresso, a bancada fluminense, acatando sugestão da Academia Brasileira de Letras, apresentou um projeto subscrito em primeiro lugar pelo deputado Heitor Collet, por via do qual lhe seria concedida a aposentadoria, não escondeu o seu aborrecimento e, seguidamente repetia: o que tem a política a ver com a minha vida? A propósito Levi Carneiro narra: "o trato pessoal revelava um homem imprevisto: modesto, simplíssimo até a humildade, falando pouco e baixo, timidamente, suavemente risonho, condescendente e discreto. Recordei a minha iniciativa sobre a sua aposentadoria. Ao lançar a minha sugestão acentuei que o fazia sem ouvir a opinião de Oliveira Vianna, nem lhe pedir que a autorizasse. Ainda assim – recebi dele, logo depois, uma carta desalentada: eu agira como amigo, precipitadamente, ninguém o prezava, ninguém lhe prestaria aquela homenagem; ele ia requerer aposentadoria sem esperar por uma concessão impossível. Custou-me desconvencê-lo. Fiz-lhe ver que devia esperar – e ele esperou por mais tempo, aliás, do que o em que teria o conforto da concessão autorizada pelo Congresso Nacional (TORRES, 1956, p. 150).

Essa fala de Levi Carneiro contribui para a construção da imagem de um Oliveira Vianna tímido, discreto e também de uma pessoa que se recusava a receber favores pessoais, que punha os "grandes" interesses sociais acima de qualquer personalismo. Essa imagem explicitada por Levi Carneiro em sua fala e reafirmada por Vasconcelos Torres em seu livro contribuiu para a construção de uma memória que, como anteriormente se viu, até hoje se mantém nos estudos sobre Oliveira Vianna.

Vale considerar que o apelo pela aposentadoria de Oliveira Vianna partiu justamente de Levi Carneiro, proposto na Academia Brasileira de Letras. Ao se explorar melhor os documentos relativos à aposentadoria depositados no arquivo, pode-se perceber que a ação de Levi Carneiro não foi menor. Talvez tenha sido esse o mentor de todo o processo de aposentadoria, o principal mediador, aquele que foi capaz de acionar as pessoas certas e de criar as justificativas necessárias.

Levi Carneiro, assim como Oliveira, fazia parte da elite intelectual e burocrática do regime do Estado Novo. A sua trajetória inclui a participação no Conselho Consultivo do estado do Rio de Janeiro, o cargo de consultor geral da República, a presidência da Ordem dos Advogados do Brasil, a vice-presidência da Federação Interamericana de Advogados e juiz da Corte Internacional de Justiça em Haia. Participou ainda da elaboração do projeto para o Código do Processo Civil e Comercial e foi consultor jurídico do Ministério das Relações Exteriores.

A relação entre Oliveira Vianna e Levi Carneiro é testemunhada por uma série de correspondências deste último ao primeiro, depositadas no arquivo. Mas a participação de Levi no processo de aposentadoria pode ser verificada em duas cartas de Marcos Almir Madeira. A primeira delas diz o seguinte:

> De uma forma ou de outra, a lei virá – e isto é que interessa. [...] A recompensa viria por ser o sr. quem é e haver produzido a obra que produziu. Tudo teria assim um sentido mais educativo, mais cultural, posso mesmo dizer mais cívico. *Vigoraria, então o primeiro projeto do Dr. Levi.* De qualquer modo, porém, o meu grande mestre está de parabéns (grifo meu).[140]

---

[140] Carta de Marcos Almir Madeira a Oliveira Vianna. Arquivo pessoal de Oliveira Vianna. Série Correspondências. Pasta: Marcos Almir Madeira.

O primeiro projeto de Levi Carneiro diz respeito à ideia de considerar a aposentadoria como prêmio, para evitar, como diz Almir Madeira, a *"aritmética da contagem do tempo de serviço"*. É, em relação a esse aspecto, que novamente a mediação de Levi Carneiro se torna importante. Em outra carta, Marcos Madeira escreve:

> O dr. Levi elucidou o Collet quanto à contagem do tempo de magistério. Escreveu-lhe uma carta. Acho que é tempo de o sr. mesmo lhe escrever também. A justificação, que ele mesmo esboçou, está bem urdida. Deu-me a conhecer as linhas gerais do *plano* (grifo do original) e trocamos idéias. [...] Hoje, só quero lhe dizer que vai tudo muito bem, que as minhas saudades insistem e que seria interessante pôr no correio umas sugestões para o Collet. Não sobre a faculdade como elemento da aposentadoria, porque a esse respeito, o dr. Levi já disse *"mot de la fin"* – mas sobre outras atividades ou comissões.[141]

Como podemos perceber através da ideia de "plano", existia uma articulação, elaborada por Levi Carneiro e com os seus "passos" traçados com o auxílio de Almir Madeira e Heitor Collet. O caminho necessário para que o plano deles fosse bem-sucedido na Câmara também é registrado em carta de Almir Madeira após a apresentação do projeto na Câmara:

> Agora, a marcha da sugestão será esta: Comissão do Serviço Público Civil (de que faz parte o próprio Collet) e Comissão de Constituição e Justiça, onde o Duvivier está inclinado a propor que se transforme sua aposentadoria em prêmio propriamente dito. Nesse caso não se contará tempo de serviço. Tudo será posto em termos de "homenagem excepcional", pelos seus "altos serviços à cultura brasileira".[142]

---

[141] Carta de Marcos Almir Madeira a Oliveira Vianna. Arquivo pessoal de Oliveira Vianna. Série Correspondências. Pasta: Marcos Almir Madeira.

[142] Carta de Marcos Almir Madeira a Oliveira Vianna. Arquivo pessoal de Oliveira Vianna. Série Correspondências. Pasta: Marcos Almir Madeira.

A morte de Vianna, a fundação da Casa de Oliveira Vianna e a "fabricação" da memória

O processo de aposentadoria de Vianna, embora vitorioso, chegou um pouco tarde. Vianna faleceu em março de 1951. Ao morrer, ele deixou tudo o que havia colecionado, livros, documentos, fotografias na casa onde viveu toda a sua vida, na alameda São Boaventura, número 41, no Fonseca, Niterói. A casa sintetiza sua herança, um legado que deveria ser guardado, mantido, preservado. Ao morrer, Oliveira Vianna se tornava imagem a ser preservada, memória a ser fundada e difundida por tudo o que ele havia produzido em vida: os livros, a biblioteca, o seu arquivo pessoal, os seus artigos publicados em jornais e revistas. Toda a casa onde Vianna viveu guarda as marcas de sua vida, os vestígios materiais de sua existência, o espaço onde estão materializados os artefatos que permitem a construção de sua memória.

Em 1951, logo após a sua morte, os amigos e discípulos intelectuais tomaram para si a responsabilidade de organizar o legado material e intelectual de Oliveira Vianna, criando todo um processo de construção de uma memória que culminou na organização da Fundação Oliveira Vianna (FOV), na manutenção da biblioteca e na organização de seu arquivo privado pessoal.

No momento de sua morte, Vianna já não mais desfrutava do reconhecimento intelectual que havia granjeado nos anos 1920 e 30. A participação de Oliveira Vianna no Estado Novo e, principalmente, as ideias desenvolvidas nos seus livros associadas a pensadores duramente criticados a partir dos anos 1940, fizeram com que os textos de Vianna passassem a ser associados com o que existia de mais conservador em matéria de Sociologia e análise política. Em oposição à sua obra, esboçaram-se várias críticas que podem, em linhas gerais, ser sintetizadas na seguinte afirmação de Silvia P. de Castro:

> A sociologia de Oliveira Vianna traz a marca do saber de seu tempo. Seus escritos, articulados por dentro da matriz autoritária-racista-evolucionista, propunham soluções para os problemas de sua época, em sintonia com os anseios das classes dominantes (CASTRO, 1990, p. 32-33).

A luta em defesa de sua obra por parte dos amigos e herdeiros intelectuais começou mesmo no dia de sua morte. Enquanto o corpo de Oliveira Vianna era velado em sua casa, realizava-se na Assembleia Legislativa Estadual uma sessão onde se esboçava uma estratégia, que seria utilizada nos anos subsequentes por seus amigos, de construção de uma memória positiva que culminaria com a reabilitação da sua obra.

Na sessão do dia 28 de março de 1951, os deputados Alberto Torres, Vasconcelos Torres, Lara Vilela, Arino de Matos, Macário Picanço, Geraldo Rodrigues e Omar Magalhães apresentavam um requerimento para que

> [...] a Assembleia manifestando o seu pesar, em homenagem à memória do grande sociólogo Francisco José de Oliveira Vianna hoje falecido, nesta capital, levante a sessão, fazendo-se representar em seu sepultamento, por uma comissão de deputados, informada sua família dessas expressões do nosso sentimento (TORRES *et al.*, 1951).

A apresentação do requerimento foi seguida de vários discursos que, além de homenagear Oliveira Vianna, reabilitavam, de certa forma, sua obra. O deputado Macário Picanço assim se pronunciou:

> [...] Erudito na acepção mais exata do termo, manejando a língua portuguesa e línguas outras com facilidade admirável; estilo próprio, sempre elegante, sempre límpido, tão elegante e tão límpido que Afonso de E. Taunay o disse um "artista da prosa", como Alberto de Oliveira foi o artista do verso no "esplendor do parnasianismo"; historiador dos mais eminentes; jurista de percepção pronta; professor de direito; sociólogo com predileção pela etnografia, grande como Euclides da Cunha, Silvio Romero e Alberto Torres; acadêmico, e acadêmico até na sobriedade do porte, a ilustrar com a sua presença cotidiana a Academia do nosso estado e a do Brasil; em suma, escritor fecundo, com livros vários e todos notáveis, o primeiro deles – Populações meridionais do Brasil – publicado em 1918 [sic] e logo a firmar o seu nome no conceito dos estudiosos, outro – Evolução do povo brasileiro – traduzido inclusive para o japonês, por

tudo que fez, por tudo que realizou, por tudo que idealizou, Oliveira Vianna soube engrandecer a inteligência e a cultura do Brasil (PICANÇO, 1951).

O deputado Vasconcelos Torres foi ainda mais enfático ao dizer:

> [...] vim a essa Assembléia para, frente a meus colegas, extravasando a dor do meu sentimento, solidarizar-me com a justa homenagem prestada ao maior cérebro vivo da América do Sul, segundo afirmou o professor Lynn Smith, acatado sociólogo norte-americano e que, ultimamente, está traduzindo as obras do autor de "Evolução do povo brasileiro". [...] Fluminense como Euclides e como Alberto Torres – e que glória para nós possuirmos os três maiores sociólogos da América do Sul! – excedeu a todos no gênero de que tratou; a todos e sobre todos iria agigantar-se, pela obra de pesquisa, pela inauguração dos estudos de psicologia social, os primeiros realizados na América Latina (TORRES, 1951).

Além dos discursos e do requerimento adequados à situação fúnebre, essa sessão da Assembleia ainda seria marcada por um outro acontecimento ligado à memória de Oliveira Vianna: a apresentação de um projeto de lei que visava dar o nome de Oliveira Vianna à escola construída pelo Fundo Nacional de Educação em Bacaxá, segundo distrito do município de Saquarema, onde o sociólogo havia nascido.

Em meio a homenagens e discursos, os deputados se utilizavam de recursos como citações de falas de intelectuais, rememoração de dados biográficos e comparação com outros intelectuais, construindo assim um repertório verossímil que sustentasse as homenagens prestadas.

Foi a ação dos amigos, aliada a uma atuação política daqueles que acreditavam na necessidade da preservação do legado de Vianna, que levou à criação da Casa de Oliveira Vianna.

Adquirida pelo governo do Estado em 1955, ela foi primeiramente transformada em Fundação Oliveira Vianna pelo Decreto n. 5.317, de 16 de abril de 1956, com o objetivo de preservar o espaço onde Oliveira Vianna viveu a maior parte de sua vida e manter à disposição do público interessado o seu arquivo pessoal, sua biblioteca, além dos móveis e objetos da casa. Visava ainda, à atualização da biblioteca, à organização de um arquivo com as notas de estudos, os originais de suas obras, as cartas, as fotografias, os títulos e quaisquer documentos que se relacionassem à vida e à atividade intelectual de Oliveira Vianna, além da edição de um pequeno boletim informativo sobre as atividades da Fundação, divulgação e edição de trabalhos sobre temas brasileiros focalizados sob o ângulo das Ciências Sociais, organização de um centro de pesquisas e transformação da casa num museu para promover cursos, conferências e exposições.

A Fundação existiu durante vinte anos até que, em 9 de abril de 1975, através do Decreto-lei n. 60, foi extinta, passando o seu acervo a integrar a Fundação Estadual de Museus do Rio de Janeiro, recebendo o nome de Casa de Oliveira Vianna. Alguns anos mais tarde, em abril de 1980, a Casa passou a pertencer à Fundação de Artes do Estado do Rio de Janeiro (FUNARJ).

Durante todos esses anos de existência, a Casa de Oliveira Vianna não conseguiu cumprir a maior parte dos objetivos da Fundação. Não se tornou um centro de pesquisas, nem promoveu cursos e conferências, mas, por outro lado, tem o mérito de ter mantido à disposição dos pesquisadores interessados a biblioteca particular e o arquivo pessoal de Oliveira Vianna.

Na biblioteca estão expostos livros da autoria de Vianna e de escritores diversos, tendo cerca de 12 mil exemplares entre livros, folhetos e periódicos. O arquivo contém todos os seus documentos pessoais, textos publicados e inéditos, cartas, manuscritos, documentos ligados à sua vida pública, entre outros. A quantidade dos documentos depositados nesse acervo é ainda desconhecida, visto que grande parte deles ainda carece de organização, catalogação e tratamento. Seu arquivo é uma importante fonte historiográfica, pois é revelador da formação e da autorrepresentação do intelectual, visto que contém os registros de suas leituras, de seu processo de escrita, de suas atividades públicas e de sua rede de relações pessoais.

PARTE II: MÁSCARAS

A biblioteca: máscara e espelho

Nas "batalhas da memória" (POLLAK, 1989, p. 4), os indivíduos e grupos, formados principalmente pelos amigos de Francisco José de Oliveira Vianna, assumiram a tarefa de elaborar objetivamente uma representação que destacasse os serviços prestados por ele ao país, durante sua atuação nos órgãos estatais, assim como seu mérito intelectual.

Na visão de seus herdeiros intelectuais,[143] após a morte de Oliveira Vianna, ocorrida em 28 de março de 1951, a primeira medida necessária para fazer com que todos reconhecessem seu justo lugar no campo da produção intelectual no Brasil, e evitar o seu esquecimento definitivo, seria preservar o espaço onde ele havia vivido a maior parte de sua vida: sua casa da alameda São Boaventura, 41, no Fonseca, Niterói. Dessa forma, imediatamente após o seu falecimento, iniciou-se um processo para transformar esse espaço em uma fundação, mantida pelo Governo do Estado do Rio de Janeiro, com o objetivo de garantir sua preservação.

A morte de Vianna desencadeou em seus amigos um desejo de lutar incessantemente para forjar uma representação mais "positiva" de seu percurso e de suas qualidades intelectuais, com vistas a manter presente a sua produção no espaço intelectual brasileiro. Embora não

---

[143] O grupo de amigos mais próximos de Vianna era formado por Alberto Lamego Filho, Thiers Martins Moreira, Geraldo Bezerra de Menezes, Marcos Almir Madeira, Dail de Almeida, Anselmo Macieira, Vasconcelos Torres e Hélio Palmier, todos ex-alunos da Faculdade de Direito de Niterói. São esses indivíduos que, após a morte de Vianna, vão atuar de modo constante com vistas a construir uma memória positiva de sua obra e de sua trajetória.

seja novidade que as representações dos indivíduos sejam, frequentemente, forjadas a partir de construções póstumas, quando se trata de intelectuais como Vianna, são ainda mais comuns os discursos no momento do enterro, as biografias, reedições de sua obra e os eventos que servem para marcar de alguma forma a "despedida" (ABREU, 1996, p. 67). A casa testemunhava a existência de Vianna, deixava às futuras gerações uma organização objetiva de seu passado e da representação que ele havia fabricado de si mesmo através da conservação de papéis e livros, guardava sua produção intelectual e permitia sua construção autoral. Era espelho e máscara.

Quando morreu, Vianna ocupava uma posição de declínio em sua trajetória. Após ter se tornando um dos mais reconhecidos intelectuais brasileiros da primeira metade do século XX, um homem que tinha exercido uma função-chave no primeiro período do governo Vargas e um dos pioneiros dos estudos sociológicos brasileiros, Oliveira Vianna havia sido alvo de constantes críticas, em seus últimos anos de vida.

Ao morrer, solteiro, sem filhos, Oliveira Vianna legou aos seus amigos tudo o que acumulou ao longo de sua vida: livros, periódicos, jornais, cartas, rascunhos e anotações. Seu arquivo privado pessoal e sua biblioteca compuseram o maior dos bens que foi transmitido, senão aos seus herdeiros diretos, ao menos aos seus sucessores intelectuais.

O processo de patrimonialização da Casa mobilizou o grupo mais próximo de Vianna. A preservação da Casa garantiu que seu arquivo privado pessoal não se dispersasse.

Neste livro, esse arquivo ocupa lugar central, tornando-se o próprio objeto da investigação. Busca-se compreendê-lo descortinando, em sua trama, a função dos documentos, sua forma e seus destinatários. A homogeneidade do acervo, relacionada à existência do titular único, é relativizada, quando se considera e se investiga as características específicas de cada documento arquivado, pois interrogar um arquivo pessoal implica em compreender a escolha e a classificação dos documentos guardados, historicizando cada *corpus* de texto. Com Bourdieu, busca-se estabelecer uma crítica do estatuto social dos documentos, interrogando-se sobre seus usos e destinos (CHARTIER; BOURDIEU, 1996, p. 234). Procura-se identificar o processo de construção desse acervo documental, atentando-se para a ideia de que ele pode ser lido, assim como qualquer outro registro, como uma escrita, e que, por esse motivo, "[...] não pode nunca anular-se como texto, como um sistema construído consoante categorias, esquemas de percepção e apreciação, regras de funcionamento, que remetem para as suas próprias condições de produção" (CHARTIER, 1998, p. 63).

A construção de um espaço de leitura e trabalho: a biblioteca da casa da alameda São Boaventura

A casa da alameda São Boaventura teve uma grande importância na vida de Oliveira Vianna. Desde que sua família chegou à cidade, em 1897, ela passou a morar nesse endereço e foi na biblioteca que mandou construir na casa que Vianna estudou, leu e escreveu durante toda a sua vida. A biblioteca era seu lugar preferido, seu espaço privado e privativo.[144] Era esse o principal lugar de leitura de Oliveira Vianna e, ao mesmo tempo, seu refúgio e seu lugar de comunicação com o mundo. Nessa biblioteca ele conhecia as notícias e novidades. Através dos volumes guardados, obtinha o conhecimento que utilizava em seus livros, que eram, eles também, escritos nesse mesmo lugar.

Essa biblioteca e essa casa tiveram uma tal importância na vida de Oliveira Vianna que, apesar de muitas vezes os prefácios de seus livros não comportarem a data da publicação ou da redação da obra, neles frequentemente estava presente a inscrição. "Estado do Rio. Alameda São Boaventura, 41. Fonseca".

Assim, pode-se afirmar que essa biblioteca e essa casa marcam os principais espaços onde foi conservado tudo que pode testemunhar a vida de Oliveira Vianna. É o lugar onde estão organizados os vestígios materiais de sua existência e os objetos que permitem a reconstrução de sua memória.

A vida de Oliveira Vianna foi marcada por intenso trabalho intelectual. Homem reservado, recluso, Vianna considerava a atividade das letras a mais séria e importante das muitas que desempenhava. Segundo seu principal biógrafo, Vasconcelos Torres, o sentimento de

---

[144] Segundo Darnton (1990, p. 156), é importante precisar o lugar onde o leitor lê, pois essa informação pode nos dar indícios de suas formas e práticas de leitura.

apego aos livros marcava a sua prática desde o tempo de estudante. Ao descrever seu cotidiano estudantil, Torres noticia:

> Na Faculdade não se destacava dos demais a não ser pelo entranhado amor ao livro. [...] Distante das rodas boêmias regressava ao Fonseca ao término das aulas, trazendo consigo, invariavelmente, um livro que folheava durante a travessia. [...] No velho casarão do Campo de Santana cuidava-se invariavelmente do livro (TORRES, 1956, p. 31).

A prática de reclusão social de Vianna e a seriedade quanto ao tratamento de tudo o que se relacionava à leitura e aos livros certamente coincidiram com o comportamento marcante do típico leitor/intelectual do início do século. A leitura era vista como "coisa séria" de um grupo privilegiado de letrados que conhecia os seus mistérios e dominava os seus segredos. Em seu estudo sobre o livro no Brasil, Laurence Hallewell traça o perfil do que era, segundo ele, o leitor típico no país no início do século XX:

> [...] cidadão respeitável que andava de preto, usava chapéu coco, marchava lentamente, merecia todo conceito e respeito. A linguagem dos livros devia ser sonora, os assuntos sempre muito sérios deviam ser tratados com vagar e a gravidade exigidos pela fina educação (HALLEWELL, 1985).

A descrição, um pouco caricatural, permite que se vislumbre as características singulares dos leitores que podiam ser identificados justamente por sua austeridade e seriedade. Em um estudo sobre bibliotecas de intelectuais, Tania Bessone Ferreira (2000, p. 315) demonstra como a compra e a guarda de livros marca uma forma, um estilo de vida, revelando uma faceta importante do trabalho intelectual. Segundo Bessone, desde meados do século XIX a posse de livros passou a proporcionar um *status* aos grupos médios urbanos, principalmente aquele formado pelos profissionais liberais, tais como médicos, advogados e jornalistas.[145]

---

[145] Tania Bessone cita os textos de José Murilo de Carvalho (1981) e de Laurence Hallewell (1985) como trabalhos que relacionam o quadro de estabilidade política do Império e o *status* da posse do livro pelos setores médios às causas da ampliação da quantidade de livros e da qualidade destes na formação de bibliotecas privadas no século XIX.

Oliveira Vianna, assim como outros intelectuais de seu tempo, deu atenção especial ao processo de formação de sua coleção de livros. Ele começou muito cedo a formação de sua biblioteca. O interesse pelos livros e pelas leituras, aliado à sua personalidade austera e reservada e ao modelo de intelectual sério que ele pretendia seguir, fez com que, em 1911, muitos anos antes do lançamento de seu livro de estreia, *Populações meridionais do Brasil*, ele realizasse uma reforma na casa onde morava com a família para abrigar justamente o seu gabinete de leitura ou, como ele gostava de chamar, a sua biblioteca. Vianna mandou adaptar a casa para abrigar a biblioteca com a construção da sala principal, da varanda, da sala de visitas e de seu quarto. A casa mudava e o principal espaço seria destinado à leitura.

A biblioteca da Casa de Oliveira Vianna sobreviveu ao seu proprietário e encontra-se ainda hoje preservada na sua forma original. É uma grande sala que dá acesso direto à varanda na entrada principal da casa. Da biblioteca Vianna podia perceber quem chegava e saía, o movimento da casa. A biblioteca lhe permitia, assim, manter-se recolhido e, ao mesmo tempo, em contato com a vida cotidiana.[146]

Ao se entrar nesse espaço, vê-se logo a sua mesa de trabalho com canetas-tinteiros e o famoso lápis de duas pontas, uma vermelha outra azul, com o qual Vianna insistia em inscrever seus percursos de leitura nos espaços em branco dos livros colecionados.

Oliveira Vianna tinha por hábito marcar seus livros. Ao ler, ele escolhia, registrava, deixava traços de sua leitura. A marcação dos livros de Vianna gera curiosidade. É possível descobrir, através desses indícios, os seus modos de ler?

---

[146] É interessante notar que ao se referir ao gabinete de Montaigne, Roger Chartier (1985, p. 136) descreve uma situação semelhante. Diz ele, "[...] retraite ne signifie pas réclusion ou rejet du monde. La 'librairie' de Montaigne est un lieu d'où l'on voit, sans être forcement vu, et que donne pouvoir à celui qui s'y retire. Pouvoir sur la maison et ses gens: 'Je me détourne un peu plus souvent à ma librairie, d'où tout d'une main je commande à mon ménage. Je suis sur l'entrée et vois sous moi mon jardin, ma basse-cour, ma cour, et dans la plupart des membres de ma maison'" [[...] retiro não significa realusão ou rechaço do mundo. A biblioteca de Montaigne é um lugar de onde se vê, sem necessariamente ser visto, e que se confere poder àquele que se retira nela. Poder sobre a casa e sobre suas pessoas: "Retiro-me frequentemente em minha biblioteca de onde governo a casa com uma das mãos. Estou na entrada e vejo sob mim meu jardim, meu estábulo, meu pátio e a maior parte dos membros de minha casa"].

Muitos amigos de Vianna já se fizeram essa pergunta e alguns tentaram respondê-la. Marcos Almir Madeira, seu amigo pessoal e diretor durante um ano da Fundação Oliveira Vianna,[147] afirmou certa vez em entrevista a um jornal:

> Oliveira Vianna grifava em vermelho quando discordava do autor e em azul quando concordava.

Essa versão acabou sendo considerada por muitos como verdadeira. Entretanto, uma sobrinha de Vianna, funcionária que mais tempo permaneceu trabalhando no acervo da Casa, nega que as marcações tenham esse significado. Segundo ela, Oliveira Vianna marcava arbitrariamente, utilizando o azul e o vermelho indistintamente, sem com isso querer estabelecer nenhum significado.

Considerando que nenhuma leitura é neutra, e que não existe marcação sem significado, e que justamente, ao contrário, através das marcações o leitor de certa forma se inscreve no texto, pode-se considerar que os traços de Vianna são, na verdade, os primeiros esboços de sua escrita.[148] Apesar dos esforços empreendidos, não foi possível estabelecer rigorosamente os critérios dessas marcas e traços, mas certamente eles indicam os primeiros passos na construção de seus textos e livros.

Ao lado da mesa de trabalho, vê-se outra, menor, com sua velha máquina de escrever, e na outra ponta uma pequena estante, de quatro lados, giratória, onde estão alguns de seus "instrumentos de trabalho", como dicionários e obras de referência.[149]

Além dos objetos descritos, o gabinete de trabalho de Vianna abriga também sua coleção de livros. Em estantes que vão do chão ao teto, cobrindo todas as paredes, os livros de Vianna contam

---

[147] Marcos Almir Madeira foi diretor da Fundação Oliveira Vianna no ano de 1973.

[148] Antoine Compagnon (1979, p. 19-20) já o demonstrou ao afirmar que o ato de sublinhar um texto é a forma através da qual o leitor se insere no texto transformando leitura em escrita.

[149] Luiz Carlos Villalta (1998, p. 377) chama a atenção para a presença comum de objetos para a escrita nos gabinetes de leitura. Segundo esse autor, desde o século XVIII, "objetos para leitura, escrita e armazenagem de livros existiam nas residências, mesmo naquelas em que faltavam livros. Certas casas mineiras e cariocas contavam com tinteiros, papeleiras, estantes [...] conservando penas de escrever até para vendê-las [...]. Em outras, por sua vez, havia estantes e livros, acrescendo-se, em alguns casos, tinteiros e mapas".

um pouco de sua história de leitor, possibilitando entrever o seu posicionamento diante do sistema de referências intelectuais de seu tempo.

Na prateleira de uma das estantes, pode-se notar a existência de um busto, em cerâmica, de Eça de Queirós, apontado por amigos, colaboradores e funcionários do arquivo como o literato predileto de Vianna. Sua coleção de livros possuía quinze volumes de catorze títulos distintos desse autor.[150]

A paixão por Eça de Queirós era um dos traços de identificação de Oliveira Vianna com os demais intelectuais de seu tempo. Segundo Monteiro Lobato, desde pelo menos a publicação de *Os maias*, em 1888, a intelectualidade brasileira parecia ter sido acometida por uma espécie de *aecite* (FRANCHETTI, 2000): uma febre ou paixão intensa por Eça de Queirós. Esse encantamento pela obra de Eça de Queirós atravessou, sem perder força, pelo menos as duas primeiras décadas do século XX, mas parece ter surgido ainda no período anterior aos anos 1890. Na opinião de Paulo Franchetti, isso decorre de um conjunto amplo de motivos:

> Por um lado, o romancista não aparecia ao público apenas como o autor de umas tantas obras-primas. Era uma presença muito mais próxima: um jornalista que escrevia regularmente nos periódicos brasileiros, opinando sobre os mais diversos assuntos. De fato, só na Gazeta de Notícias, Eça escreveu durante 16 anos seguidos, a partir de 1880. Além disso, tinha sido um dos jovens rebeldes que, ao lado de Antero de Quental e Teófilo Braga, se empenharam na denúncia do atraso político, moral e científico das nações ibéricas: era um dos representantes da já mítica Geração de 70, iconoclasta e modernizadora. Era também o autor das Farpas (1871-72), em que não só satirizara a sociedade portuguesa do seu tempo, mas também ironizara cruelmente

---

[150] Os títulos de Eça de Queirós encontrados no acervo de Oliveira Vianna são: *A cidade e as serras* (1935), *A ilustre casa de Ramires* (1938), *A relíquia* (1945), *O conde d'Abranhos e a catastrophe* (1925), *Os maias: episódios da vida romântica* (1935), *O mandarim* (1945), *O crime do padre Amaro* (1917); *Notas contemporâneas* (1909), *Cartas da Inglaterra* ([s.d.]), *A correspondência de Fradique Mendes* (1932), *Correspondência* (1926), *O Egyto, notas de viagem* (1938) e *Cartas inéditas de Fradique Mendes e mais páginas esquecidas* (1945).

o imperador do Brasil, D. Pedro II, no momento mesmo em que começava a fortalecer-se o republicanismo no país. Por tudo isso, no ambiente encharcado de propaganda republicana dos últimos anos do Império e de propaganda anti-lusitana nos primeiros anos da República, Eça podia ser visto como um aliado progressista: um equivalente, para a vida portuguesa sua contemporânea, do que era o seu amigo Oliveira Martins para o passado dessa mesma sociedade (FRANCHETTI, 2000).

A biblioteca pessoal de Vianna inscreve em seu acervo suas preferências de leitura, sua trajetória profissional e intelectual e suas práticas de escrita. A herança deixada pelos livros colecionados por ele permite que se infira sobre as intenções que o levaram a acumulá-los, visto que Vianna não deixou testemunhos explícitos sobre a composição do acervo. É certo que a criação de um espaço de leitura no interior da casa, ao contrário de ser uma característica que o distinguia, era, na verdade, mais um indício da identificação de Vianna com os demais homens de letras de seu tempo, pois "de maneira geral, na virada do século, as letras representavam importantes bens simbólicos" (ABREU, 1996, p. 137). Colecionar livros era uma etapa importante na formação de um intelectual. Possuir um gabinete de leitura, estantes cobertas de livros, uma quantidade de raridades ou de livros pertencentes aos cânones literários nacionais ou estrangeiros simbolizavam para os seus pares sua importância intelectual.

Considerando-se que o tamanho das bibliotecas era frequentemente associado ao refinamento intelectual de seus proprietários, possuir um grande acervo de livros significava ser visto e respeitado como um intelectual erudito,[151] além de ser, evidentemente, um registro de suas atividades intelectuais.

Márcia Delgado, em seu estudo sobre sebos e livros em Minas Gerais, indaga-se sobre os motivos pelos quais se constituem bibliotecas

---

[151] Em seu estudo sobre as bibliotecas mineiras no século XVIII, Luiz Carlos Villalta chama a atenção para a relação entre o refinamento intelectual dos proprietários e o tamanho das bibliotecas. Segundo ele, "o tamanho das bibliotecas mineiras era diverso, não sendo determinado pela riqueza, mas pelo grau de refinamento intelectual e de escolaridade de seus proprietários. Padres, advogados e cirurgiões possuíam, via de regra, as maiores bibliotecas. Havia, ainda, uma relação estreita entre, de um lado, a composição das livrarias e, de outro, a condição social e o ofício de seus proprietários" (VILLALTA, 1998, p. 362).

privadas. Na opinião de Delgado, essas razões "[...] são de ordem arbitrária e variada, indo desde o amor pelos livros de determinado gênero ou assunto até o interesse mercadológico pelo livro como fonte de investimento" (DELGADO, 1998, p. 85).

A biblioteca de Oliveira Vianna certamente possui, na sua origem, alguns desses elementos propulsores. Seu acervo permite identificar aspectos de uma importante parcela do trabalho intelectual de Vianna.

Da biblioteca da fazenda do Rio Seco à biblioteca da casa da alameda São Boaventura

Oliveira Vianna começou muito cedo a formação de sua biblioteca. Possivelmente, parte do acervo veio da velha biblioteca que existia na casa da fazenda do Rio Seco. O fato de ter nascido numa família letrada – sua mãe o havia ensinado as primeiras letras – contribuiu seguramente para que Vianna viesse a ampliar sua condição de "grande leitor".

Como se viu, em 1911, Oliveira Vianna promoveu uma reforma na casa que levou à criação de um espaço de leitura, fazendo com que a biblioteca ganhasse espaço físico definitivo. Mas a formação do acervo prolongou-se, como se pode supor, por toda a sua vida.

A biblioteca de Vianna pode ser considerada de grande porte.[152] Hoje, seu catálogo é composto de cerca de 12 mil exemplares, entre livros, folhetos e periódicos. Pode-se dividir esse acervo em duas partes distintas: a primeira delas, composta de 4.161 livros,[153] foi praticamente organizada na sua totalidade pelo próprio Vianna, tendo havido apenas, após a sua morte, a inclusão de um ou outro exemplar. Já a segunda, composta pelos periódicos, contou com a inclusão sistemática de vários títulos e exemplares novos após a morte de Vianna.

A biblioteca de Vianna é mais um gabinete de trabalho do que a coleção de um bibliófilo. Assim como a biblioteca de Jacques-Auguste

---

[152] Apenas a título de comparação, a biblioteca de Machado de Assis, doada à Academia Brasileira de Letras, possui 736 volumes (VIANNA, 2001, p. 119).
[153] Os livros formam um total de 4.161 exemplares de 3.949 títulos distintos.

de Thou, descrita por Gabriel Naudé e analisada por Jacques Revel, a primazia era dada "[...] antes à qualidade das edições, e a importância das obras segundo os critérios dos eruditos, que às obras raras ou preciosas" (REVEL, 2000, p. 222). Vianna buscava prioritariamente "[...] juntar o saber crítico elaborado através do tempo e os comentários das grandes obras" (p. 222). Por esse motivo, ele priorizava a produção contemporânea em detrimento das obras antigas e raridades.

A trajetória profissional de Vianna foi, sem dúvida, um critério determinante do acervo da biblioteca. Observando-se o acervo, pode-se verificar que a maior parte dos títulos que o compõem relaciona-se às Ciências Sociais.[154]

Quadro 5 – Classificação dos títulos da biblioteca de Oliveira Vianna

Tipo de livro	Títulos	Percentual
Ciências Sociais	1.385	35%
Livros jurídicos e administrativos	821	21%
Biografias, memórias e autobiografias	184	4,5%
Literatura brasileira	171	4,3%
Literatura estrangeira	128	3,2%
História do Brasil e literatura de viajantes	451	11,4%
História geral	310	8%
Religiosos	39	1%
Outros	460	11,6%
TOTAL	3.949[155]	100%

Fonte: Elaboração própria.

[154] Entende-se por Ciências Sociais, neste texto, os estudos relacionados ao homem em sociedade tais como os trabalhos de Antropologia, Psicologia, Economia, Filosofia, Geografia, Ciência Política, etc., visto que, até esse momento, no Brasil, a maior parte dessas ciências não havia passado ainda por um processo de especialização e institucionalização.

[155] A biblioteca possui, como se afirmou, um conjunto de 4.161 exemplares. O número citado aqui, 3.949, corresponde à quantidade de títulos, visto que alguns deles possuem vários exemplares diferentes.

Uma análise mais minuciosa dos títulos e temáticas dos livros que compõem o acervo de Vianna indica cinco grandes linhas de classificação. A primeira delas é marcada pelos estudos das Ciências Sociais, a segunda é composta dos livros sobre a realidade brasileira,[156] em terceiro lugar são textos relacionados à legislação administrativa, trabalhista e aos estudos jurídicos; um quarto grupo é formado pela literatura brasileira e estrangeira e, por fim, há os livros religiosos.

Estudos de Antropologia, Sociologia, Geografia, Educação, Economia, Filosofia e Psicologia interessavam prioritariamente a Oliveira Vianna, pois ele estava preocupado em entender, através de suas leituras, e explicar, por meio de sua obra escrita, os princípios de organização da sociedade, da cultura e da política nacionais. Nesse sentido, aos livros de Ciências Sociais devem-se somar ainda os títulos relacionados à história do Brasil e os relatos de viajantes.

Entre os autores da área de Ciências Sociais destacam-se, na biblioteca de Vianna, nomes como Le Play, Edmond Demolins, Georges Gurvitch, Harold Laski, Gustave Le Bon, Vacher de Lapouge, Vidal de la Blache, Émile Durkheim, Georges d'Avenel, Roger Bastide e Franz Boas.

Considerando-se o quadro elaborado por Philippe Cabin e Jean-François Dortier, publicado no livro *La Sociologie: histoire et idées* (CABIN; DORTIER, 2000), sobre os precursores e fundadores da Sociologia na França, Alemanha, Estados Unidos, Grã-Bretanha e Itália, vemos que a biblioteca de Vianna era bastante atualizada com o que se publicava em termos de Ciências Sociais nesses países. Vianna possui livros de vinte dos vinte e quatro autores citados por Cabin e Dortier.

No que diz respeito à corrente francesa, que começou a organizar-se na segunda metade do século XIX, Vianna possuía três volumes de Comte, um de Tocqueville, cinco de Tarde, um de Worms, quatro de Le Bon, três de Durkheim, um de Halbwachs e dois de Bouglé.

Essa corrente de estudos sociológicos, fundada por Auguste Comte no fim dos anos 1830, viveu no final do século um grande

---

[156] Afrânio Garcia Jr. cunhou a expressão "o Brasil em representação" para se referir a esse tipo de estudos. São textos que destacam a construção da Nação e de uma identidade nacional. Ver, sobre esse aspecto, Garcia Junior (1981); Abreu (1996, p. 138).

impulso com a ação de Gabriel Tarde, René Worms e Émile Durkheim, que passaram a disputar a hegemonia intelectual sobre a disciplina.

Gabriel Tarde adquiriu, logo no primeiro momento, um renome internacional e dois de seus livros, *L'opinion et la foule* e *Les lois de l'imitation*, foram verdadeiros sucessos editoriais. René Worms, hoje quase que totalmente desconhecido, era nos últimos anos do século XIX um grande talento da Sociologia francesa. Autor do livro *Organisme et societé*, Worms criou também a *Revue Internationale de Sociologie* e fundou um Instituto Internacional de Sociologia. Mas foi o último dos três, Émile Durkheim, o mais bem-sucedido na tentativa de criar uma equipe de intelectuais em torno de seu projeto. Em 1896, criou a revista *L'Année Sociologique*, na qual participavam Marcel Mauss, Maurice Halbwachs, Célestin Bouglé, François Simmiand e Paul Fauconnet, entre outros. O grupo em torno desse periódico foi, por cerca de vinte anos, o mais importante da Sociologia francesa.

A biblioteca de Vianna possuía, além dos livros dos autores já citados, uma coleção da revista *Année Sociologique,* composta dos números 1 a 12, correspondente aos anos de 1896 a 1924, o que demonstra a sua atualidade em relação ao que se produzia nos meios intelectuais franceses, mais especificamente no campo dos estudos sociológicos.

Ainda no que se refere à Sociologia francesa, o quadro elaborado por Cabin e Dortier apresenta uma ausência significativa: a escola de Le Play, uma das precursoras do pensamento sociológico francês. Le Play foi um dos primeiros a tentar construir um método de observação direta da realidade social, desenvolvendo uma perspectiva etnográfica e comparativa. Os membros dessa escola, Descamps, Demolins, Rousiers e Tourville estavam entre os pioneiros da pesquisa social e o conjunto de sua produção compõe uma das maiores coleções da biblioteca de Vianna, que considerava as monografias dos discípulos de Le Play "[...] luminosas e belas" (VIANNA, 1938, p. 37). De Descamps Vianna possui três títulos, seis de Demolins, seis de Rousiers e um de Tourville. Segundo Cabin e Dortier, Frederic Le Play e seus seguidores, embora pioneiros da Sociologia empírica, foram rapidamente excluídos do campo sociológico em função de sua condição de conservadores católicos (CABIN; DORTIER, 2000, p. 44).

No que se refere à escola alemã de Sociologia, Vianna se mostrava também conhecedor da produção mais atual da época, tendo adquirido um título de Marx, dois de Weber, um de Simmel, três de Tönnies e cinco de Sombart.

De Spencer, precursor dos estudos sociológicos na Grã-Bretanha, Vianna possui oito volumes e, de Pareto e Mosca, fundadores do pensamento sociológico na Itália, cinco e um volumes, respectivamente.

Dos fundadores da Sociologia norte-americana, mais especificamente dos membros da chamada Escola de Chicago, Vianna possuía um texto de Small e um de Robert Park. Apesar do número reduzido de volumes desses autores, não se pode considerar a relação de Vianna com eles pouco expressiva, pois em seu arquivo se encontram algumas cartas de Robert Park: uma delas, datada de 13 de julho de 1933, na qual ele agradece os livros *Populações meridionais do Brasil* e *Raça e assimilação*, enviados por Vianna; a segunda, com data do dia 21 de novembro de 1934, em que Park envia um livro de presente para Vianna, e a última, com data de 5 de fevereiro de 1935, na qual ele recomenda um amigo que viria estudar no Brasil.

Entre os brasileiros pode-se verificar, entre outros nomes, dez volumes de Gilberto Freyre (1945; 1941; 1936; 1948; 1938; 1940; 1939; 1937; Freyre *et al.*, 1937) e quatro livros de Gustavo Barroso (1937; 1935; 1941; 1930).

Lucien Febvre e Fustel de Coulanges (1888; 1929; 1930), bem como Momsem (1942; 1935), Ranke e Henri Berr, são alguns dos historiadores que aparecem representados no acervo. Na lista de historiadores brasileiros, todos os nomes importantes daquele momento estão representados: Max Fleiuss (1930; 1928; 1935; 1932, 1938), Felisberto Freire (1896; 1907; 1891), Afonso Celso (1928; 1938), José Maria Bello (1940), Alfredo Ellis Jr.,[157] Pedro Calmon (1937a; 1939a; 1937b; 1933; 1941; 1938; 1939b; 1928; 1930), Caio Prado Jr. (1933; 1942) e Sérgio Buarque de Holanda (1945).

A literatura de viajantes aparece nas obras de Gandavo, Debret e Saint-Hilaire. Os educadores estão representados pelas obras de Aze-

---

[157] Deste autor, Oliveira Vianna possuía doze livros: Ellis Junior (1934; [s.d.]a; 1936; [s.d.]b; 1944; 1937; 1949; 1940; 1944; 1934.; 1932; 1926).

vedo Amaral, Fernando de Azevedo e John Dewey e o pensamento psicológico aparece em obras de Freud e Jung. Entre os filósofos, destacam-se os livros de Benedetto Croce, Engels e sete volumes da obra de Henri Bergson.

Em segundo lugar, em número de títulos, figuram os livros jurídicos e administrativos, também diretamente relacionados às atividades profissionais de Vianna. Entre os juristas nacionais, há títulos de Clóvis Beviláqua, Achilles Beviláqua e Rui Barbosa, e entre os estrangeiros aparecem Fantini, Barassi, Baudry-Lacantineire, entre outros.

Se forem somados os títulos correspondentes às rubricas Ciências Sociais, livros jurídicos, História geral e do Brasil e biografias, memórias e autobiografias (dos grandes vultos da História nacional e estrangeira), pode-se verificar que estes representam 3.151 títulos, o que corresponde a cerca de 80% do acervo.

Mas a literatura brasileira e estrangeira também têm seu lugar nesse acervo. Apesar de quantitativamente representar menos de 10% dos títulos, exemplares dos principais cânones literários nacionais e estrangeiros podem ser encontrados, tais como José de Alencar, Machado de Assis, Olavo Bilac, Alberto de Oliveira, Manuel Antonio de Almeida, Manuel Bandeira, Humberto de Campos, Casimiro de Abreu, Menotti del Picchia, Monteiro Lobato, além de outros nomes já consagrados no momento em que Vianna organizava seu acervo.

Em relação aos autores estrangeiros, constam títulos de Goethe, Balzac, Cervantes, Camões, Corneille, Racine, Molière, Erasmo, Dante, Flaubert, Dickens, Dostoiévski, além de uma quantidade significativa de volumes de Alexandre Herculano, autor do qual possuía 26 títulos.

Quanto à presença dos autores estrangeiros, a biblioteca de Oliveira Vianna parece estar de acordo com os princípios de qualidade intelectual da época, pois, segundo Tania Bessone, eram as obras desses autores as que mais circulavam nos leilões de livros. Diz ela:

> A língua estrangeira predominante nas obras divulgadas nos avisos de leilões era o francês, sobretudo na segunda metade do século XIX, com nítida preferência para autores como Corneille, Racine, Molière, Montesquieu, Rousseau, Benjamin Constant, Victor Hugo, Dumas, Eugène Sue. Ponson du Terrail e Chateaubriand eram também muito indicados nas listagens. Dos portugueses, os mais comuns

eram Camilo Castelo Branco, Herculano, Garret e Camões. A partir da década de 70, tornaram-se mais freqüentes obras em inglês e alemão: Shakespeare, Schiller, Goethe, Proudhon, Walter Scott, Dickens, Disraelli e as irmãs Bronte estavam entre os mencionados mais amiúde (FERREIRA, 2000, p. 328).

A presença de livros de literatura estrangeira traduz ainda outra característica dessa biblioteca: a diversidade de línguas. Nota-se a presença de cinco línguas mais frequentes: espanhol, inglês, alemão, francês e italiano, com destaque para as duas últimas. O estudo de línguas estrangeiras por Oliveira Vianna pode ser registrado também pela grande quantidade de livros didáticos e de gramáticas de línguas estrangeiras agrupados em nossa classificação, na rubrica "Outros".

Outra característica importante dessa biblioteca é a presença de livros religiosos. O número de livros religiosos não traduz, na verdade, o seu valor no acervo de Oliveira Vianna. Isso porque não era na biblioteca, mas em outro cômodo da casa que Vianna guardava esse tipo de livro. Em seu quarto de dormir, numa estante fixa à parede, junto à sua cama de solteiro, ele colecionava o que ele chamava de seus "livros de cabeceira", uma coleção de 78 títulos, dos quais 67 eram religiosos. Segundo Marcos Almir Madeira,

> Essa era uma das características de Oliveira Vianna, nas suas poucas horas vagas, geralmente à noite, ele se dedicava a leitura espiritual (MADEIRA, [s.d]).

Ao que parece, essa coleção – que começou a ser formada a partir da herança da pequena biblioteca da fazenda – foi intensamente reforçada pela aquisição de exemplares, sistematicamente realizada pelo próprio Vianna.

Pelos documentos presentes no arquivo e a partir da característica de isolamento social de Vianna, pode-se verificar que a aquisição de livros era para ele uma atividade realizada, principalmente, pela via escrita e, mais especificamente, pela troca de correspondências.

Ele pouco frequentava livrarias e, por isso, comprava livros por catálogos de empresas nacionais e estrangeiras. A partir da exploração de correspondências presentes em seu arquivo pessoal, podem-se identificar as principais editoras e livrarias nas quais ele adquiria livros: Livraria Boffoni, Livraria Civilização Brasileira, Livraria Editora Freitas Bastos, Livraria José Olympio, Livraria Suíssa Walter Roth, Livros de Portugal, W. M. Jackson Inc., Livraria Globo, Les Librairies Flammarion, Foreign International Book Company, Fondo de Cultura Económica e Editora Anchieta.

Com relação aos periódicos, como demonstrado anteriormente, Vianna interessava-se pela recepção de revistas e folhetos dos diversos centros de pesquisa, organizados no país desde fins do século XIX,[158] bem como adquiria diversos periódicos de universidades e centros de pesquisas localizados fora do Brasil.

Uma correspondência típica dos letrados: o ritual da troca de livros[159]

Vianna atualizava seu acervo também através da troca de livros com outros intelectuais. O hábito do envio e recebimento de livros marcou o cotidiano de Oliveira Vianna e, através dele, pode-se vislumbrar uma prática epistolar específica.

O envio e recebimento de livros marca o cotidiano do mundo das letras e permite vislumbrar uma prática específica de escrita e correspondência. Receber um livro, enviar um livro, agradecer um livro enviado e lido, agradecer um livro enviado ainda não lido, receber agradecimentos por livros enviados lidos ou não por seus interlocutores são práticas cotidianas conhecidas por todos os intelectuais.

Oliveira Vianna guarda em seu arquivo diversas cartas de intelectuais que lhe enviaram livros de presente, em troca ou não dos livros enviados por ele.[160]

No quadro a seguir, pode-se perceber o mecanismo da troca de livros a partir da identificação das pessoas que receberam e/ou enviaram livros a Vianna:

---

[158] Sobre essa questão, ver o *capítulo 1* deste livro.

[159] Parte deste texto foi publicado no artigo "Sopros inspiradores: troca de livros, intercâmbios intelectuais e práticas de correspondência no arquivo privado de Oliveira Vianna" (VENANCIO, 2002).

[160] Entre as pessoas que dirigiam livros a Oliveira Vianna estão tanto as que mandavam livros de sua autoria quanto as que remetiam livros de outros autores de presente.

Quadro 6 – Trocas de livros

Receptor de livros de Vianna	Livro recebido	Data da carta de agradecimento	Livro enviado a Vianna	Data da carta de envio
(Conde) Afonso Celso	*Raça e assimilação* *Problemas de política objetiva* *Problemas de Direito Corporativo*	25 de maio de 1932 23 de março de 1930 8 de junho de 1938		
A. Roças			*A obra social do presidente Rodriguez*	8 de dezembro de 1934
Alfredo Varela	*Problemas de política objetiva*	30 de março de 1930	*Política brasileira interna e externa*	27 de janeiro de 1930
Aderbal Filho			*Direito ao descanso*	29 de julho de 1937
Adriano Metello			*Ponta Porã – uma região de extraordinárias possibilidades naturais*	20 de abril de 1946
Afonso Taunay	*Problemas de política objetiva*	12 de abril de 1930		
Afrânio de Melo Franco	*Problemas de Direito Corporativo*	1 de junho de 1938		
Alberto de Oliveira	*Problemas de política objetiva*	2 de junho de 1930		
Alberto Lamego	*Instituições políticas brasileiras*	3 de maio de 1949		

Receptor de livros de Vianna	Livro recebido	Data da carta de agradecimento	Livro enviado a Vianna	Data da carta de envio
Alfred Knopf			Politics Among Nations	24 de abril de 1950
			Public Administration	1º de maio de 1950
Alfredo Ellis	Raça e assimilação	21 de junho de 1932	Artigo de sua autoria sobre imigração	[s.d.]
Alfredo Povina	Problemas de Direito Sindical	8 de março de 1944		
Antero Manhães			Homo	6 de julho de 1928
Antonio Carlos Pinto de Andrada	Problemas de Direito Corporativo	25 de julho de 1938		
Arthur Ferreira Reis			História do Amazonas	25 de abril de 1932
Berilo Neves	Instituições políticas brasileiras	27 de abril de 1949		
Carlos Campos			Sociologia e filosofia do Direito	14 de maio de 1944
Carlos Magalhães de Azeredo	O ocaso do Império	8 de fevereiro de 1934		
Carlos Maximiliano	Problemas de Direito Corporativo	21 de junho de 1938		
Carneiro Felipe			Destino social do capitalismo	[s.d.]
Claudio de Souza	Instituições políticas brasileiras	7 de abril de 1949	Terra do Fogo Viagem ao Pólo Norte	[s.d.]

Receptor de livros de Vianna	Livro recebido	Data da carta de agradecimento	Livro enviado a Vianna	Data da carta de envio
Clementino Fraga	*Pequenos estudos de Psicologia Social*	8 de setembro de 1942		
Djalma Forjaz			*Senador Vergueiro* (v. 1) *Senador Vergueiro* (v. 2)	[s.d.] 17 de outubro de 1925
Donald Pierson	*Evolução do povo brasileiro*	10 de agosto de 1936		
Ellis Torres			*Sindicatos rurais na federação*	23 de setembro de 1941
Elmano Cardim	*Problemas de Direito Corporativo*	5 de janeiro de 1938		
Elysio de Carvalho	*Pequenos estudos de Psicologia Social*	26 de maio de 1922	*Principios del espírito americano*	23 de junho de 1923
Eurico Gaspar Dutra	*Instituições políticas brasileiras* *Problemas de política objetiva*	18 de maio de 1949 Agosto de 1947		
Francisco Campos	*Problemas de Direito Corporativo*	31 de maio de 1938		
Francisco Salles Vicente de Azevedo			*Ensaios sociais, políticos e econômicos*	1º de fevereiro de 1950
Gal. Francisco José Pinto	*O idealismo da Constituição*	30 de março de 1939		

Receptor de livros de Vianna	Livro recebido	Data da carta de agradecimento	Livro enviado a Vianna	Data da carta de envio
Germano Correia	*Populações meridionais do Brasil* *Raça e assimilação*	9 de abril de 1933 29 de junho de 1932	*Trabalhos antropológicos*	1º de maio de 1929
Getúlio Vargas	*Problemas de política objetiva* *Problemas de Direito Corporativo* *Problemas de Direito Sindical* *O ocaso do Império*	18 de outubro de 1947 16 de junho de 1938 18 de janeiro de 1944 22 de agosto de 1933		
Gustavo Capanema	*O idealismo da Constituição* *Problemas de Direito Corporativo*	19 de março de 1939 27 de maio de 1938		
Idelfonso Albano			*Jeca Tatu* *Maria Xique-Xique*	[s.d.]
Irineu Pinheiro			*O joazeiro de Padre Cícero*	17 de abril de 1940
Iris Caetano	*Instituições políticas brasileiras*	24 de agosto de 1949		
Ivan Nogueira Itagiba			*Indelinqüência e responsabilidade*	

Receptor de livros de Vianna	Livro recebido	Data da carta de agradecimento	Livro enviado a Vianna	Data da carta de envio
J. Plinio Salgado Filho	*O idealismo da Constituição*	24 de março de 1939		
	Populações meridionais do Brasil	10 de outubro de 1926		
	Problemas de política objetiva	31 de agosto de 1947		
Joaquim Alves			*Nas fronteiras do Nordeste*	16 de janeiro de 1930
Joaquim de Melo	*O idealismo da Constituição*	31 de agosto de 1927		
José Carlos Macedo Soares			*Santo Antonio de Lisboa Militar do Brasil*	[s.d.]
José de Castro Nunes	*Raça e assimilação*	13 de junho de 1932		
José Figueiredo Alves	*Populações meridionais do Brasil*	20 de outubro de 1938		
José Salgado			*El Dean Funes La constitución uruguaya de 1934*	15 de agosto de 1939
Juarez Távora	*Evolução do povo brasileiro*	29 de abril de 1933		
	Problemas de política objetiva	23 de agosto de 1947		
Levi Carneiro	*Problemas de política objetiva*	31 de dezembro de 1949		

Receptor de livros de Vianna	Livro recebido	Data da carta de agradecimento	Livro enviado a Vianna	Data da carta de envio
Lucio Mendieta y Nunes	*Instituições políticas brasileiras*	6 de julho de 1949	*Cuadernos de Sociología Teoría de los grupamentos sociales*	31 de maio de 1950
Luis da Câmara Cascudo	*Instituições políticas brasileiras*	18 de maio de 1949		
Luiz Magalhães	*Direito do Trabalho e democracia social*	[s.d.]		
Luiz Vianna Filho	*Instituições políticas brasileiras*	12 de agosto de 1949		
M. Rodrigues			*Várzea do Assú*	28 de março de 1950
Manoel Paulo Filho	*O idealismo da Constituição*	29 de março de 1939		
Marcos Konder			*Democracia, integralismo e comunismo*	5 de julho de 1937
Mário Sette	*Populações meridionais do Brasil*	5 de julho de 1923	*Os Azevedos do poço*	31 de dezembro de 1927
	Direito do Trabalho e democracia social	12 de fevereiro de 1927		
	Problemas de política objetiva	15 de março de 1923		
Mathias Gomes dos Santos			*Os jesuítas*	22 de janeiro de 1941

Receptor de livros de Vianna	Livro recebido	Data da carta de agradecimento	Livro enviado a Vianna	Data da carta de envio
Melchíades Picanço	*Novas diretrizes da política social*	9 de outubro de 1939		
Misach Franco	*O idealismo da Constituição*	1 de setembro de 1949		
Monteiro Lobato	*Raça e assimilação*	13 de maio de 1932		
Nelson Werneck Sodré	*Instituições políticas brasileiras*	18 de julho de 1949		
Octavio Amadeo			*Vida argentina*	[s.d.]
Péricles Madureira Pinho	*Problemas de Direito Corporativo*	17 de junho de 1938		
Plinio Barreto	*Populações meridionais do Brasil*	10 de novembro de 1920		
Raul Fernandes	*Problemas de Direito Corporativo*	[s.d.]		
Reginaldo Nunes	*Instituições políticas brasileiras*	9 de abril de 1949		
	Problemas de Direito Corporativo	20 de junho de 1938		
Ribeiro Couto			*Biblioteca brasileira de cultura* (v.1)	24 de novembro de 1933
Robert Park	*Populações meridionais do Brasil*	13 de julho de 1933		
	Raça e assimilação	13 de julho de 1933		

Receptor de livros de Vianna	Livro recebido	Data da carta de agradecimento	Livro enviado a Vianna	Data da carta de envio
Rodolfo Rivarole	*Populações meridionais do Brasil*	8 de julho de 1938		
	Problemas de Direito Corporativo	8 de julho de 1938		
Rodrigo Otávio	*O ocaso do Império*	9 de abril de 1937		
San Tiago Dantas	*Problemas de Direito Sindical*	31 de julho de 1922		
Serafim Leite	*Instituições políticas brasileiras*	18 de maio de 1949		
Souza Netto			*Legislação trabalhista*	17 de janeiro de 1939
Tobias Monteiro	*Problemas de política objetiva*	28 de maio de 1930		
Virgilio Correia da Silva	*Problemas de política objetiva*	28 de abril de 1941		
Walter Euler	*Problemas de política objetiva*	[s.d.]	*Continuidade dinâmica*	[s.d.]
Walter Pompeu	*Problemas de política objetiva*	18 de abril de 1930	*Ceará Colônia*	15 de dezembro de 1929
Washington Luís Pereira de Souza	*Pequenos estudos de Psicologia Social*	31 de julho de 1922		

Fonte: Elaboração própria.

Entre as pessoas que enviaram livros a Oliveira Vianna estão tanto as que mandavam obras de sua própria autoria quanto as que enviavam textos de outros autores de presente.

Receber um livro enviado pelo próprio autor marca o reconhecimento do receptor como alguém capaz de realizar uma leitura legítima, de emitir uma opinião importante, além de buscar também ser reconhecido pelo receptor como uma pessoa que possui uma produção significativa.

Germano Correia, Walter Euler, Alfredo Ellis, Marcos Konder, Antero Manhães, Lucio Mendieta y Núñez, Walter Pompeu, Mário Sette, Alfredo Varela, Aderbal Filho, Carlos Campos, Djalma Forjaz, Adriano Metello, José Salgado, Mathias Gomes dos Santos, Claudio de Souza e Octavio Amadeo são, entre as pessoas listadas no quadro anterior, aquelas que enviaram livros de sua própria autoria a Oliveira Vianna.

Entre as pessoas citadas, há aquelas que enviam mas que não acusam recebimento de livros mandados por ele. Ofereceram buscando conhecer a opinião de Vianna sobre suas obras, desejando ser reconhecidos como autores importantes, mas não receberam de Vianna o mesmo reconhecimento como leitores legítimos.

Por outro lado, cerca da metade deles enviou e também recebeu livros de presente de Vianna: Germano Correia, Walter Euler, Alfredo Ellis, Lucio Mendieta y Núñez, Walter Pompeu, Mario Sette, Alfredo Varela e Claudio de Souza. O intercâmbio de livros entre essas pessoas e Oliveira Vianna demonstra que os presentes trocados eram representativos do pacto estabelecido entre amigos, baseado em trocas afetuosas, mas também que eles se reconheciam mutuamente como capazes de emitir um comentário sobre os temas trabalhados, trocar ideias, gerar uma opinião pública sobre o livro em questão e, quem sabe até, produzir uma opinião publicada na medida em que seus trabalhos seguintes poderiam vir a citar o texto lido.

Existe ainda, entre as pessoas que enviam livros de presentes, aquelas que mandam livros de outros autores. Nesse caso, o presente tem uma função bastante diferente. O livro visa apenas agradar o receptor, demonstrar sua importância para quem o envia. Assim, o livro normalmente diz respeito diretamente aos interesses pessoais e profissionais de quem o recebe. É assim que os livros enviados por Carneiro Felipe, Idelfonso Albano, Ellis Torres, Souza Netto, Irineu Pinheiro, A. Roças, Ivan Nogueira Itagiba, Francisco Salles Vicente de Azevedo, Joaquim Alves, José Carlos Macedo Soares, Alfred Knopf, Ribeiro Couto e Elysio de Carvalho tratam de questões trabalhistas, de assuntos relacionados à organização social e política brasileira e à política agrícola, temas que certamente interessavam a Vianna e que poderiam ser úteis ao seu trabalho.

Entre essas pessoas existem algumas que também receberam de Vianna livros de sua própria autoria de presente. Lucio Mendieta y Núñez, professor da Universidad Nacional de México, e Elysio Carvalho estão entre eles. Este último foi também autor de um convite a Vianna para escrever um artigo a ser publicado na *Revista Nacional*, como se viu no capítulo anterior. É importante ressaltar que a encomenda e a solicitação de textos de Vianna para livros e revistas foi algumas vezes retribuído com o envio de livros de presente e também que o envio de um livro resultou, em alguns momentos, no convite para escrever um artigo, para proferir uma palestra ou redigir um capítulo de livro.

A partir da análise desta correspondência, pode-se sugerir que além de contribuir para a constituição do acervo de sua biblioteca privada, a troca de correspondências e livros funcionou como uma estratégia de organização e desenvolvimento de suas relações de sociabilidade e principalmente de estruturação de uma comunidade de leitores que garantiria a inspiração, divulgação e a consolidação de suas ideias, pois, como já demonstrou Chartier, "as obras [...] produzem o seu nicho social de recepção [...]" (CHARTIER, 1994, p. 21).

Investigando a biblioteca: dos pés-de-páginas ao alto das estantes

> *A citação aparece [...] como um eco repercutido pela vontade do escritor. Citar tem várias significações. Na língua-mãe, o latim, citare quer dizer "pôr emmovimento", mas em espanhol, a mesma palavra tem o sentido de "dar entrevista", e em francês pode ter até o sentido muito forte de "convocar". [...] E para nós, leitores, a citação tem valor de índice básico [...]*
> Monique Le Moing, *A solidão povoada. Uma biografia de Pedro Nava*, 1996, p. 104.

Embora importante para a análise da biblioteca, o exame dos títulos que compõem o acervo, bem como do processo de sua constituição – convém se dizer – não são suficientes para traçar a trajetória de leitura de seu titular. Isso porque a presença de um livro em uma biblioteca não implica que ele tenha sido necessariamente lido, nem, ao contrário, sua ausência significa que ele tenha sido ignorado.[161]

Acreditando-se poder considerar que a verdadeira fonte para se conhecer a trajetória de leitura de um escritor é a sua obra, e que as citações feitas por um determinado autor representam aquilo que a sua escrita reteve das leituras que realizou, a análise das citações nas obras publicadas de Oliveira Vianna possibilitam a identificação, a partir da sua escrita e, em confronto com o catálogo de sua biblioteca, de parte de seu percurso de leitor.[162] Assim, a análise dessa trajetória deve necessariamente incluir o cruzamento de informações e indícios presentes na sua escrita, como caminho complementar para analisar seu itinerário de leitura. As citações intratextuais e as notas de rodapé, realizadas por esse autor em seus livros, formam o roteiro seguido, permitindo a identificação dos livros que Oliveira Vianna considerava realmente importantes entre os volumes de sua coleção.

Cotejando as obras colecionadas na biblioteca com as citadas nos livros publicados, pôde-se processar a identificação de algumas das matrizes intelectuais e discursivas de Oliveira Vianna de modo a compreender suas influências na formação, elaboração e divulgação de suas ideias.

---

[161] Num texto chamado "Biblioteca de escritores", publicado na coleção História das Bibliotecas Francesas, Arbaizar (1992) afirma que a análise de bibliotecas de escritores nos deixa algumas lições que podem ser sintetizadas nos seguintes pontos básicos: ela é formada de situações tão particulares que torna-se impossível generalizá-la; o inventário de uma biblioteca é sempre lacunar [...] a presença de um livro em uma biblioteca não implica que ele foi lido, como a sua ausência não significa que ele foi ignorado; a biblioteca ocupa uma parte ínfima no processo criativo.

[162] Em um texto intitulado "As duas cabeças de Oliveira Vianna", José Murilo de Carvalho realizou uma análise semelhante à que propõe-se fazer neste trabalho. Investigando as citações de Vianna na obra *Populações meridionais do Brasil*, buscou compreender as influências "[...] teóricas, metodológicas e políticas que puseram o livro na lista dos textos indispensáveis ao nosso conhecimento" (CARVALHO, 2004, p. 157).

A análise das citações, a partir de sua classificação – em informação, conceitual, erudição e crítica – permitiu o conhecimento de parte de seus autores de referência, suas fontes de trabalho e as origens de sua "inspiração".

Foram também observadas as citações epigráficas que mereceram uma atenção especial, pois possibilitaram a identificação de autores considerados "exemplares" para Oliveira Vianna e a compreensão de seu percurso de leitura, bem como os possíveis desvios e mudanças nessa trajetória.

As epígrafes são, no dizer de Antoine Compagnon (1996, p. 79), "a citação por excelência", pois a epígrafe é um ícone, no sentido de que permite uma entrada privilegiada na enunciação. É na epígrafe que o autor anuncia sua proposta de escrita. Nesse sentido, as ideias contidas nas epígrafes não são do autor, mas poderiam ser (LE MOING, 1996, p. 107). A epígrafe, de certa forma, representa o livro, infere-o, resume-o (COMPAGNON, 1996, p. 80).

Nos livros de Vianna, as epígrafes aparecem tanto no início do volume, isoladas no centro da página quanto no princípio de alguns capítulos. Alguns livros possuem uma grande quantidade de epígrafes, como é o caso de *Instituições políticas brasileiras*, que nos seus dois volumes soma 26 capítulos e possui um total de catorze epígrafes, e *Populações meridionais do Brasil*, que em dezesseis capítulos possui catorze epígrafes. Outros, como *Direito do Trabalho e Democracia social* ou *Raça e assimilação* não possuem nenhuma epígrafe.

Há ainda aqueles livros que possuem apenas uma única epígrafe, mas esta ocupa justamente a página de abertura, cumprindo o papel de "posto avançado", nas palavras de Compagnon (1996, p. 80). Esse é o caso de *Evolução do povo brasileiro*, que tem na primeira página uma frase de Lapouge (*apud* VIANNA, 1938, p. 19): "La science politique est la science de l'évolution sociale, et l'art politique celui de diriger mieux l'évolution à venir".[163]

Embora Lapouge só seja citado outras quatro vezes ao longo das 349 páginas do livro, e que em duas dessas citações Vianna se dedique a demonstrar os limites de suas análises no que se refere à

---

[163] "A ciência política é a ciência do desenvolvimento social, e a arte política é a ciência de dirigir melhor os desenvolvimentos futuros".

realidade brasileira, o fato de essa frase do autor abrir o livro associa a escrita de Vianna às suas ideias, tornando-as representativas de suas premissas básicas,[164] como "[...] um prelúdio, ou uma confissão de fé" (COMPAGNON, 1996, p. 80).

Lapouge seria ainda citado por Vianna em outros textos, o que levaria muitos autores a associar diretamente as ideias dos dois intelectuais. Silvia Pantoja, numa referência à relação entre ambos, afirma:

> [...] no intuito de identificar os supostos membros das elites, chamo a atenção para o fato de que, buscando "respaldo científico" às suas elaborações nas teorias de Lapouge, Gobineau, Amon e Woltman, então em voga na Europa, Oliveira Vianna, pelo menos até meados da década de 1930, apresenta uma preocupação racista, relacionando as características dos tipos sociais ao fator biológico. Esta postura, ao meu ver, leva-nos a relacionar os conceitos de raça e elite, e a perceber que, para Vianna, a verdadeira elite era composta por indivíduos de "boa hereditariedade", mais precisamente, por brancos, membros da "raça superior": os arianos (CASTRO, 1990).

Talvez a identificação da ascendência das teorias racistas do século XIX sobre a obra de Vianna, embora verdadeira, seja um tanto reducionista. Analisando um pouco mais atentamente as notas de rodapé e as citações intratextuais feitas por Vianna ao longo do livro *Evolução do povo brasileiro,* são encontrados indícios de outras influências menos referidas, algumas praticamente esquecidas.

Entre os diversos autores citados por Vianna, dois chamam imediatamente a atenção. O primeiro deles é Gabriel Tarde, que Vianna define como "pensador genialíssimo" (VIANNA, 1938, p. 31), ao analisar a crítica que ele faz aos evolucionistas. Tarde foi um dos grandes nomes da Sociologia Jurídica francesa dos últimos anos do século XIX. Ele iniciou seus estudos de Direito em Toulouse, concluindo-os em Paris

---

[164] A biblioteca de Vianna contém dois livros de Vacher de Lapouge: *Les selections sociales: cours libre de science politique* (1896) e *Race et milieu sociale* (1909). Tanto pela citação no livro quanto pelas datas das edições presentes na biblioteca, pode-se considerar que esses livros foram lidos antes da publicação de *Evolução do povo brasileiro*.

em 1866. A partir de 1880, Tarde passou a publicar regularmente na *Revue Philosophique* e na revista *Archives d'Antropologie Criminelle*. Em seus textos, Tarde desenvolveu a ideia de uma Psicologia Social do pensamento dos indivíduos. Segundo ele, os fenômenos coletivos deveriam ser tratados a partir das interações e das inter-relações das consciências individuais. De Tarde, Vianna guardou os cinco livros já citados e reteve, sem dúvida, uma grande influência teórica.

Outro autor bastante citado por Vianna no texto "O moderno conceito de evolução social", capítulo que serve de introdução ao livro *Evolução do Povo brasileiro*, é Lucien Febvre. Buscando compreender as forças que influenciam a evolução das sociedades e a heterogeneização da estrutura social, Vianna destaca o papel do meio geográfico, baseando-se em Vidal de la Blache e Lucien Febvre. À afirmação de Ratzel de que o solo "regula o destino dos povos com uma cega brutalidade", La Blache opunha a ideia do "possibilismo" geográfico que, segundo Vianna, faz do "homem uma força inteligente, reagindo contra o determinismo do meio físico e não um mero autômato, impelido cegamente por ele" (VIANNA, 1938, p. 35-36). Porém, ao finalizar a análise, Vianna conclui:

> [...] por mais que o homem faça para se libertar das influências do ambiente cósmico, delas nunca conseguirá libertar-se inteiramente. Di-lo Lucien Febvre, embora partidário decidido do "possibilismo" de La Blache. E com ele toda a ciência social contemporânea (VIANNA, 1938, p. 35-36).

Há ainda, nesse texto, mais três citações de Febvre (1922), todas extraídas do livro *La terre et l'évolution humaine*, do qual Vianna possuía um exemplar em sua biblioteca. Era a relação entre os grupos humanos e o seu meio natural a questão que, naquele momento, definia a afinidade entre Vianna e Febvre. Como se sabe, no momento inaugural da revista *Annales*, a escola geográfica possibilista de Vidal de la Blache, fundada na relação entre os grupos humanos e seu meio natural e o movimento criado por Henri Berr em torno da *Revue de Synthèse* associando a História à Geografia tiveram forte aderência de Marc Bloch e Lucien Febvre (BURGUIÈRE, 1979, p. 1351). Vianna também cita o livro de Henri Berr – *La synthese en histoire, essai critique et teorique* –,[165] no texto de *Evolução do povo brasileiro*.

Seguindo a via das citações de Vianna nesse livro, encontram-se indícios que podem orientar ainda a abordagem da biblioteca. Os dados empíricos utilizados por ele para compor a sua análise são retirados de autores diversos – Germano Correia, Loretto Couto, Diogo de Vasconcelos, Saint-Hilaire, Basílio da Gama, Pereira Lago, mas, principalmente, de Antonil, autor que Vianna admirava profundamente. A admiração por Antonil é atestada não somente pelo conjunto de citações encontrado no livro, mas também por uma carta escrita por Vianna ao seu amigo José Geraldo Bezerra de Menezes, na qual afirma:

> Do Antonil, muita coisa lucrei com a leitura que fiz. Pus-me, por intermédio dele, a corrente de umas certas particularidades, que me faltavam sobre esse maravilhoso século III, o maior de nossa história (VIANNA apud MENEZES, 1997, p. 180).

Considerando que os livros *Populações meridionais do Brasil* e *Instituições políticas brasileiras* são, respectivamente, o primeiro e o último livro de Vianna e que são os que possuem a maior quantidade de epígrafes, a comparação entre as citações de ambos pode indicar as funções que essas frases e enxertos de textos assumiram em seus livros.

A primeira edição de *Populações meridionais do Brasil* não possui uma epígrafe de abertura do livro. No entanto, a edição da Paz e Terra, de 1973, inicia o livro com uma frase de José Ingenieros, médico argentino, a quem se devem numerosos trabalhos no campo da Psiquiatria e da Filosofia, e referência como um dos maiores intelectuais argentinos de seu tempo:

> Por su método, por sus ideas, por su erudición, me ha parecido una de las obras más notables en su género que hasta ahora se ha escrito en Sud América. Mi ignorancia de los problemas étnicos, sociológicos y políticos del Brasil me

---

[165] Há um exemplar de 1911 na biblioteca de Vianna.

> impede de comprender el mérito de muchas cuestiones, en detalle; pero, en conjunto, y juzgando los tomos venideros por el presente, se trata de un verdadero monumento que honra a la cultura de todo el Continente (INGENIEROS *apud* VIANNA, 1973, p. 9).[166]

Essa epígrafe, diferentemente do que é comum acontecer, não tem a função de antecipar para o leitor as ideias que serão desenvolvidas pelo autor do livro, mas sim de ratificar a qualidade do livro, induzindo o leitor a uma análise positiva do texto. Mais do que epígrafe, a frase de Ingenieros cumpre uma função de prefácio.

O primeiro volume de *Instituições políticas brasileiras* também não possui epígrafe, mas o segundo volume tem, em sua primeira página, uma frase de Eça de Queirós, onde esse literato afirma:

> Aos que sabem dar a verdade à sua pátria não a adulam, não a iludem, não lhes dizem que é grande, porque tomou Calicute; dizem-lhe que é pequena porque não tem escolas. Gritam-lhe sem cessar a verdade rude e brutal. Gritam-lhe: Tu é pobre, trabalha! Tu és ignorante, estuda! Tu és fraca, arma-te! (QUEIRÓS *apud* VIANNA, 1987, p. 13).

A ideia contida na frase de Eça – de que os verdadeiros patriotas são aqueles que são capazes de demonstrar os problemas e os defeitos da Nação e mostrar-lhe o caminho – parece ter sido seguida por Vianna ao longo de sua produção intelectual, como demonstrou Castro Faria ao analisar o prefácio escrito por Vianna para seu próprio livro *Problemas de política objetiva*. Nesse prefácio, como chama a atenção Castro Faria, Vianna apresentava-se às elites brasileiras como um guia correto, capaz de levar o país a uma situação de progresso (FARIA, 2002).

Com relação às epígrafes, é ainda interessante notar que nenhum dos autores citados por Vianna, em *Populações meridionais do Brasil*, foi também citado em *Instituições políticas brasileiras*. O espaço de 29 anos que separa os dois livros talvez tenha sido responsável

---

[166] Na verdade, essa frase de Ingenieros é parte de uma carta escrita por ele a Monteiro Lobato comentando a obra de Vianna. Ver, a esse respeito, Torres (1956, p. 70).

por essa mudança nos seus autores "exemplares". Contudo, se se analisa mais atentamente os autores citados em epígrafe, vê-se em *Instituições políticas brasileiras,* livro publicado em 1949, nomes que aparecem na obra de Vianna desde suas primeiras publicações. Neste último livro publicado em vida, Vianna usa, como epígrafe, textos de Descartes, Halbwachs, Fustel de Coulanges, Henri Berr, Eça de Queirós e Joaquim Nabuco, autores que haviam sustentado algumas das ideias de seus primeiros livros. Nesse livro publicado já no crepúsculo de sua vida, Vianna parece ratificar a ideia que desenvolve no prefácio, ao afirmar:

> [...] estas instituições sociais, tão importantes, não são, porém, estudadas com a largueza que merecem. Tento agora estudá-las no Brasil, à luz desses critérios, e reconfirmando idéias anteriores, desenvolvidas desde 1920 – desde Populações. E daí este livro (VIANNA, 1987, p. 23).

O uso em epígrafe de autores que aparecem em seus livros desde seu texto de estreia permite reafirmar a percepção que o próprio Vianna buscou veicular de estabilidade e homogeneidade da obra que preparava.

As citações de *Instituições políticas brasileiras* se comparadas com as de *Populações meridionais do Brasil* encerram algumas permanências e outras tantas diferenças.

Entre os autores que se mantêm citados em *Instituições políticas brasileiras*, pode-se considerar os sociólogos da escola de Le Play – Rousiers, Descamps, Demolins e Tourville – e ainda os autores de teorias raciais, como Lapouge e Amon, sobre os quais Oliveira Vianna desenvolve críticas ao longo do texto, procurando livrar-se do estigma de racismo:

> É claro que estou longe do pan-racismo de Lapouge, formulado nesse conceito incisivo de suas Sélections sociales e que resume a essência da sua doutrina e da sua escola: – "os fatos sociais se explicam pela luta de elementos antropológicos diferentes – e a história não é senão um processo de evolução biológica". Hoje, a moderna escola francesa de etnologia está deslocando o campo das investigações: – do fenômeno da "raça" (tipo antropológico) está passando para uma entidade coletiva – a "etnia".

Ao utilizar o conceito de etnia, Vianna buscava livrar-se da principal acusação que havia norteado a maior parte das críticas negativas à sua obra. No entanto, com o objetivo de manter a proposição de que seus livros formavam uma obra homogênea e coerente, Vianna via-se na necessidade de justificar suas diferenças com o que ele chamou de teoria panculturalista e reafirmar algumas de suas posições mais primárias, argumentando:

> [...] não aceito o pan-culturalismo desta escola, que quer tudo explicar em termos de "cultura", até os fenômenos fisiológicos, e se recusa a fazer intervir, na formação e evolução das sociedades e da civilização, os fatores biológicos, negando qualquer influência ao indivíduo ou à raça e à sua poderosa hereditariedade (VIANNA, 1987, p. 47).

Entre as diferenças, talvez a mais importante seja a inclusão de autores da moderna escola jurídica norte-americana: Benjamin Nathan Cardozo, Moses Aronson e George Hellman. Destes, a biblioteca de Vianna conta com exemplares apenas do último, um livro intitulado *Benjamin N. Cardozo, American Judge,* publicado em Nova Iorque, em 1940.

Em *Instituições políticas* aparece ainda a citação do livro de Ralph Linton, *Cultura y personalidad*, publicado no México, em 1945, que estava presente no acervo de sua biblioteca. Linton, etnólogo americano, professor da Universidade de Columbia, desenvolveu uma teoria da relação entre cultura e personalidade a partir, especialmente, do conceito de personalidade de base. Visando combater a escola culturalista de Franz Boas – o que, no Brasil, significava o mesmo que criticar a obra de Gilberto Freyre, tantas vezes reafirmada como moderna e brilhante em oposição à sua, racista e envelhecida – Vianna chega a afirmar que "[...] Linton era um dos poucos intelectuais americanos do seu gosto, "[...] pela lucidez da sua exposição, pela concisão e elegância de seu método literário pela ductilidade e pela equanimidade de seu julgamento" (VIANNA, 1987, p. 50).

Seguindo os indícios das citações dos livros de Vianna, percebe-se como, ao longo da vida, ele foi elaborando, a partir de suas leituras, um "tecido cultural denso"[167] que lhe serviu de base para a produção de sua obra escrita.

---

[167] Expressão utilizada por Monique Le Moing (1996, p. 103) para referir-se à obra de Pedro Nava.

Da leitura à escrita

Registros de leitura que esboçam a escrita: os "papagaios" de Vianna

> Mon travail d'ecrivain consiste uniquement
> à mettre en oeuvre (à la lettre) des notes, des
> fragments écrits a propos de tout et à toute époque
> de mon histoire. Pour moi traiter un sujet, c'est
> amener des morceaux existante a se grouper dans
> le sujet choisi bien plus tard ou imposé.
> Paul Valéry, *Cahiers VI,* p. 473 apud Magrelli, 2013, p. 50.

A biblioteca de Oliveira Vianna traduz tanto o itinerário de leituras quanto traça o seu percurso como autor.

No que diz respeito aos vestígios do processo de transformação do ato de ler em ato de escrever, o arquivo guarda uma grande quantidade de notas, rascunhos, pequenos papéis que registram os primeiros momentos da produção dos textos que viria a publicar. As anotações são coletâneas de leituras, repertórios de citações que Vianna viria mais tarde utilizar em seus trabalhos, pois "[...] toda citação é primeiro uma leitura" (COMPAGNON, 1996, p. 17).

A esses inúmeros papéis, Vianna denominou "papagaios". A palavra "papagaio" no dicionário *Aurélio* aparece com 22 significados diferentes, desde o animal conhecido por todos até significados menos usuais na língua portuguesa, entre os quais alguns relacionados diretamente ao processo da escrita. "Papagaio" pode significar a papeleta que se junta aos livros entregues ao encadernador, com instruções sobre a maneira de executar o trabalho, ou ainda um pedaço de papel que se prende à extremidade de uma folha para continuar nela o escrito.

Talvez essa última acepção tenha dado origem aos "papagaios" de Oliveira Vianna. Ele chamava papagaios pequenos pedaços de papel de formas múltiplas e diversas onde ele escrevia frases, textos e fragmentos que seriam, posteriormente, utilizados ou não em seus textos e livros. Nesses papelotes ele anotava ideias, suas ou não, muitas vezes trechos de diálogos com amigos – até mesmo conversas telefônicas – algumas opiniões de "matutos da Baixada", guardadas com o mesmo cuidado que as anotações dos conceitos dos maiores intelectuais europeus e americanos. Algumas vezes, pequenas conversas consigo mesmo, bilhetes como o que se vê num dos papéis:

> Ler o livro de Marcel Pernant – Biologie aet marxisme – da minha biblioteca. Há um estudo muito novo sobre os grandes problemas da biologia humana.

Segundo Marcos Almir Madeira, esses papéis formam um dos principais documentos do arquivo de Oliveira Vianna,

> [...] são os seus apontamentos e notas pessoais de estudo, tudo do próprio punho, que ele colecionou e catalogou em fichários junto com as notas bibliográficas [...] Suas anotações, catalogadas por assunto e que eram apelidadas de papagaios, estão reunidas num fichário especial.[168]

Prática comum entre os letrados,[169] na biblioteca de Vianna a guarda de frases, citações e anotações ganhou aspectos de requinte. Especialmente para conservar os papagaios, Vianna mandou fabricar o que ele chamou de "fichário de ideias", um armário composto de seis gavetas divididas em seis partes retangulares. Em cada uma delas, guardava anotações de um assunto diferente. Uma ordenação que, sem dúvida, expressa algo de seus hábitos de leitura e de sua prática de escrita.

---

[168] Entrevista concedida por Marcos Almir Madeira na sede do PEN Clube do Brasil, no Rio de Janeiro, em 17 de maio de 2002.

[169] Desde o Renascimento diversos instrumentos com vistas a colher citações, sentenças e anedotas passaram a ser utilizados pelos eruditos. Entre eles, destacavam-se as coleções de lugares-comuns que, "reunindo sob uma forma mais ou menos sistemática uma massa de informações e citações tiradas das fontes mais diversas, essas obras, inicialmente nascidas da seleção e da coleção de um autor particular, tornam-se [...] resumos de bibliotecas ou "bibliotecas portáteis", onde os letrados podem colher o necessário para enriquecer seus escritos". As coletâneas de lugares-comuns armazenavam de modo que se pudesse encontrar rapidamente diferentes informações – colhidas através da leitura ou das transmissões orais nos diversos espaços de sociabilidade intelectual – que pudessem ser utilizadas para diversas formas de produção posterior tais como cartas, orações, cursos e publicações de todas as espécies. Talvez essa tenha sido a ideia propulsora da organização dos papagaios de Vianna. Ver, a esse respeito, Blair (2000, p. 74-75).

Os papagaios permitem perceber algo que os livros publicados omitem: o processo de elaboração das proposições e de construção da escrita. São 6.119 documentos divididos em 29 assuntos diferentes, como se pode ver no quadro a seguir:

Quadro 7 – Classificação dos papagaios de Oliveira Vianna

Assunto	Gaveta	Pacote	Número de documentos
Antonismo local	4	3	66
Capitalismo	5	2	18
Centralização e descentralização	3	5	148
Citações máximas (epígrafes)	3	1	426
Problema social	1	1	121
Classes dirigentes e raças	2	1	24
Concepção pluralista	6	6	19
Concepção administrativa – parlamento econômico	2	5	83
Direito ao emprego	1	3	621
Direito social	2	3	402
Estado moderno	6 6	1 2	516 626
Justiça do Trabalho – Poder Judiciário	1 1	2 4	310 54
O após-guerra	5	4	4
O problema social	4	5	3
O sentido realista	2	6	388
Partidos políticos	4	2	52
Poder Executivo	3	6	52
Poder Legislativo	3	4	61

Assunto	Gaveta	Pacote	Número de documentos
Política corporativa, organização corporativa, conselhos de Estado	1	5	283
Política social	4	4	28
Pontos de revisão	1	2	75
Problema social	1 4	1 5	298 3
Pré-capitalismo (notas)	6	3	4
Psicologia do campeador	4	6	66
Raça, clima e cultura	2 3	4 2/3	39 182
Revolução Hebdomadaire – 1906	5	6	16
Sindicatos	1	6	145
Estereótipos	2	2	291
Citações	5	1	461
Empresa e instituição	1	4	273

Fonte: Elaboração própria.

Os papéis utilizados e a forma da escrita também são muito variáveis. Eles tinham diversos tamanhos e qualidades distintas. Podiam ser pequenos retalhos de papel de embrulho, verso de impressos diversos, folhas de papel de bloco, folhas de papel ofício inteiras ou divididas ao meio, na horizontal e na vertical, pedaços de papel timbrado dos órgãos nos quais trabalhou. A maior parte das anotações foi feita em papel sem pauta, de forma manuscrita, utilizando caneta-tinteiro azul, lápis preto ou o seu famoso lápis de duas pontas, azul e vermelha. Nenhuma das anotações possui data. Há ainda recortes de jornal e pequenas folhas datilografadas.

Entre os papagaios, há ainda cerca de 75 documentos classificados como "pontos de revisão" e que permitem inferir as releituras que

Oliveira Vianna fazia de sua própria obra e a forma como elaborava e reelaborava sua escrita.

Assim como não deixou testemunhos de suas leituras, Vianna também não produziu nenhum registro de como desenvolvia seu processo de escrita. Os papagaios e os demais documentos de seu arquivo sugerem algumas hipóteses que não podem ser consideradas senão como possibilidades. Poder-se-ia supor que Vianna escrevia como descreve Pedro Nava em um de seus livros:

> Como escrevia e escrevo:
> Penso bem a estrutura de um capítulo.
> Escrevo o seu sumário, ou boneco ou esqueleto.
> Procuro entre minhas notas cada uma que se adeque a cada um desse boneco.
> Numero entre estas notas a escolhida.
> Escrevo esse número ao lado de cada item do sumário.
> Escrevo e componho consultando um por um.
> Destruindo as fichas à medida que escrevia, conto isso a Drummond. Ele manda que eu guarde todas.
> Do fato de guardá-las nasceu mais respeito pelo meu escrito, pelo trabalho que ele me custa (NAVA apud LE MOING, 1996, p. 129).

Vianna provavelmente usava suas fichas, senão numerando-as e descartando-as, certamente associando-as aos itens do rascunho que preparava e ordenando-as em função dos assuntos que pretendia tratar. Talvez seja por isso que em seu arquivo apareçam alguns papéis classificados com dois tipos de assuntos diferentes, sugerindo uma constante reorganização.

Os papagaios fornecem algumas pistas para se compreender o percurso de escrita de Vianna, que pode ser completado por meio da investigação de suas correspondências e até mesmo de suas constantes revisões de sua obra publicada.

Uma revista do arquivo de Vianna sugere uma forma curiosa utilizada por ele para aperfeiçoar a sua escrita. É um exemplar da *Revista do Brasil*, no qual Vianna (1917) publicou um texto intitulado "Psicologia das revoluções meridionais", que, embora já impresso e publicado, foi corrigido por ele. A letra manuscrita sobre a impressa sugere uma tentativa de aperfeiçoamento do texto mesmo depois de ele já ter vindo a público.

Figura 5 – *Revista do Brasil* (1917). Exemplar impresso corrigido de forma manuscrita por Oliveira Vianna
Fonte: Biblioteca privada de Oliveira Vianna.

A escrita de Vianna, assim como a de qualquer intelectual, obedecia a critérios, ritmos e práticas. Ao mesmo tempo, forjava ideias e uma produção atualizada que, embora original, era conformada em grande medida pelo espaço que ocupava no campo intelectual e pelos intercâmbios que estabelecia com seus interlocutores.

A análise das condições de edição da obra de Vianna – que será realizada no próximo capítulo – é, necessariamente, uma via complementar para investigação de seu processo de formação, autorrepresentação e reconhecimento como intelectual.

Máscara: dispositivo autoral

> *O poema essa estranha máscara mais*
> *verdadeira do que a própria face.*
> Mário Quintana, *O poema*, 1994.

Oliveira Vianna é, na opinião de muitos estudiosos, um autor consagrado na história do pensamento social e político brasileiro.[170] Sua consagração deu-se principalmente pelo fato de ele ter sido designado como tal por outros intelectuais a partir da análise dos livros que publicou. O nome de Vianna é familiar aos letrados (FARIA, 1978), mais particularmente, aos da área de Ciências Sociais e Humanas. Desde os seus primeiros textos publicados, Oliveira Vianna foi muito lido e a importância de seus livros no debate intelectual brasileiro só é negada, na opinião de José Murilo de Carvalho ([s.d.], p. 1), "por alguns críticos raivosos".

Muito lido nos anos 1920 e 30, a ponto de Capistrano de Abreu afirmar que "Oliveira Vianna grassava" (CARVALHO, 1999, p. 202), seus livros eram elogiados por importantes críticos da época e cada novo texto publicado, ou reedição de outros, era recebida com atenção particular pela imprensa. Apesar da boa receptividade, com o passar dos anos os textos de Vianna passaram a ser alvo, ainda nessa época, de duras restrições desencadeadas por críticos como Astrojildo Pereira e Waldemar Falcão, entre outros. A presença de autores ligados

---

[170] Essa é, por exemplo, a opinião de Luiz de Castro Faria (1978).

ao pensamento racista europeu entre suas fontes principais, aliada à adesão de Vianna ao governo de Vargas, nos anos 1930, e ao elogio ao golpe de 1937, criaram o ambiente para fixar uma avaliação negativa da obra desse autor, que acabou por aprofundar as críticas e levá-la, a partir principalmente dos anos 1950, a "cair em desgraça"[171] nos meios acadêmicos.

Às vezes duras e negativas, as críticas à obra de Vianna têm sido recorrentes, o que, antes de caracterizar uma negação da obra do autor, reflete o seu reconhecimento como um antagonista legítimo cujas ideias devem ser consideradas nas disputas intelectuais.[172]

Assim, seja pelo reconhecimento do valor de seus escritos seja através de um juízo negativo, Vianna é um nome lembrado toda vez que se trata de listar autores importantes para a história do pensamento social e político brasileiro.[173] A recepção de suas obras mereceu sempre algum tipo de avaliação, nunca tendo sofrido a indiferença de seus pares.[174]

Essa designação resultou da análise realizada, pelos críticos, do conjunto de seus livros num movimento que associava os textos publicados à ideia de totalização da obra do autor:

> Os críticos de Oliveira Vianna na realidade identificam obra com livro, ou livros, e a partir da leitura de um de seus livros pretendem falar da sua obra, como se esta fosse uma totalidade, a respeito da qual não hesitam em proferir generalizações (FARIA, 2002, p. 20).

Essa definição de obra, embora corrente, guarda dois problemas básicos: em primeiro lugar, o fato de relacionar obra ao conjunto de trabalhos publicados. Se considerarmos, como Bourdieu, que

---

[171] Expressão usada por Stella Bresciani (2002, p. 1) para se referir às críticas negativas à obra de Vianna.

[172] Alfredo Wagner de Almeida (1979, p. 24) faz observação semelhante a respeito da obra de Jorge Amado.

[173] Wanderley Guilherme dos Santos inclui todos os livros publicados por Oliveira Vianna em seu *Roteiro bibliográfico do pensamento político-social brasileiro (1870-1965)* e Manuel Palácios chega à conclusão em seu estudo que Oliveira Vianna é um autor incluído na lista daqueles que "explicam o Brasil" (MELO, 1999).

[174] Após analisar as críticas à obra de Oliveira Vianna efetuadas por Contreras Rodrigues, Nelson Werneck Sodré, Luiz Washington Vita e João Camilo de Oliveira Torres, Castro Faria (2002, p. 22) conclui dizendo não restar a menor dúvida de que "Oliveira Vianna é um clássico e, como tal, um autor reconhecido [...]".

"publicar é tornar público", fazendo "[...] passar do oficioso ao oficial" (BOURDIEU; CHARTIER, 1996, p. 24), os livros publicados por um autor não correspondem ao total de sua obra, mas apenas àquela parte de seus escritos que ele considera merecedora de vir a público. Os textos editados são aqueles sobre os quais um indivíduo reivindica sua autoria e a partir dos quais se representa no mundo intelectual. Identificar a obra de um autor aos trabalhos vindos a lume significa, portanto, limitar a concepção de obra, considerando apenas a produção que rompe o espaço do privado, isto é, aquela que o autor deliberadamente exibe.

Roger Chartier assinala que foi somente no início do século XVIII que a teoria do direito natural e a estética da originalidade fundamentaram a propriedade literária. A partir desse momento, justificou-se a posse dos frutos do trabalho intelectual e o autor passou a ser reconhecido como o detentor de uma propriedade imprescritível sobre as suas obras que, nessa concepção, era resultado de seu próprio gênio. Nesse momento passou-se a relacionar a originalidade da obra à capacidade criativa do autor. Essa percepção de autor passou a relacionar-se ao nome próprio que dava identidade e autoridade ao texto.[175] É justamente em oposição a esse entendimento de autor como um demiurgo que Chartier se posiciona, ao estabelecer que "o escritor cria, apesar de tudo na dependência" (CHARTIER, 1994, p. 9),

---

[175] Segundo Chartier (1999), é Foucault que sugere que, numa determinada sociedade, certos gêneros para circular e serem recebidos têm necessidade de uma identificação fundamental dada pelo nome de seu autor, enquanto outros não. Na definição de Foucault (1996, p. 27-28), "nos domínios em que a atribuição de um autor é regra – literatura, filosofia, ciência – vê-se bem que ela não desempenha o mesmo papel; na ordem do discurso científico, a atribuição a um autor era, na idade Média, indispensável pois era um indicador de verdade. Uma proposição era considerada como recebendo de seu autor seu valor científico. Desde o século XVII, essa função não cessou de se enfraquecer no discurso científico: o autor só funciona para dar nome a um teorema, um efeito, um exemplo, uma síndrome. Em contrapartida, na ordem do discurso literário, e a partir da mesma época, a função do autor não cessou de se reforçar: todas as narrativas, todos os poemas, todos os dramas ou comédias que se deixava circular na Idade Média no anonimato ao menos relativo, eis que, agora, se lhe pergunta (e exige que respondam) de onde vêm, quem os escreveu; pede-se que o autor preste contas da unidade de texto posta sob seu nome; pede-se-lhe que revele, ou ao menos sustente, o sentido oculto que os atravessa; pede-se-lhe que os articule com sua vida pessoal e sua experiências vividas, com a história real que os viu nascer. O autor é aquele que dá a inquietante linguagem da ficção suas unidades, seus nós de coerência, sua inserção no real". A leitura de Chartier (2012; 1999) dessa obra de Foucault aponta, no entanto, para algumas divergências interpretativas entre os autores.

isto é, num campo de possíveis.¹⁷⁶ E essa dependência, que inscreve a invenção intelectual nas suas condições de possibilidades e de inteligibilidade, deve também ser investigada.

Um segundo aspecto a ser questionado diz respeito ao fato de se considerar a obra de um determinado autor como um todo homogêneo e coerente através do qual se podem conhecer os eus de seu pensamento. Isso não significa ignorar o acesso possível às proposições de um autor através de seus escritos, porém faz com que se considere o fato de que a publicação de um texto não expressa exclusivamente as "ideias" e as estratégias de seu autor, mas inscreve também o processo de transformação destas em livros executado pelos diversos profissionais que atuam no processo de editoração. Os autores escrevem textos que se transformam em livros numa sucessão de passos envolvendo diferentes produtores que interferem na significação das palavras impressas até a sua recepção. Segundo Chartier, o ponto essencial é justamente "[...] o processo pelo qual os diferentes atores envolvidos com a publicação dão sentido aos textos que transmitem, imprimem e leem" (CHARTIER, 2002, p. 61).

Nos últimos anos, a história do livro e das práticas de leitura já mostrou, também, que os textos só existem vinculados aos seus suportes materiais, por isso é essencial, para a compreensão de seus significados, que se considere a produção e a difusão dos objetos impressos.

Considerando-se, em primeiro lugar, não somente os textos publicados, mas também aqueles que lhes deram origem, e, posteriormente, caracterizando a noção de obra, não somente pelas ideias veiculadas como também a sua forma e o suporte material em que elas se inseriam, a análise dos livros de Vianna foi desenvolvida, em primeiro lugar, através da verificação de determinadas condições de edição dos textos. A produção de Vianna foi analisada por meio das condições de escrita e publicação de seus livros. Não propriamente o conteúdo dos livros, mas o diálogo que, através dos prefácios, notas de apresentação e da correspondência ele estabeleceu com os produtores e intérpretes de seus escritos. Essa investigação buscou identificar os

---

¹⁷⁶ Nas palavras de Bourdieu (1996b, p. 53), "[...] esse espaço de possíveis é o que faz com que os produtores de uma época sejam ao mesmo tempo situados, datados e relativamente autônomos em relação às determinações diretas do ambiente econômico e social".

projetos editoriais nos quais a sua obra se inseriu e a rede de relações em que Vianna esteve situado com vistas a compreender alguns aspectos da legitimação de sua produção intelectual.

É de São Paulo que vem o livro de estreia: *Populações meridionais do Brasil*

O grupo d'*O Estado de S. Paulo* e o surgimento da *Revista do Brasil*

Num raro depoimento autobiográfico, Oliveira Vianna relata o significado da sua atuação como colaborador de grandes jornais. Isso, segundo ele, lhe abriu as portas ao mundo editorial:

> Das colunas d'O Paiz me chamaram os paulistas: Pinheiro Junior[177] e Plinio Barreto[178] – para a Revista do Brasil; e, depois Monteiro Lobato – para a grande publicidade dos livros (pois devo a Lobato a primeira edição das Populações Meridionais). Foram estes os espíritos generosos e desinteressados, os gênios bons e benfazejos que assistiram aos meus começos literários (TORRES, 1956, p. 38).

O convite para escrever na *Revista do Brasil* partiu, na verdade, de Plínio Barreto "[...] a quem coube recrutar o corpo de colaboradores do novo periódico [...]" (LUCA, 1996, p. 36) por meio do contato com figuras expressivas da intelectualidade para informá-las a respeito da nova publicação. Através de Nereu Rangel Pestana, seu colega na redação de *O Estado de S. Paulo*, fez contato e recebeu resposta positiva para participação no periódico de Olavo Bilac, Graça Aranha, Alcides Maya, Alfredo Valadão, João Kopke,

---

[177] José Machado Pinheiro Junior era bacharel em Direito, diplomado pela Faculdade do Largo de São Francisco. Ele trabalhou como redator de *O Estado de S. Paulo* ininterruptamente, de 1909 a 1944. Redigiu, entre 1918-1939, as seções "Coisas da Cidade" (diária) e "Revista das Revistas" (semanal). Ver Melo (1954, p. 476); Luca (1996, p. 27). A tese de Tania e Lucca está publicada em livro. No entanto, utilizou-se aqui a tese em sua versão original. As páginas citadas remetem-se, portanto, a essa versão.

[178] Plínio Barreto foi revisor no jornal *O Estado de S. Paulo*, em 1886, quando ainda era estudante de Direito. Posteriormente passou à redação, tendo sido: repórter, redator, redator-chefe e diretor. Ver Melo (1954), p. 85-86; Luca (1996, p. 27).

Félix Pacheco, José Veríssimo, Nestor Victor, Roquette Pinto, João Ribeiro, Assis Brasil, Oliveira Lima, Silvio de Almeida, Basílio de Magalhães, Valdomiro Silveira e Medeiros e Albuquerque (LUCA, 1996, p. 36-37).

A *Revista do Brasil* havia sido idealizada pelo chamado grupo de *O Estado de São Paulo*, formado por Julio de Mesquita, Plinio Barreto, Pinheiro Junior e Alfredo Pujol. Estimulados pela grande efervescência nacionalista, desenvolvida durante o período da Primeira Grande Guerra, esses homens começaram a advogar a necessidade urgente de se conhecer melhor o país para arrolar as suas necessidades mais prementes e organizar uma ação de saneamento dos males nacionais. Condenando a política brasileira que, segundo eles, era expressão de uma oligarquia que fraudava as eleições e limitava a expressão da vontade popular e o estabelecimento da democracia, o grupo d'*O Estado*, como se autodenominavam, se propôs a criar um periódico destinado a provocar o debate e a promover o conhecimento da "realidade nacional". A revista, que num primeiro projeto se chamaria *Cultura*, foi publicada pela primeira vez em 25 de janeiro de 1916, data do aniversário de fundação de São Paulo, e, mais de acordo com o clima nacionalista, recebeu o nome de *Revista do Brasil*.

Ao receber o convite de Plínio Barreto, Oliveira Vianna prontamente respondeu dizendo que, embora estivesse "[...] absolutamente proibido de escrever por dois ou três meses [...]" por motivo de doença, prometia enviar-lhe alguns trabalhos sobre "[...] assuntos de história social que interessava principalmente a origem da gente paulista e a sua ação no jogo da nossa história geral"[179].

Vianna cumpriu prontamente a promessa que havia feito ao editor. Em carta datada de maio de 1917, dois meses após a primeira, enviou para publicação um artigo que mais tarde viria a ser parte do livro *Populações meridionais do Brasil*,[180] texto publicado na revista do mês de junho de 1917.

---

[179] Carta de Oliveira Vianna a Plínio Barreto. Arquivo particular de Plínio Barreto. Friburgo, 31 de março de 1917 *apud* Pinheiro (1975, p. 2).

[180] Carta de Oliveira Vianna a Plínio Barreto. Coleção particular de Plínio Barreto. Boca do Mato, 17 de maio de 1917.

Aceitando o convite feito por Plínio Barreto para participar da revista, Oliveira Vianna, que ainda não tinha publicado livros, viria a figurar entre importantes intelectuais brasileiros (PINHEIRO, 1975 apud LUCA, 1996, p 37) e participar de um projeto que tinha como objetivo principal "construir um núcleo de propaganda nacionalista [...] que erigia como problema primordial do país a ausência de consciência nacional capaz de transformá-lo num todo organicamente estruturado" (LUCA, 1996, p. 42). De acordo com o manifesto-programa divulgado no texto de Júlio de Mesquita,[181] publicado no primeiro número da revista, esse periódico pretendia diminuir o "profundo desconhecimento das coisas nacionais" em que estavam mergulhados os brasileiros e incutir no povo "[...] a consciência do próprio valor, estabelecer uma 'corrente de ideias e pensamentos' [...] a fim de combater o seu 'estado mórbido' e equipará-lo 'às raças adultas, emancipadas e sadias'" (LUCA, 1996, p. 42). A revista previa, nas palavras de Tania de Luca, não só a elaboração de um diagnóstico da nação, mas também um projeto de ação concebido por um grupo que "[...] se considerava capaz de colocar o país no rumo certo" (LUCA, 1996, p. 43).

A *Revista do Brasil*, concebida nesses termos, teve vida longa. Entretanto, sua publicação não foi contínua e ininterrupta. Os seus estudiosos apontam para a existência de cinco fases distintas em sua publicação.[182]

A primeira delas correspondente ao período compreendido entre 1916 e 1925. Compõe-se de 113 números, cuja publicação foi interrompida pela falência de Monteiro Lobato. A chancela então foi adquirida por Assis Chateaubriand.

A segunda, totalizando nove números, refere-se ao período entre os anos 1926 e 1927. Essa fase durou pouco mais de quatro meses, momento em que a publicação do periódico foi dirigida por Plínio Barreto, Afrânio Peixoto, Alfredo Pujol e João Pandiá Calógera. A direção editorial ficou a cargo do redator-chefe, Rodrigo de Melo Franco de Andrade e do secretário *ad hoc*, Prudente de Moraes, que

---

[181] Esse texto não aparece assinado, mas Tania de Luca (1996, p. 41) afirma que Wilson Martins, no livro *História da inteligência brasileira* (1978, p. 38), diz ser de autoria de Júlio de Mesquita.

[182] Sobre as diversas fases da revista ver, além do já citado estudo de Tania de Luca e Ikeda (1975), Orlov (1980), Paiva (1992) e Silva (1985).

alinharam a revista aos periódicos modernistas da época, como *Terra Roxa* e *A Revista,* e dedicaram à produção artística e à crítica literária a maior parte do seu espaço editorial.

A terceira fase teve início quando, no ano de 1938, Assis Chateaubriand a relançou colocando Otávio Tarquínio de Souza em sua direção. Essa fase durou até o ano de 1943 e compôs-se de 56 números. Nesse período vislumbra-se um esforço para se resgatar algumas características do primeiro momento da revista.

O quarto segmento temporal refere-se ao ano de 1944, quando, sob a direção de Frederico Chateaubriand, e tendo Millôr Fernandes como secretário, foram publicados três números. Depois de passar por modificações gráficas, a revista tornou-se semelhante à americana *Seleções* no seu formato e passou a ter um conteúdo mais leve e humorístico.

O último período diz respeito a um breve ressurgimento, com alguns números esporádicos, publicados entre 1984 e 1990.

A participação de Oliveira Vianna na *Revista do Brasil* foi sistemática ao longo de toda a primeira fase. Do ponto de vista quantitativo, podemos afirmar que essa foi uma das mais marcantes colaborações da revista nesse tempo. Vianna ocupa, nesse momento, ao lado de Roquette Pinto e Godofredo Rangel, a quinta colocação entre os autores mais publicados no periódico, tendo participado com dez artigos. Ele fica atrás apenas de Monteiro Lobato, com quarenta artigos publicados, Arthur Motta, com 25, Amadeu Amaral e Mário de Andrade, com treze, e Júlio César da Silva e Medeiros e Albuquerque, com doze.[183]

Durante esse primeiro período de publicação, a revista manteve uma certa uniformidade, percebida em todos os seus 113 números.

O maior espaço da capa era destinado ao sumário, onde se podia ler o título dos artigos e os nomes de seus autores. Tania de Luca considera que essa escolha decorria do fato de que "[...] nada poderia expressar melhor os objetivos do periódico e revelar sua natureza do que o sumário que estampava as grandes questões nacionais, debatidas pelos maiores expoentes da inteligência nacional" (LUCA, 1996,

---

[183] Interessante observar que tanto o texto de Pedro Rodolfo Bodê de Moraes (1995) quanto o de Cecília Lara (1976) não se referem a Oliveira Vianna quando tratam dos autores mais publicados na primeira fase da *Revista do Brasil*.

p. 43). O sumário na capa, além de revelar o conteúdo, expressava a qualidade dos artigos.

Entretanto, se é verdade que a revista se dedicava à discussão das "grandes questões nacionais", é também verídico que ela abria as suas páginas a textos de caráter poético e literário. Além disso, ao lado dos "maiores expoentes da inteligência nacional", que se apresentavam no sumário seguidos de inscrições que os relacionavam à Academia Brasileira de Letras ou ao IHGB, figuravam também autores iniciantes e desconhecidos, orgulhando-se inclusive os editores da revista de utilizarem suas páginas para o lançamento de novos talentos. É importante frisar que, além do próprio nome e da inscrição citada relacionando os autores a importantes instituições do campo intelectual, não havia nenhum outro tipo de apresentação dos colaboradores. Isso nos leva a supor que se a referência a colaboradores conhecidos garantia a qualidade da publicação, por outro lado, a participação no periódico contribuía para criar a notoriedade de alguns escritores menos conhecidos. A permanência do sumário na capa da revista pode, assim, ser analisada também a partir de outra consideração: a relação entre a identidade dos autores – se consagrados ou não – e o período de publicação da revista. Se, no momento de lançamento do periódico, o destaque dado à qualidade dos autores era necessário para garantir a notoriedade da publicação – pois a presença de nomes (re)conhecidos garantiria a venda e permitiria aos editores o risco de publicar autores menos conhecidos do público leitor –, com o passar do tempo, essa marca editorial colaborou para a criação de uma identidade da revista e para o fortalecimento de sua legitimidade no campo intelectual. Dessa forma, a presença dos autores e dos títulos dos textos na capa da revista, embora contribuísse para a valorização da qualidade do próprio periódico, trazia também benefícios aos próprios autores, que ganhavam maior importância intelectual pelo fato de estarem listados no sumário da capa da *Revista do Brasil*.[184]

Dessa forma, nesse momento, escrever para a *Revista do Brasil* tornou-se o sonho de muitos intelectuais, visto que esse periódico

---

[184] A análise aqui apresentada das características editoriais da *Revista do Brasil* foi inspirada pela leitura do texto de Gérad Noiriel, "'L'Univers Historique': une collection d'histoire à travers son paratexte (1970-1993)" (1995). Ver ainda Venancio (2002).

havia se tornado uma das mais importantes publicações da Primeira República.[185] Seu objetivo de fazer uma fotografia completa do Brasil por meio da colaboração de vários intelectuais e escritores promoveu seu sucesso editorial, fazendo com que ela contasse com a colaboração de autores de matizes diversos, desde os grandes nomes da chamada "geração de 1870", passando pelos intelectuais católicos, pelos pensadores autoritários e pelos modernistas.

Ao longo de toda a sua primeira fase de publicação, a distribuição dos artigos na *Revista do Brasil* seguiu o mesmo padrão: primeiro um conjunto de ensaios inéditos que abordavam assuntos variados como história, geografia, sociologia, política, sanitarismo, medicina, etc. Em seguida, alguns textos literários – contos, poesias, novelas ou romances, publicados em capítulos[186] – e, após esses textos, apresentavam-se as seções fixas: a Resenha do Mês, Variedades e Curiosidades, Notas de Ciências, Debates e Pesquisas e Notas do Exterior, entre outras.[187]

A revista publicava ainda uma significativa quantidade de material iconográfico que ilustrava artigos e ensaios ou que se constituía de seções específicas, como as Caricaturas do Mês, as Gravuras Antigas e a Galeria dos Editados.[188]

O projeto editorial da revista era pensado em todos os seus detalhes. O papel de carta com o qual os editores da revista dirigiam-se aos seus colaboradores era timbrado com o seguinte texto inscrito no interior de um retângulo vermelho no canto superior direito da página:

> A Revista do Brasil, fundada em 1916, publica mensalmente mais de cem páginas de literatura, arte, ciência, história, assuntos econômicos e sociais, estudo das coisas brasileiras, romances, novelas, poesias, etc. A sua Resenha do Mês põe

---

[185] Na opinião de Tania de Luca (1996, p. 59), "o periódico foi, no seu gênero, a publicação de maior longevidade na República Velha, tendo se convertido num fórum onde as questões nacionais eram debatidas sob os mais variados pontos de vista".

[186] A *Revista do Brasil* publicou os romances *Vida ociosa*, de Godofredo Rangel (entre os números 17-25), *País de ouro e esmeralda*, de J. A. Nogueira (entre os números 36-57), e o *Diário de viagens*, de Martim Francisco (entre os números 32-42) (LUCA, 1996, p. 44).

[187] Vale considerar que ao longo do período em que a revista foi editada, algumas novas seções foram criadas, outras suprimidas e outras ainda modificadas, mas a maior parte das seções citadas permaneceu estável ao longo da primeira fase da revista.

[188] Para uma leitura mais aprofundada das seções da *Revista do Brasil*, ver Luca (1996).

os leitores ao corrente do movimento intelectual do país e do estrangeiro transcrevendo ainda os melhores artigos publicados pelos jornais brasileiros. Estampa numerosas ilustrações e as melhores caricaturas do mês. O seu principal programa é ser uma publicação nacional, de real interesse para o público a quem oferece a melhor leitura possível, agradável, útil e educativa. Dentro de pouco tempo não haverá um só brasileiro inteligente e patriota que deixe de assiná-la. Entre os seus colaboradores destacam-se Rui Barbosa, Olavo Bilac, Pedro Lessa, Alberto de Oliveira, Mário de Alencar, Domício da Gama, Oliveira Lima, João Ribeiro, Medeiros e Albuquerque, Inglez de Souza, Magalhães de Azeredo, Augusto de Lima, Afrânio Peixoto, todos da Academia Brasileira, e muitos outros ilustres escritores. Forma todos os anos três volumes de cerca de 500 páginas cada um com numerosas ilustrações. Assinatura anual 15$000, edição de luxo 22$000. Número avulso 1$500.[189]

A citação, embora longa, é bastante ilustrativa da forma como os editores da *Revista do Brasil* se autorrepresentavam no campo editorial: eram modernos, atualizados com o que de melhor se publicava no país e relacionavam-se de forma muito próxima com os membros da principal instituição legitimadora da intelectualidade nacional.

Assim, ao aceitar, em 1917, o convite para participar do corpo de colaboradores da *Revista do Brasil*, Oliveira Vianna passou a integrar o que poderia se considerar o principal periódico cultural do país da época.

A colaboração de Vianna na *Revista do Brasil* foi bastante frequente. Logo em 1917, primeiro ano em que essa colaboração se deu, além do primeiro texto já referido, ele escreveu um segundo, intitulado *Populações meridionais do Brasil (II)*, publicado no número de agosto, e mais dois outros artigos, ambos intitulados *Psicologia das revoluções meridionais,* editados nos números de novembro e dezembro. Essa intensa participação fez com que Vianna se tornasse um dos autores mais publicados na revista ao longo de 1917, juntamente com

---

[189] Carta de Pinheiro Junior a Oliveira Vianna, de 3 de setembro de 1918. Arquivo pessoal de Oliveira Vianna. Série Correspondências. Pasta Pinheiro Junior.

Monteiro Lobato e Medeiros e Albuquerque, atrás apenas de Godofredo Rangel, que publicou, ao longo daquele ano, seu romance *Vida ociosa,* em capítulos mensais.

A participação de Oliveira Vianna na *Revista do Brasil*, aliás, não foi sistemática somente em 1917. A partir de 1918, momento em que Monteiro Lobato se tornou proprietário do periódico, os laços que naquele momento já o uniam a Vianna se estreitaram ainda mais e a colaboração de Vianna na *Revista do Brasil* manteve-se frequente.

Monteiro Lobato assumiu a *Revista do Brasil* quando o periódico passava por dificuldades financeiras. O grande prestígio intelectual que a revista amealhara não significava sucesso comercial. O periódico acumulava prejuízos e, já há algum tempo, Lobato desejava tomar para si a gestão da publicação, acreditando poder transformá-la num sucesso editorial e comercial. Em carta a Godofredo Rangel, manifestava claramente esse desejo:

> Lá pela Revista do Brasil tramam coisas e esperam a deliberação da assembleia dos acionistas. Querem que eu substitua o Plinio na direção; mas minha ideia é substituir-me à assembleia, comprando aquilo. Revista sem comando único não vai (LOBATO, 1959, p. 365).

Quando, em junho de 1918, Ricardo Severo, presidente da sociedade anônima proprietária da revista, fez, na assembleia dos acionistas, um diagnóstico nada alentador sobre a situação financeira da empresa, Monteiro Lobato acabou por adquiri-la. Assinalou Ricardo Severo:

> Houve um erro original na organização da empresa, erro apenas sob o ponto de vista da textura financeira. Parece-me que não deveríamos ter-nos congregado em coletividade anônima, de capital parcelado em pequenas cotas de numerosos acionistas, e porque, das dificuldades que sobreviveram para a integralização do capital social, provieram as primeiras e contínuas dificuldades desta empresa de literatos. Deveria, quando muito, ter-se constituído sob a forma de parceria ou grupo mínimo de associados, que desde o começo realizasse o capital base [...] Como, porém, assim não foi desde o princípio, avolumou-se extraordinariamente

o passivo, sem que o capital social concorresse senão com uma reduzida porcentagem e desta sorte estabeleceu-se o desequilíbrio (SEVERO, 1918, p. 215-216).

Por cinco contos de réis[190] Monteiro Lobato adquiriu a revista, tornando-se seu único proprietário. Imediatamente após a compra, que ocorreu em junho de 1918, Lobato iniciou o processo de reorganização da empresa com vistas a torná-la rentável: ampliou o espaço dedicado à criação literária, com o objetivo de tornar a revista mais leve, solicitou a colaboração dos leitores, desenvolveu a propaganda visando aumentar o número de assinantes, modernizou o sistema de distribuição, enviando uma circular aos agentes de correio pedindo o endereço de estabelecimentos comerciais de quaisquer tipo que pudessem vender sua publicação. Dessa forma, Lobato multiplicou os pontos de venda e ampliou o número de assinantes, o que acabou resultando em compensações financeiras. Em julho de 1919, o balanço anual da *Revista do Brasil* já acusaria um ativo de setenta contos e nenhum passivo (KOSHYIAMA, 1982, p. 75).

Logo no primeiro número sob a propriedade de Lobato, em julho de 1918, Vianna publicou um artigo intitulado *"As pequenas comunidades mineiras"*. Mantinham-se, assim, bastante constantes os contatos entre Vianna e o grupo desse periódico. A produção de Vianna, remunerada, era cada vez mais valorizada, pois, segundo os editores, ela representava a certeza de boas vendas. Em carta datada de 3 de setembro de 1918, Pinheiro Junior, naquele momento gerente do periódico, escrevia a Vianna:

> Prezado Dr. Oliveira Vianna
> Segue com esta [gratificação] o último número da Revista do Brasil, acompanhado de um projeto em que o distinto

---

[190] Segundo informação dada por Carmem Lucia de Azevedo, Marcia Camargos e Vladmir Sachetta, no livro *Monteiro Lobato: furacão na Botocúndia*, a revista foi adquirida por este valor. Dizem eles: "[...] [Monteiro Lobato] resolve concretizar a compra, efetivada em junho de 1918 através da escritura passada no 1º Tabelionato da capital, de Filinto Lopes. Por cinco contos de réis Lobato adquiria o seu ativo – incluindo móveis, o estoque de exemplares e o título, avaliados em torno de três contos-, além de um passivo que girava por volta de dezessete contos" (AZEVEDO; CAMARGOS; SACHETTA, 1998, p. 120). Entretanto, Alice Mitika Koshyiama, no livro *Monteiro Lobato, intelectual, empresário, editor*, afirma que o montante da venda chegou a dez contos de réis: "Monteiro Lobato editor começou comprando, por dez contos, a propriedade da Revista do Brasil. Ela apresentava um balanço deficitário, tendo no ano findo acusado um passivo de dezesseis contos para um ativo de apenas três" (KOSHIYAMA, 1982, p. 68).

> amigo há de encontrar por força alguma tese que lhe agrade, afim de a desenvolver na Revista. O seu último trabalho foi, como os anteriores, muitíssimo apreciado. Já recebemos mesmo pedidos de todos os números da revista em que o amigo colaborou. Já vê, pois, que não nos deve deixar por muito tempo sem a sua colaboração.
> Aqui fica sempre as suas ordens, o amigo e admirador
> Pinheiro Jr[191]

A resposta de Vianna à carta de Pinheiro Junior não se fez esperar. Nela, Vianna elogiou o esboço do programa da revista e comprometeu-se com o envio de mais trabalhos, o que levou Pinheiro Junior a escrever, uma semana mais tarde:

> [...] Muito agradecido também pelo que nos diz sobre o prospecto da revista. O programa que tão agradavelmente o impressionou, foi elaborado por Monteiro Lobato. [...] Sem mais, por enquanto, aqui fica a espera de boas notícias suas, e de seus trabalhos prometidos à revista,
> o amigo e admirador
> Pinheiro Junior[192]

Possuir admiradores entre os editores da *Revista do Brasil* e dirigentes do jornal *O Estado de S. Paulo* era importante para Vianna num momento em que esse intelectual utilizava a grande imprensa e os periódicos especializados para a divulgação de suas ideias. Esse procedimento, comum aos intelectuais da época, pavimentava o caminho que o levaria à publicação de seu primeiro livro e permite matizar a opinião de que Vianna, ao escrever *Populações meridionais do Brasil*, era um ilustre desconhecido do mundo intelectual.[193] Vianna se fazia conhecer criando vínculos de cumplicidade com editores, críticos

---

[191] Carta de Pinheiro Junior a Oliveira Vianna, de 3 de setembro de 1918. Arquivo pessoal de Oliveira Vianna. Série Correspondências. Pasta Pinheiro Junior.

[192] Carta de Pinheiro Junior a Oliveira Vianna, de 10 de setembro de 1918. Arquivo pessoal de Oliveira Vianna. Série Correspondências. Pasta Pinheiro Junior.

[193] José Murilo de Carvalho (2004, p. 156) comenta: "É preciso [...] explicar porque *Populações Meridionais* foi um livro tão influente e ao mesmo tempo tão polêmico. Até sua publicação, o autor, Francisco José de Oliveira Vianna, era um completo desconhecido do mundo intelectual brasileiro e fluminense".

e público, o que levava sua produção a ser reconhecida e legitimada antes mesmo da sua estreia em livro. Por meio desses periódicos, Vianna fazia-se conhecer e reconhecer, tornando sua produção passível de apreciação também em outras instâncias de legitimação do campo intelectual.

O mesmo Pinheiro Junior, escrevendo em 1919 sobre colaboração para o jornal *O Estado de S. Paulo,* destaca o fato de Vianna já haver se tornado, nessa época, legítimo colaborador de veículos de grande influência no espaço intelectual: *O Paiz, A Revista do Brasil* e *O Estado de S. Paulo:*

> Meu caro Dr. Oliveira Vianna
> Só hoje posso responder a sua prezada carta de 6 do corrente, acerca de sua colaboração para O Estado. O seu bilhete postal que neste momento nos chega as mãos, coincide com esta resposta e com a publicação de seu magnífico artigo.
>
> [...] Como já hoje mesmo deve ter visto (se é que lê O Estado todos os dias), o seu artigo não só foi aceito, como foi publicado logo, enquanto outros numerosíssimos esperam a sua vez, já compostos na oficina. Isso dá bem a medida do apreço em que o temos aqui no "Estado", como é visto em todas as rodas intelectuais. O nosso redator-chefe, o sr. Nestor Pestana, já o conhece há muito, da leitura e se refere ao meu amigo com muitos louros, não só ao seu estilo como aos assuntos que escolhe, e sobretudo à superioridade de vistas com que os encara. [...] Foi muito apreciado o seu trabalho sobre "os antigos paulistas", de sorte que o meu amigo já está muito bem lançado. Aliás muita gente já o conhece através do Paiz e da Revista do Brasil.
> Com muita consideração, estima e grande admiração, do seu amigo
> Pinheiro Junior[194]

Na carta guardada no arquivo pessoal, Oliveira Vianna assinalou o segundo parágrafo citado, que destaca o fato de seu texto ter passado

---

[194] Carta de Pinheiro Junior a Oliveira Vianna, de 16 de outubro de 1919. Arquivo pessoal de Oliveira Vianna. Série Correspondências. Pasta Pinheiro Junior.

na frente de outros na ordem de publicação no jornal. Provavelmente ele via nesse trecho da carta de Pinheiro Junior a comprovação de que finalmente conseguia inserir-se no espaço da produção intelectual, pois passava a ser considerado com distinção entre os demais aspirantes a colaboradores de *O Estado de S. Paulo*.

Por meio dessa carta pode-se entrever a ação de Vianna, que, utilizando-se da relação previamente estabelecida com o grupo da *Revista do Brasil*, faz uma proposta de colaboração mais sistemática para *O Estado de S. Paulo*. Nessa proposta, Pinheiro Junior viria desempenhar o papel de mediador entre Vianna e o periódico, tecendo redes de relações que pudessem levá-lo a alcançar o posto de colaborador regular e remunerado:

> O Nestor Pestana recebe com muita satisfação a sua proposta de colaboração nos termos que propõe. É um desejo que os artigos do meu distinto amigo venham a ser os mais freqüentes possíveis – mas como estão compostos numerosos artigos a espera somente de espaço para saírem – o Nestor aguarda para chegar a uma combinação definitiva consigo, que saiam uns tantos artigos antiquíssimos. Pode, pois, ir mandando os seus magníficos, certo de que, se houver alguma demora na publicação, isso é porque a oficina tem numerosos a espera de espaço. [...]
>
> Quanto à remuneração, está claro que a sua colaboração não pode ser de outra forma. Mas sobre isso eu me entendo definitivamente com a direção do Estado o que farei por esses dias [...][195]

Assim, através do estreitamento dos laços com o grupo do jornal *O Estado de S. Paulo,* bem como por meio da manutenção do vínculo de colaborador com a *Revista do Brasil,* Vianna trabalhava para legitimar sua produção diante do grupo de letrados. As relações estabelecidas por ele construíam o caminho que o levaria à publicação de seu livro de estreia, *Populações meridionais do Brasil*. Os amigos paulistas, ao estabelecerem um juízo positivo sobre seus textos, tornaram talvez mais

---

[195] Carta de Pinheiro Júnior a Oliveira Vianna, de 16 de outubro de 1919. Arquivo pessoal de Oliveira Vianna. Série Correspondências. Pasta Pinheiro Junior.

seguramente possível a sua entrada no mercado editorial, passando, de certa forma, da função de críticos de sua obra ao papel de seus editores.

A editora que viria a publicar os primeiros livros de Vianna foi criada por Monteiro Lobato, tendo surgido como uma atividade subsidiária da *Revista do Brasil*. Em 1918, o sucesso do periódico e dos negócios em geral levou Lobato a sonhar mais alto e a escrever a Godofredo Rangel: "Tenho esperanças de que desta brincadeira de Revista do Brasil me saia uma boa casa editora" (LOBATO, 1959, p. 186).

Assim surgiu a Edições da Revista do Brasil, que começou a funcionar nesse mesmo ano com a publicação de *Urupês*, livro do próprio Lobato, impresso na seção de obras do jornal *O Estado de S. Paulo*, e que viria a ter, ainda nesse mesmo ano, uma segunda edição.

Vianna viria a ser um dos novos autores que a editora de Lobato lançaria no mercado. Sua estreia no mercado editorial com a publicação de *Populações meridionais do Brasil* tornaria a presença desse autor ainda mais frequente nas páginas da *Revista do Brasil*. Ao longo dos anos seguintes, Vianna publicaria "Origens pastoris da democracia rio-grandense", no número 75, de março de 1922; "O idealismo na evolução política do Império e da República", no número 81, de setembro de 1922; "Carta a Hilário Freire", número 95, de novembro de 1923; e "Oscilações da taxa de fecundidade durante o ciclo bandeirante", no número 111, de março de 1925.

A presença de Vianna na *Revista do Brasil* pode também ser avaliada através de textos de autoria de outras pessoas que tratavam diretamente de seus livros (LUCA, 1996, p. 203). Durante os anos 1920, quando os livros de Vianna passaram a ser editados pela Edições da Revista do Brasil, a presença de seu nome no periódico tornou-se constante através dos diversos artigos e resenhas que avaliavam a sua produção, ocupando um espaço considerável na revista antes mesmo de adquirir maior visibilidade no meio intelectual. A revista destacava com frequência as obras de Vianna nas propagandas da editora, resenhava-as na seção Bibliografia e transcrevia os comentários que elas suscitavam na imprensa brasileira.

Nesse sentido, em abril de 1921, Bruno Ferraz publicou uma "Resenha de *Populações meridionais do Brasil*", no número 61, em junho de 1922; a seção Bibliografia publicou uma "Resenha de *Pequenos estudos de psicologia social*" e, em setembro de 1923, Agripino Grieco escreveu um artigo também sobre *Populações meridionais*.

A partir de 1920, a editora, que havia surgido como uma atividade secundária, vai cada vez mais absorvendo o trabalho de Lobato, levando-o a escrever a Godofredo Rangel, em 1924: "entreguei a revista ao Paulo Prado e ao Sérgio Milliet e não mexo mais naquilo" (LUCA, 1996, p. 73). Entretanto, a *Revista do Brasil* ficaria sob sua propriedade até maio de 1925 e, a julgar pela carta escrita a Oliveira Vianna, em 1932, permaneceria por longo tempo incluída em seus projetos intelectuais. Escreve Lobato:

> Meu caro Vianna
> Entre as muitas maluquices que estou fazendo, [...] mais uma está prestes: a ressurreição da Revista do Brasil. Deu-me saudades da coitada, além de que não posso passar sem um órgão de expressão de idéias onde eu mande e desmande.
>
> E ressucitando-a quero que o primeiro número da nova fase traga algo de sensacional do nosso grande sociólogo – o homem que se fosse ouvido nesse momento de reconstrução daria os moldes exatos da forma de equilíbrio de que necessitamos. Lança a tua ideia de como deve ser, para que não degenere em asneira sociológica, as novas bases constitucionais do país, nesse artigo que te peço para a Revista. Ou o que quiseres. A remuneração será pífia como os tempos – 100$.
> [...]
> Adeus
> Do Lobato

Mas a *Revista do Brasil* só voltaria a ser publicada em 1938, sob o controle de Assis Chateaubriand, que entregou a direção do periódico ao historiador Otávio Tarquínio de Souza. Lobato escreveria mais uma vez a Vianna, dizendo que tentaria publicar a revista com o nome de *Revista Brasileira*, numa tentativa de reeditar o nome do periódico organizado, no final do século XIX, pelo grupo que havia criado a Academia Brasileira de Letras. Tentativas frustradas. A revista não mais pertenceria a Lobato. Mas sua atividade de editor ganharia um grande impulso com a criação da Companhia Editora Nacional.

Monteiro Lobato e Oliveira Vianna: entre afeto e desencanto

Através das Edições da Revista do Brasil, Monteiro Lobato tornou-se o primeiro editor de Oliveira Vianna. Vários são os autores que o apontam como fundador da indústria editorial brasileira, dizendo que o "aparecimento literário de Monteiro Lobato em 1918, com a publicação do livro *Urupês*, deve valer como início de uma nova era cultural, social e econômica do Brasil" (TRAVASSOS, 1964. p. 13).

Destarte, um certo ufanismo paulista de parte da Historiografia que encontrou em Monteiro Lobato – como denuncia Anibal Bragança (2000, p. 455) – um "ponto zero" da nossa indústria editorial, a atuação desse escritor na produção editorial brasileira é realmente significativa. Além de marcante, ela se caracterizou também por lançar frequentemente novos autores.

A casa editorial de Lobato começou a funcionar, em 1918, com o lançamento de *Urupês,* livro de sua autoria. O sucesso dessa primeira experiência editorial alimentou em Lobato o sonho de publicar novos textos e, ao contrário do que era comum entre os editores da época, autores estreantes.

Lobato era um editor diferente, pois além de promover uma verdadeira revolução editorial, investindo com maior rigor na melhora do padrão gráfico dos livros, ele criou uma cadeia de vendedores espalhados pelo país e distribuía, a título de divulgação, exemplares dos livros editados por ele para a pequena imprensa das cidades do interior.

Lobato investia na função de editor, cabendo a ele realizar todas as etapas para a publicação e comercialização dos livros. Sua habilidade no cumprimento dessas tarefas logo transformou sua editora numa empresa promissora, o que lhe permitia correr o risco de lançar autores que ainda não haviam publicado livros. Oliveira Vianna foi um deles.

Apesar de Lobato ter sido o primeiro editor de Vianna, a relação entre eles é ainda hoje pouco esclarecida.[196] Para tentar compreender

---

[196] Segundo Vasconcelos Torres (1956, p. 59), quem apresentou Oliveira Vianna a Monteiro Lobato foi Ataíde Parreiras. Mas em nossa pesquisa não encontramos nenhuma referência que comprovasse essa proposição.

a forma como essa relação se deu, consultamos as cartas escritas por Lobato a Vianna, ao longo dos anos 1920 e 30.

Escritas ao longo de dezessete anos de amizade epistolar, essas cartas podem surpreender àqueles que se acostumaram a ver Lobato como um "editor revolucionário" (LOBATO, 1959, p. 252), como ele mesmo se definia, e Vianna como um pensador autoritário, conservador e retrógado.

Lobato foi, de fato, visto por alguns como um visionário, uma pessoa à frente de seu tempo, responsável por uma das maiores transformações ocorridas no mercado editorial brasileiro no início do século XX. Ele chegou a ser descrito nas palavras de Anísio Teixeira como um homem que "[...] pertencia a essa rara família de profetas e poetas que condensam, de súbito, para um momento e um povo, a sua própria essência espiritual" (TEIXEIRA, 1956, p. 353). Vianna, ao contrário, foi até considerado um "retardatário, incapaz de acompanhar o que se fazia em outros países" (LEITE, 1976, p. 220) e no Brasil.

Na memória construída sobre esses intelectuais, suas trajetórias parecem espelhar vivências não somente diferentes, mas opostas.

Oliveira Vianna e Monteiro Lobato, apesar de jamais terem se encontrado e de terem vivido trajetórias distintas – a ponto de o primeiro ocupar um lugar de destaque no governo Vargas enquanto o outro esteve preso[197] – mantiveram um relacionamento durante vários anos e que pode ser testemunhado por uma coleção de 35 cartas presentes no arquivo privado pessoal de Vianna.

Para Lobato (*apud* VIANNA, 1986), para quem "carta é conversa de um amigo, é duo – e é nos duos que estão o mínimo da mentira humana", este é o lugar onde os amigos se mostravam desnudos, sem fantasias.

A prática epistolar ganhou, sob a visão dos historiadores, um lugar privilegiado no campo da história cultural. Através delas, pôde-se investigar dados muitas vezes impossíveis de se obter por outras fontes.[198]

---

[197] Monteiro Lobato foi preso por três meses, em 1941. Nesse mesmo período, Oliveira Vianna ocupava o cargo de ministro do Tribunal de Contas da União.

[198] O estudo das correspondências adquiriu relevância nos últimos vinte anos entre os historiadores. Na França, na Espanha e no Brasil, pode-se verificar o surgimento de um número significativo de estudos que têm nas cartas o objeto privilegiado de investigação. A título de exemplo, pode-se citar, em primeiro lugar, o livro organizado por Roger Chartier, *La*

Embora nem sempre tratem de "intimidades", as correspondências funcionam como uma via privilegiada para investigar relações pessoais. Ao contrário de outras fontes, tais como os diários e as memórias, que também oferecem a leitura textos de foro privado, as cartas deixam entrever marcas de relações mútuas. A prática epistolar de um indivíduo só existe em função de um outro, para quem se enuncia uma fala e de quem se aguarda uma resposta. É portanto uma via de mão dupla, um ir-e-vir entre uma intenção anunciada, uma espera por vezes ansiosa e uma resposta que tem por principal função o reestabelecimento do início do processo.

O conjunto de cartas trocadas entre Lobato e Vianna pode ser lido como um reflexo fiel da trajetória de Lobato ao longo dos anos 1920 e 30. Um dos temas frequentemente tratados na correspondência para Vianna refere-se às impressões de Monteiro Lobato ao chegar aos Estados Unidos.[199] De Nova Iorque, Lobato escreve a Vianna, em novembro de 1927:[200]

> Sabe por que não escrevo? Porque há assunto demais. Pego a máquina e desanimo. O reservatório é o açude de Quixadá, mas o buraquinho de saída tem meia polegada de diâmetro. Como escrever, meu caro amigo? Afogado dessa maneira num excesso de temas, assuntos e impressões? [...]. Tudo grande demais, tudo fora de medida a que nosso pobre cérebro sul americano está afeito. A

---

correspondance. Les usages de la lettre au XIXe siècle (1991). Ainda no que se refere à bibliografia francesa, numa rápida análise, deve-se considerar os seguintes textos: Chotard (1995), Dauphin (1995), Dauphin, Lebrun-Pézerat e Poublan (1995) e Métayer (2000). Na Espanha, pode-se destacar os trabalhos escritos ou organizados por Antonio Castillo Gomez, entre os quais se inclui Gomez (2000), Calbarro (2001), Bautista (2001) e Blas (2002). Com relação à produção brasileira, pode-se considerar os trabalhos de Heymann (1997), Pinto (1999), Gomes (2000), Galvão e Gotlib (2000), Camargo (2001), Venancio (2001) e Bastos (2002).

[199] Monteiro Lobato viajou para os Estados Unidos no dia 25 de maio de 1927, a bordo do navio American Legion, para ocupar interinamente o cargo de adido cultural junto ao consulado brasileiro de Nova Iorque. Permaneceu nos Estados Unidos até 1930, quando, após a vitoriosa revolução, Vargas demitiu os funcionários interinos e extranumerários de representações diplomáticas e consulares no estrangeiro (AZEVEDO; CAMARGOS; SACHETTA, 1998, p. 232).

[200] No capítulo intitulado "De frente para o futuro", Carmem Lucia Azevedo, Marcia Camargos e Vladmir Sachetta (1998) referem-se ao conjunto de cartas que Monteiro Lobato escreveu dos Estados Unidos para os amigos. As cartas, segundo eles, "ricas em impressões do cotidiano", refletem a empolgação de Lobato com a modernidade do país.

> altura das casas, os algarismos, as pernas das mulheres, tudo tonteia [...]²⁰¹

O assunto tem continuidade, em carta de 28 de abril de 1928:

> As medidas que o mundo conhece já não servem para medir um país que está deixando de ser país para ser todo um mundo novo dentro de um velho [...]²⁰²

E completa, em dezembro de 1928:

> Meus estudos – e têm sido árduos, levaram-me a esta fórmula: Não é mais país. País é França, Alemanha, etc. States não é mais país. Extrapaizou-se. Virou mundo dentro do mundo e central station que fatalmente terá que manobrar todos os outros países.²⁰³

O deslumbramento era tal que, na carta de abril de 1928, Lobato chegou a afirmar:

> O que vim buscar nesse país, sabes o que foi? Um desânimo infinito – a certeza do que eu suspeitava, que a raça é tudo e que não temos raça... Gobineau, Gobineau...²⁰⁴

Outro dos temas que se repetem assiduamente na correspondência é a questão do ferro e do petróleo. Em meio aos diversos símbolos da modernidade capitalista que Monteiro Lobato descobriu nos Estados Unidos, ele começou a elaborar a ideia de que só seria possível transformar o Brasil numa nação produtiva, eficiente e rica, caso houvesse maior investimento na produção de ferro e na exploração de petróleo. A luta pela defesa dessa causa no Brasil ocupou grande parte da vida de Lobato e consumiu muito de sua energia, como ele conta a Vianna:

---

[201] Carta de Monteiro Lobato a Oliveira Vianna, 28 de novembro de 1927. Arquivo pessoal de Oliveira Vianna. Série Correspondências. Pasta: Monteiro Lobato.

[202] Carta de Monteiro Lobato a Oliveira Vianna, 28 de abril de 1928. Arquivo pessoal de Oliveira Vianna. Série Correspondências. Pasta: Monteiro Lobato.

[203] Carta de Monteiro Lobato a Oliveira Vianna, dezembro de 1928. Arquivo pessoal de Oliveira Vianna. Série Correspondências. Pasta: Monteiro Lobato.

[204] Carta de Monteiro Lobato a Oliveira Vianna, abril de 1928. Arquivo pessoal de Oliveira Vianna. Série Correspondências. Pasta: Monteiro Lobato.

> [...] minhas estadas no Rio, embora frequentes tem sido horrendamente ocupadas pelo big fight pró ferro. Custa ferrar um país como o nosso, mais que ferrar burro chucro. Foge com os cascos, escoicea, dá corcovos. [...] E agora temos o petróleo que vai ser lançado. O novo aparelho que assinala a existência do petróleo e pois permite que se perfure no lugar certo. Quanta coisa! Só por boca, meu caro, senão a carta vira livro. [...] O que me resta a viver não é muito – e a tarefa a realizar é ainda maior que um bond. Não tenho tempo para mais nada que me agrada. Todo ele vai para o que é forçoso fazer.[205]

A empolgação com a questão era tão grande que fez com que, num determinado momento, Lobato chegasse a estabelecer um cronograma de atividades para a sua empresa:

> A minha Petroleos[206] está incorporada, com todo o capital subscrito. Em fins de fevereiro os operadores do maravilhoso aparelho estarão entre nós. Em março já teremos indicações positivas. Em junho ou julho os jornais noticiarão o grande acontecimento do primeiro gusher. Em vez de te rires de mim, guarda essa para a próxima verificação da profecia.[207]

A busca pelo petróleo tornou-se um desejo tão forte na vida de Monteiro Lobato que, por ocasião da candidatura de Oliveira Vianna à Academia Brasileira de Letras, ele escreveu:

> Obrigado pelo convite para entrar em tua companhia no matadouro. Tenho de tirar petróleo e fazer ferro, não devo, portanto, arriscar a vida. Mas você meu caro, tem o dever de lá entrar, 1) porque toda gente estranha a sua ausência; 2) porque pela carta que me escreve não demonstra nenhum medo da letalidade da imortalidade brasílica. [...] Sinceramente devo dizer-te que me sinto muito velho e arrasado

---

[205] Carta de Monteiro Lobato a Oliveira Vianna, [s.d.]. Arquivo privado de Oliveira Vianna. Série Correspondências. Pasta: Monteiro Lobato.

[206] A Companhia Petróleos do Brasil foi lançada em dezembro de 1931 e sua subscrição alcançou, nos primeiros quatro dias, quase metade das ações (AZEVEDO, 1998, p. 272).

[207] Carta de Monteiro Lobato a Oliveira Vianna, [s.d.]. Arquivo privado de Oliveira Vianna. Série Correspondências. Pasta: Monteiro Lobato.

para disputar glórias sociais. Tirante petróleo, de fato não desejo mais coisa nenhuma deste mundo – e cada vez me convenço mais da vitória do petróleo.[208]

A crítica constante à Academia Brasileira de Letras, às suas práticas e aos seus ritos também ocupou um grande número de páginas da correspondência de Lobato a Vianna. Ele denunciava, ironicamente, o seu "medo da imortalidade". Certa vez, escreveu também a Godofredo Rangel: "[...] eu me sinto terrivelmente mortal. A 'imortalidade' me assusta..." (LOBATO, 1959)

A crítica é ainda recheada de um intenso deboche, como quando Lobato afirma escrevendo dos Estados Unidos: "A Academia... Como fica pequenininha daqui."

Apesar da crítica à Academia Brasileira de Letras, a consagração que pode trazer a ocupação de uma vaga numa instituição como essa levou Lobato a alimentar mais um de seus sonhos.[209] Escrevendo a Oliveira Vianna, Monteiro Lobato associa petróleo e consagração no mundo das letras, dizendo:

> Não se espante pois de mais mês, menos mês, a notícia te chegar que we struck oil. E por essa época você não estiver imortalizado pela Lethal, entrarás na minha academia de letras. Doarei um poço de petróleo para termos uma comme il faut – com um jetãonzão que vai fazer o pessoal daí morrer de inveja.[210]

Esse conjunto de correspondências muito nos informa sobre as ideias de Monteiro Lobato, mas também nos leva a conhecer melhor Vianna. A identidade do destinatário vai se construindo nas imagens

---

[208] Carta de Monteiro Lobato a Oliveira Vianna, 1937. Arquivo privado de Oliveira Vianna. Série Correspondências. Pasta: Monteiro Lobato.

[209] A relação entre Monteiro Lobato e a Academia Brasileira de Letras foi bastante conturbada. Lobato não conseguiu se eleger acadêmico, embora seu nome tenha sido cogitado em diversas ocasiões. Em 1921, Lobato candidatou-se à Academia, mas retirou a candidatura em seguida. Anos mais tarde, em janeiro de 1926, voltou a candidatar-se mas abandonou a disputa mesmo sem retirar oficialmente a candidatura. Finalmente, em 1944, ocorreu sua última tentativa de candidatura: um grupo de intelectuais indicou seu nome, mas ele não aceitou concorrer. Sobre esse tema, ver Moraes (1995, p. 80-81).

[210] Carta de Monteiro Lobato a Oliveira Vianna. Arquivo privado de Oliveira Vianna. Série Correspondências. Pasta: Monteiro Lobato.

do autor das cartas. Como produto da interação do remetente com o destinatário, a carta permite que ambos se tornem seus protagonistas porque de ambos se obtém informações. Depois de escrita, "a carta já não é de quem escreve, e sim de quem a recebe, daí a importância de se perguntar pelo destinatário e não concentrar-se unicamente no autor do escrito" (BLAS, 2002, p. 126). Das cartas de Lobato, surge um Oliveira Vianna negligenciado pelos estudos biográficos posteriores.[211] As cartas transbordam admiração, construindo a imagem de um intelectual rico, criativo, fundamental para o progresso do país.

As primeiras cartas de Monteiro Lobato para Oliveira Vianna são do princípio dos anos 1920,[212] quando Lobato tinha acabado de lançar Vianna como um dos autores revelados por sua casa editorial.[213] Nesse momento, houve, na opinião de Lucia Lippi, uma "confluência de interesses e perspectivas" entre Lobato e Vianna, o que, talvez, os tenha aproximado. Entre eles ocorreu, segundo essa autora, uma "[...] confluência de objeto (o homem rural brasileiro), de explicações (o racismo, a mestiçagem, a psicologia coletiva) e de preocupações (como esculpir um país com esta matéria prima)", o que levou Lobato a editar em 1920 e reeditar em 1922 *Populações meridionais do Brasil*.

Talvez tenha vindo daí a admiração de Lobato por Vianna e suas ideias. As cartas enviadas ao longo desse período demonstram sempre uma grande preocupação de Lobato com a saúde de Vianna, segundo ele, um intelectual brilhante cuja vida e ideias seriam fundamentais para o progresso do país. Escreve Lobato:

> Deu-me grande alegria saber de tua melhora. [...] Virás para cá como um messias, *um homem que traz a luz nova*. [...] Como te querem, como te compreendem aqui! E como isso depõe a favor da mentalidade de São Paulo, um dos [...] lugares do Brasil onde creio possível a passagem do

---

[211] As biografias de Monteiro Lobato praticamente ignoram as relações entre ele e Oliveira Vianna.

[212] Apesar de Lobato guardar o hábito de não datar suas cartas, pode-se inferir essa informação por outros dados que as correspondências trazem: o endereço de Lobato ou o assunto abordado – frequentemente fala-se da edição dos livros *Populações meridionais do Brasil* e *Evolução do povo brasileiro*.

[213] Ainda não foi possível estabelecer com precisão como se deu o encontro entre os dois. De acordo com as informações disponíveis, Vianna afirma que foi Plínio Barreto e Pinheiro Junior que o chamaram para a *Revista do Brasil* e o apresentaram a Lobato.

utópico para o orgânico. [...] é aqui que terá o que merece (grifo do original).²¹⁴

Lobato considerava que a admiração dos paulistas por Vianna era um elemento que depunha a favor da mentalidade dos seus conterrâneos. Considerava ser São Paulo o lugar onde Vianna deveria começar uma nova vida, visto que a cidade impunha-se, nesse momento, como símbolo do que de mais moderno e progressista havia no país.²¹⁵ Por isso, os paulistas estariam mais aptos a reconhecer o valor daquele a quem ele chamava de "novo messias". Assim, em junho de 1922, Lobato novamente escreveu a Vianna para fazer um convite:

> A Liga Nacionalista incubiu-me de convidar-te para uma conferência aqui. Deseja ela, interpretando a voz unânime de São Paulo, ter a honra de apresentar-te solenemente ao público paulista. És o grande homem que surge, o sociólogo, o abridor de sendas novas, e a Liga quer ter o gosto de dizer mais tarde – Fomos nós que o descobrimos e o apresentamos ao país.²¹⁶

A afeição de Lobato nos fala de Vianna e nos leva também a conhecer um pouco da imagem que se fez desse intelectual, no início dos anos 1920. Ao se referir aos livros de Vianna que vinham sendo lançados por sua editora, Lobato reafirma sua admiração pelo autor:

> Teu livro continua a entusiasmar.²¹⁷ Todos o lêem e o falam sem reservas, derramando-se em louros. Vou mandar um

---

²¹⁴Carta de Monteiro Lobato a Oliveira Vianna. Arquivo privado de Oliveira Vianna. Série Correspondências. Pasta: Monteiro Lobato.

²¹⁵Ao longo dos anos 1920, quando São Paulo consegue impor sua ascendência econômica ao restante do país, a questão da disputa econômica entre esta cidade e o Rio de Janeiro ganhou novos contornos no debate intelectual. Alguns intelectuais divulgaram a ideia de que era São Paulo a matriz da nacionalidade brasileira, ao mesmo tempo que buscaram desqualificar e deslegitimar o Rio de Janeiro como centro político da nação. Na argumentação do grupo, estava sempre presente a ideia do adiantamento de São Paulo em relação ao resto do Brasil: "os demais estados são vistos como "irmãos pobres e retardados". Daí a imagem bastante divulgada, de São Paulo como a locomotiva a puxar vagões vazios..." (VELLOSO, 1986, p. 59).

²¹⁶Carta de Monteiro Lobato a Oliveira Vianna, junho de 1922. Arquivo privado de Oliveira Vianna. Série Correspondências. Pasta: Monteiro Lobato.

²¹⁷Provavelmente, Lobato estava se referindo a *Populações meridionais do Brasil*.

exemplar ao Bernardes e outro ao Washington intimando-os a lerem-no.[218]

Lobato não só lançara os livros de Vianna como também fizera questão de divulgar suas ideias, enviando-os a amigos, políticos e outros intelectuais. Sem dúvida, esse era um dever do editor, previsto inclusive no contrato que ambos assinaram para a publicação de *Populações* onde, no primeiro item, o editor se comprometia a "[...] fazer a propaganda do livro, difundido-o na medida do possível". Mas a divulgação das ideias de Vianna por Lobato não se deu somente através dos meios tradicionais – anúncio, por exemplo – nem decorreu apenas de compromissos contratuais. A admiração por suas proposições fazia Lobato falar de Vianna aos amigos, o que se pode constatar quando destaca ao finalizar uma correspondência: "as tuas cartas são copiadas e circulam".

As cartas de Lobato para Vianna, apesar de cobrirem um período de dezessete anos, não foram sempre frequentes. Normalmente, as trocas de cartas obedecem a uma prática circular. Uma carta – texto produzido e objeto trocado entre aqueles que se correspondem – pode tanto representar uma resposta a uma questão formulada anteriormente em outra correspondência quanto significar uma nova solicitação, o que demanda a escrita de outra carta. Por isso, a leitura e a investigação de um conjunto de cartas pressupõe não somente o conhecimento de seu conteúdo informativo, como também a pesquisa de sua dimensão temporal, isto é, dos ritmos que cadenciam essa troca epistolar.

A cadência dessa comunicação pode ser contínua, frequente, quando se discute uma questão importante ou polêmica, ou pode ser menos assídua, embora igualmente contínua. Ela pode ainda ser descontínua, quando ligada ao acaso dos acontecimentos. Um outro aspecto que pode cadenciar o ritmo do intercâmbio de cartas está ligado a questões de ordem biográfica dos missivistas. Aspectos singulares de suas trajetórias e interesses individuais dispõem e predispõem os indivíduos a entrarem, ou não, no jogo do debate de ideias criado pela escrita epistolar.

---

[218]Carta de Monteiro Lobato a Oliveira Vianna. Arquivo privado de Oliveira Vianna. Série Correspondências. Pasta: Monteiro Lobato.

As cartas de Lobato para Vianna foram mais assíduas nos anos 1920, e tornaram-se mais esparsas ao longo dos anos 1930. Em seu período inicial, a troca de cartas foi mais intensa. Nessas, o conteúdo traduzia maior afinidade entre os missivistas e uma admiração mútua. Foi esse o "tempo do encanto", que levava Lobato a escrever a Vianna:

> Os futuros presidentes [do Brasil] têm que se orientar por ti.[219]

Ou ainda, quando, no final de 1928, ele escreve de Nova Iorque:

> Recebi teus queridos garranchos e com a grata nova de que aderiu... Parabéns. Nada mais duro nem mais idiota que remar contra a corrente. E muita coisa boa pode fazer uma pessoa inteligente, para o bem público, que se põe a vogar pelo sabor das águas. Mais do que vogando contra. Nenhuma prova poderias dar da tua inteligência do que essa resolução de entrar na política e assim vá recheando ela de valores [...]. No dia em que te vir no Congresso deixarei de me referir a ele com os adjetivos de hoje e muita gente fará o mesmo. É de Viannas lá que o Brasil precisa [...].[220]

O encantamento que unia esses dois intelectuais nos anos 1920 começou, porém, a sofrer abalos nos primeiros anos da década de 1930.

A adesão de Vianna ao governo Vargas, com a ocupação do cargo de consultor Jurídico do Ministério do Trabalho, levou Lobato a registrar os primeiros indícios de desencantamento:

> Teu cartão veio provar-me que, como homem que se mumifica dentro de um ministério do trabalho, tens forçosamente de ignorar o que o trabalho anda a operar ao redor de ti. Mundo da lua... [...] Vem passar dois dias cá. Precisas de sol – mas sol de campo, de montanha, de zona petrolífera

---

[219] Carta de Monteiro Lobato a Oliveira Vianna. Arquivo privado de Oliveira Vianna. Série Correspondências. Pasta: Monteiro Lobato.

[220] Carta de Monteiro Lobato a Oliveira Vianna. Arquivo privado de Oliveira Vianna. Série Correspondências. Pasta: Monteiro Lobato.

e não desse infecto sol do rio,[221] para galegos. O ministério deve estar te embolorando. Vem desembolorar-te cá.[222]

Com o passar dos anos, no entanto, o tom da escrita foi se tornando mais grave e Lobato começou a carregar nas tintas da crítica. As atitudes tomadas pelos membros do governo Vargas ganharam de Lobato uma apreciação cada vez mais desfavorável. Em carta datada de 24 de novembro de 1935, ele anota:

> Receio que a lei que vocês querem fazer venha atrapalhar ainda mais os movimentos da iniciativa particular. Temos leis demais. Cada lei é um cipó. Amarrado por elas, o Brasil é esse mendigo de cócoras num monte de ouro, como você sabe. [...] Se eu fosse ditador do Brasil, entraria com este programa: revogar uma lei por dia. Seriam 365 cipós suprimidos por ano. No fim de alguns anos, o gigante encipoado estaria límpido como um yankee. [...] Leia o novo prefácio sobre o caso Alagoas. São seis páginas só. Pare numa livraria e leia. Aquilo é para preparar um movimento no Norte contra a lei de Minas, que é a maior imbecilidade que poderia sair da cabeça dos cipozantes. Que cavalos os nossos legisladores [...].[223]

As críticas de Lobato à Lei de Minas e à política governamental relacionada à siderurgia e ao petróleo não eram explicitadas apenas em cartas a Vianna. Lobato fazia palestras sobre o assunto, dava conferências, entrevistas na imprensa, além de ter, em mais uma tentativa de mobilizar a opinião pública, prefaciado um livro sobre o tema e publicado um texto de sua autoria sobre a exploração do petróleo.[224]

---

[221] Manteve-se a grafia original de Lobato para o nome da cidade do Rio de Janeiro, escrito com minúscula.

[222] Carta de Monteiro Lobato a Oliveira Vianna, 1932. Arquivo privado de Oliveira Vianna. Série Correspondências. Pasta: Monteiro Lobato.

[223] Carta de Monteiro Lobato a Oliveira Vianna, 24 de novembro de 1935. Arquivo privado de Oliveira Vianna. Série Correspondências. Pasta: Monteiro Lobato.

[224] O primeiro desses livros foi lançado em junho de 1935 pela Companhia Editora Nacional. Chamava-se *A luta pelo petróleo*. Era uma obra de Essad Bey, traduzida por Charlie W. Frankie, antigo colaborador de Lobato em levantamentos geofísicos e prospecções. Lobato assinava um longo prefácio, no qual denunciava a falta de eficiência do Serviço Geológico, órgão estatal

O julgamento desfavorável do governo de Vargas tornava-se cada vez mais comum nos textos, palestras e cartas de Lobato. Essa situação agravou-se ainda mais quando a nova conjuntura política do Estado Novo censurou a imprensa, impedindo que as críticas se tornassem públicas. Lobato decidiu-se então por outra estratégia, para manter sua campanha pelo petróleo: enviar correspondências a pessoas importantes do governo, expondo suas opiniões e necessidades. Ele demonstra claramente essa estratégia em carta ao general Góis Monteiro, chefe do Estado Maior do Exército, em 1940: "[...] sou obrigado a continuar na campanha não mais pelo livro ou pelos jornais, porque já não temos a palavra livre, e sim por meio de cartas aos homens do poder".

Entre os "homens do poder" do Estado Novo estava o seu "velho camarada" Oliveira Vianna. Embora as críticas ao governo se tornassem mais frequentes, Lobato mantinha com Vianna um discurso afetivo que, em nome da velha amizade epistolar que os unia, lhe permitia escrever, em fins de 1938, para pedir um favor àquele que ele considerava parceiro no compromisso pelo desenvolvimento do país:

> Meu caro Vianna: o que preciso de você é que me ajude numa pretensão nossa [da União Jornalística Brasileira sob a direção de Monteiro Lobato], e me diga que obstáculos há. Se os houver. A União Jornalística Brasileira requereu a organização de uma feira permanente de amostras em São Paulo. Requereu ao ministro. Há uma comissão para isso. Como os caminhos da Burocracia Nova são mais insondáveis que os antigos da Divina Providência, muitas vezes as coisas encalham e a gente não sabe por que. Ora o que te peço é ver se a nossa pretensão vai encalhar – e ajude, com bons conselhos, a desencalhá-la [...] Do teu realmente (fisicamente) velho camarada. Monteiro Lobato.[225]

---

responsável pelas pesquisas do setor no Brasil. O segundo livro, escrito pelo próprio Lobato, intitulado *O escândalo do petróleo*, chegou às livrarias em agosto de 1936. Nele, Lobato relata a situação do poço de Alagoas, afirma que a descoberta de petróleo nessa região do país contrariava os interesses da Standard Oil e relata as estratégias utilizadas por companhias estrangeiras – aliadas ao governo federal – para impedir a exploração autônoma de petróleo por companhias nacionais (AZEVEDO; CAMARGOS; SACHETTA, 1998, p. 282).

[225] Carta de Monteiro Lobato a Oliveira Vianna, 1938. Arquivo privado de Oliveira Vianna. Série Correspondências. Pasta: Monteiro Lobato.

Vianna apressou-se em responder a carta de Lobato e também a tentar atender a sua solicitação. Mas sua disposição e diligência não significaram uma maior aproximação com Lobato. Alguns dias depois, Oliveira Vianna recebeu de Lobato uma carta na qual ele reclamava da solução dada ao seu pedido e reafirmava com maior intensidade as críticas ao Estado Novo:

> Vianna amigo,
> Só hoje, 29, recebi a tua de 20. O correio do Estado Novo descobriu meios de dilatar para 9 dias o trajeto de uma carta daí para aqui. Se no zodíaco tivesse o signo do Kagado, não seria outro o escolhido para o nascimento do Estado Novo. Quando te falei nos mistérios insondáveis da burocracia esotérica não calculei que estava próxima a vinda de mais uma documentação dos cujos. O despacho que S. Excia. deu, como vejo de tua carta, foi deferido *em termos*. Se isso não é esoterismo integral, não sei o que seja. *Em termos!* Fiquei na mesma. Que termos? Se é a parte de lá que fala em termos e sabe de termos, por que não os declara logo? Voltaire mandava que antes de qualquer debate se definissem os termos. A burocracia esotérica que nos felicita não segue o precioso conselho de Voltaire. Não define os termos... E ficamos todos na mesma, de boca aberta, a perguntar-nos uns aos outros: que termos, mulher? Quem sabe você que é um insider, pode esclarecer-nos nesse ponto, ou informando-me de tais termos ou indicando-me o caminho de descobrir o pensamento secreto que anima os esotéricos quando dizem: em termos (grifos do original).[226]

Os caminhos dos dois "camaradas" distanciavam-se cada vez mais. A trama de afetos urdida ao longo de anos através do intercâmbio epistolar rompia-se à medida que ambos investiam em projetos pessoais divergentes. A rebeldia de Lobato fazia com que denunciasse, de forma cada vez mais veemente, o que ele considerava ser uma manobra dos homens do Estado contra as companhias nacionais de petróleo.

---

[226] Carta de Monteiro Lobato a Oliveira Vianna, 1938. Arquivo privado de Oliveira Vianna. Série Correspondências. Pasta: Monteiro Lobato.

Enquanto isso, Vianna, cujo nome cada vez mais era associado à postura autoritária do Estado Novo, saía do Ministério do Trabalho para ocupar a posição de ministro do Tribunal de Contas da União.

A última carta de Lobato a Vianna registra um último "desencontro":

> Há tempos te incomodei com o negócio de uma exposição industrial que havíamos requerido – e a autorização ministerial foi concedida sem demora. Mas aconteceu o que não esperávamos: não houve meio de encontrar em São Paulo um espaço bastante amplo onde localizar a exposição. E tivemos de pedir a dilatação do prazo, nada de espaço... [...] Mas agora, inopinadamente, apareceu o espaço [...] Mas o segundo prazo está no fim.[227]

Escrita em 4 de agosto de 1939, a carta antecedeu em dois anos o episódio da prisão de Monteiro Lobato sob a ditadura do Estado Novo, ocorrida em janeiro de 1941. Apesar do crescente desencanto de Lobato com as atividades de seu amigo, a carta ainda tem registrada uma despedida carinhosa:

> Adeus, meu caro e disponha sempre do amigo certo Monteiro Lobato.[228]

Monteiro Lobato editor de *Populações meridionais do Brasil*

> Está já exposto à venda nas principais livrarias do Rio de Janeiro, o primeiro tomo da obra do sr. Oliveira Vianna, jovem e eminente escritor nacional [...][229]

O anúncio do jornal *O Fluminense,* do dia 14 de maio de 1921, divulgava o lançamento do livro de estreia de Oliveira Vianna,

---

[227] Carta de Monteiro Lobato a Oliveira Vianna, 4 de agosto de 1939. Arquivo privado de Oliveira Vianna. Série Correspondências. Pasta: Monteiro Lobato.

[228] Carta de Monteiro Lobato a Oliveira Vianna, 4 de agosto de 1939. Arquivo privado de Oliveira Vianna. Série Correspondências. Pasta: Monteiro Lobato.

[229] *O Fluminense,* 14 de maio de 1921.

Populações meridionais do Brasil (História – organização – psicologia. Primeiro volume. Populações rurais do centro-sul: paulistas – fluminenses – mineiros), fruto do contrato assinado entre Monteiro Lobato e Oliveira Vianna, em julho de 1919, transferindo à *Revista do Brasil* os direitos de publicação do livro sob os seguintes termos:

> Francisco José de Oliveira Vianna, morador em Niterói Estado do Rio de Janeiro, transfere a Revista do Brasil, *empresa* editora com sede em São Paulo, representada pelo seu diretor proprietário J. B. Monteiro Lobato, os direitos de publicação do livro *Populações meridionais do Brasil*, mediante as seguintes cláusulas:
>
> A Revista do Brasil obriga-se a) imprimir o livro correndo por sua conta todas as despesas; b) dar a primeira edição mil exemplares, ficando ao arbítrio da Revista o número de exemplares das edições subsequentes; c) a pagar ao autor trinta por cento (30%) dos lucros líquidos, a medida que as livrarias revendedoras forem liquidando as suas contas; d) a justificar ao autor o custo da obra; e) a fazer a propaganda do livro, difundindo-o na medida do possível.
>
> O autor obriga-se a não publicar outra edição do mesmo livro na vigência deste contrato.
>
> E como assim convencionaram o presente, lavrado em duplicata.
> Niterói, 25 de julho de 1919
> Francisco José de Oliveira Vianna
> Jose Bento Monteiro Lobato (gritos do original).[230]

Considerando-se as condições da época, o contrato era bastante favorável ao autor. Num momento em que as edições se contavam às centenas, Lobato propunha a Vianna uma primeira edição, de seu livro de estreia, de mil exemplares. Num mercado editorial onde uma

---

[230] Contrato assinado entre Monteiro Lobato e Oliveira Vianna para publicação do livro *Populações meridionais do Brasil* em 25 de julho de 1919. Arquivo privado de Oliveira Vianna. Série Correspondências. Pasta: Monteiro Lobato.

taxa de 10% de direitos autorais era vista como um grande negócio para o autor, Lobato sugeria 30% a Vianna.[231]

Ao ser lançado, o livro de Vianna era o mais caro do catálogo das Edições da *Revista do Brasil*. O preço pode ter sido determinado segundo os termos do contrato assinado com o autor, mas talvez também estivesse relacionado ao seu público leitor. Em carta a Vianna, tratando de um de seus livros, Lobato escreve:

> Hoje [...] é impossível ter o livro barato [...] Além disso, é um engano supor que um livro como o teu a preços populares, sai mais. Isso se dá em países onde o povo lê. Aqui *só a elite lê*. Já fiz a experiência em várias obras e verifiquei que não há público para o livro em papel vagabundo (grifo do original).[232]

Apesar do preço e a despeito dos estreitos limites do mercado editorial brasileiro naquele momento, o livro de Vianna representou um bom negócio para Lobato, visto que ele foi muito bem recebido pela crítica especializada da época, o que resultou numa segunda edição,[233] em 1922, pela Monteiro Lobato & Cia.[234]

Concluía-se, nesse momento, uma importante etapa na vida desse autor. A publicação do primeiro livro marcava um momento culminante de legitimação de Oliveira Vianna como um intelectual importante da Primeira República. O livro de estreia, como salientou Alfredo Wagner de Almeida (1979, p. 24) ao se referir a Jorge Amado, tem imensa importância, pois, como o produtor cultural não possui obra anterior que possa representar "aceitação social", a emergência do livro de estreia "tem que necessariamente se impor aos agentes e instâncias

---

[231] Laurence Hallewell (1985) afirma que pagar seus autores generosamente para os padrões da época foi uma prática comum a Monteiro Lobato. Segundo ele, "parece ter sido de dez por cento a taxa de direitos autorais que ele normalmente pagava, mas muitas vezes essa porcentagem era maior" (HALLEWELL, 1985, p. 268). Vianna parece ter sido um dos autores nos quais Lobato acreditava poder investir mais.

[232] Carta de Monteiro Lobato a Oliveira Vianna. Arquivo privado de Oliveira Vianna. Série Correspondências. Pasta: Monteiro Lobato.

[233] Antes mesmo dessa segunda edição, Monteiro Lobato havia publicado um outro livro de Vianna, *Pequenos estudos de psicologia social*, lançado em 1921.

[234] Em meados de 1920, Monteiro Lobato havia reorganizado a editora, associando-se a Octalles Marcondes Ferreira e constituindo uma nova sociedade que passou a denominar-se Monteiro Lobato & Cia.

de legitimação que integram a estrutura interna do campo intelectual naquele período de tempo". Oliveira Vianna garantiu, a partir daí, seu lugar definitivo entre os legítimos analistas da realidade brasileira.

Populações meridionais do Brasil é o livro de Oliveira Vianna que mais vezes foi reeditado. Possui onze edições, publicadas por nove casas editoriais distintas, conforme o quadro a seguir.

Quadro 8 – Edições e reedições do livro *Populações meridionais do Brasil*

Edição	Editora	Local	Data	Coleção
1ª	Edições da Revista do Brasil	São Paulo	1920	★
2ª	Monteiro Lobato & Cia.	São Paulo	1922	★
3ª	Companhia Editora Nacional	São Paulo	1933	Brasiliana
4ª	Companhia Editora Nacional	São Paulo	1938	Brasiliana
5ª	José Olympio	Rio de Janeiro	1952	★
6ª	Paz e Terra	Rio de Janeiro	1973	Estudos sobre o Brasil e a América Latina
7ª	Itatiaia/ Eduff	Belo Horizonte/ Niterói	1987	Reconquista do Brasil
8ª	Câmara dos Deputados	Brasília	1982	★
9ª	EDUFF	Niterói	1987	★
10ª	Nova Aguilar	Rio de Janeiro	2000	Intérpretes do Brasil
11ª	Senado Federal	Brasília	2005	★

Fonte: Elaboração própria.

Na última edição do livro, antes de sua morte,[235] Vianna escreveu um prefácio no qual afirmava:

---

[235] Antes de sua morte, a última edição foi a quarta publicada pela Companhia Editora Nacional em 1938.

Este livro sai nesta quarta edição tal como na primeira. Não lhe modifiquei nada. Não costumo alterar ou retificar o conteúdo de livros que publico.

Embora seja verdade que não tenha havido modificações no texto do livro, visto que Vianna, ao citar Durkheim em epígrafe, defende a posição de que um livro deve manter as suas ideias originais, as diversas edições de *Populações meridionais do Brasil* passaram por modificações impostas pelos profissionais da editoração.

O título completo da primeira edição foi mantido na segunda edição de 1922 e nas edições da Brasiliana em 1933 e 1938. Ainda na quinta edição, primeira pela José Olympio, em 1952, o título original completo é mantido mas é publicado pela primeira vez o segundo volume do livro, chamado *O campeador rio-grandense*.[236] A sexta edição, publicada pela editora Paz e Terra, do Rio de Janeiro, além de contar com os dois volumes da edição anterior, suprimiu parte do título, aparecendo apenas *Populações meridionais do Brasil*. As "dimensões do universo do discurso (história – organização – psicologia) e dos espaços privilegiados (Populações rurais do centro – sul: paulistas – fluminenses – mineiros) são eliminadas como se não tivessem nenhuma significação para o entendimento mais imediato do posicionamento do autor" (FARIA, 1987, p. 61).

Assim que foi lançado, em 1920, *Populações meridionais do Brasil* cumpriu uma trajetória de sucesso. As críticas, em sua maioria positivas, consideravam Vianna a grande revelação dos estudos sociológicos do período. José Maria Belo (1923), Osório Duque Estrada (1924), Alceu Amoroso Lima (1948), entre outros, escreveram textos elogiosos, logo na primeira hora após o lançamento do livro, favorecendo uma recepção positiva à obra e incluindo Vianna entre os autores que deveriam ser necessariamente lidos, a partir de então, para se conhecer o Brasil.

O livro de Vianna, ao conseguir arrancar elogios de dois dos maiores críticos literários do Brasil daquela época – Alceu Amoroso Lima e Agripino Grieco –, apontados por alguns autores como "artífices do senso público das décadas de 20 e 30" (ALMEIDA, 1979, p. 68), abriu definitivamente as portas do mundo editorial para Oliveira Vianna.

---

[236] As mudanças no título dessa obra de Vianna foram observadas por Luis de Castro Faria (1987, p. 60-61).

A produção editorial de Vianna[237]

Lucia Lippi comenta, em um texto sobre as leituras realizadas acerca da obra de Oliveira Vianna, ser este um autor que, embora frequentemente acusado e criticado, não é jamais esquecido. Segundo ela, "de vez em quando se redescobre Oliveira Vianna e se reeditam suas obras. [...]" (OLIVEIRA, 1993, p. 242). De fato, isso se observa através da sucessão de reedições à qual os livros de Vianna foram submetidos desde o momento de lançamento de *Populações meridionais do Brasil*: os livros de Vianna foram sucessivamente reeditados e, a contar de 1920, somente nos anos 1960 não houve nenhuma edição ou reedição de nenhum de seus livros.

Quadro 9 – Edições e reedições dos livros de Oliveira Vianna

Período	Livro	Edição
Anos 1920	*Populações meridionais do Brasil*	1ª, 1920
		2ª, 1922
	Pequenos estudos de psicologia social	1ª, 1921
		2ª, 1923
	Evolução do povo brasileiro	1ª, 1922
		2ª, 1924
	O idealismo na evolução política do Império e da República	1ª, 1922
	O idealismo da Constituição	1ª, 1924
		2ª, 1927
	O ocaso do Império	1ª, 1925

---

[237] Há um capítulo do livro de Luiz de Castro Faria no qual ele elabora uma análise dos livros de Oliveira Vianna, tratando, além da cronologia de publicação, da investigação do conteúdo de cada um dos textos. Diferentemente dessa análise, a nossa não tratará das questões temáticas e propriamente referentes ao conteúdo dos livros, mas apenas ao seu processo de lançamento, editoração e reedição pelo mercado editorial. Recomendamos pois para um maior aprofundamento das questões temáticas, a leitura do texto de Castro Faria (2002).

Período	Livro	Edição
Anos 1930	Populações meridionais do Brasil	3ª, 1933
		4ª, 1938
	Evolução do povo brasileiro	3ª, 1933
		4ª, 1938
	O ocaso do Império	2ª, 1933
	O idealismo da Constituição	3ª, 1939
	Problemas de política objetiva	1ª, 1930
Anos 1930	Raça e assimilação	1ª, 1932
		2ª, 1934
		3ª, 1938
	Problemas de Direito Corporativo	1ª, 1938
	As novas diretrizes da política social	1ª, 1939
Anos 1940	Pequenos estudos de psicologia social	3ª, 1942
	Problemas de política objetiva	2ª, 1947
	Problemas de direito sindical	1ª, 1943
	Instituições políticas brasileiras	1ª, 1949
Anos 1950	Populações meridionais do Brasil	5ª, 1952
	Evolução do povo brasileiro	5ª, 1956
	O ocaso do Império	3ª, 1959
	Raça e assimilação	4ª, 1959
	Instituições políticas brasileiras	2ª, 1955
	O problema do trabalho e democracia social	1ª, 1951

Período	Livro	Edição
Anos 1950	*Problemas de organização e problemas de direção*	1ª, 1952
	Introdução à História Social da economia pré-capitalista	1ª, 1958
Anos 1960	Nenhuma edição ou reedição	
Anos 1970	*Populações meridionais do Brasil*	6ª, 1973
	Problemas de política objetiva	3ª, 1974
	Instituições políticas brasileiras	3ª, 1974
		4ª, 1979
	Problemas de organização e problemas de direção	2ª, 1974
Anos 1980	*Populações meridionais do Brasil*	7ª, 1987
		9ª, 1987
	O idealismo da Constituição	4ª, 1981
	Instituições políticas brasileiras	5ª, 1987
	Introdução à História Social da economia pré capitalista	2ª, 1987
	História Social da economia capitalista no Brasil	1ª, 1987
Anos 1990	*Ensaios Inéditos*	1ª, 1991
	O ocaso do Império	4ª, 1990
Anos 2000	*Populações meridionais do Brasil*	10ª, 2000
		11ª, 2005
	Instituições políticas brasileiras	6ª, 1999

Fonte: A elaboração desse quadro inspirou-se na bibliografia organizada por André Luiz Faria Couto e citada por Lucia Lippi (1993). No entanto, o quadro foi completado com as edições que não eram citadas por esses autores.

Um ponto interessante a se observar é justamente a temporalidade dos lançamentos e reedições da obra de Vianna. Durante os anos 1920 e 30, Vianna lançou uma grande quantidade de livros novos e reeditou vários desses textos. Nos anos 1940, sua produção parece diminuir. Houve, nesse decênio, quatro publicações, sendo que apenas duas destas são lançamentos de novos títulos. Nos anos 1950, no entanto – talvez em função da morte do autor no primeiro ano da década – foram feitas oito edições da obra de Vianna, com três lançamentos de novos títulos. Nos anos 1960, não houve nenhum lançamento ou reedição de seus livros. Talvez um aspecto que explique esse esquecimento da obra de Vianna no período, seja as duras críticas à sua obra elaboradas na década anterior, principalmente por Dante Moreira Leite. Esse autor – que, nas palavras de Lucia Lippi, escreveu, em meados dos anos 1950, um "livro-cânone", que passou a condicionar "[...] o que se dizia, ou melhor, o que se podia dizer [nas ciências sociais do período]" (OLIVEIRA, 1999, p. 156) – lançou sobre a obra de Oliveira Vianna o parecer mais negativo possível. Segundo ele,

> [...] na verdade, a obra de Oliveira Vianna não resiste a qualquer crítica, por mais benevolente que o leitor procure ser, por mais que deseje compreendê-lo em sua época e em seu ambiente [...] Oliveira Vianna [...] não tinha dotes de observador ou teórico. O que nele parece teoria é imaginação gratuita, grosseira deformação de fatos e teorias alheias (LEITE, 1976, p. 221).

Trabalhos como esse de Dante Moreira Leite, aliado a uma leitura da história das Ciências Sociais no Brasil – que nos anos 1960 consideravam toda a produção anterior ao surgimento das faculdades de Ciências Sociais como pré-científicas –, serviram para desqualificar a obra de Oliveira Vianna e alijá-la do mundo intelectual e acadêmico durante vários anos.

Mas, nos anos 1970, a organização de um novo governo autoritário no Brasil e a necessidade de se explicar por que a história da República no Brasil vinha sendo marcada mais por períodos de governos fortes, centralizadores, que por períodos democráticos levaram os intelectuais a buscar nos estudos anteriores razões para compreender o autoritarismo brasileiro. Trabalhos dos pensadores da Primeira República e do período do Estado Novo foram novamente considerados e Oliveira Vianna reapareceu como importante representante do chamado pensamento autoritário. Foram publicadas novas edições de seus trabalhos e Vianna voltou a ser lido e criticado.

A partir desse momento – e, particularmente após a publicação de obras como a de Wanderley Guilherme dos Santos, que, se opondo à concepção segundo a qual dividia-se a história das Ciências Sociais em "pré-científica" e científica reinseriu às discussões a obra de Oliveira Vianna no cenário intelectual (LIMA, 2002) – surgiram diversas edições dos livros de Vianna e o lançamento de dois títulos inéditos do autor.

No fim dos anos 1990, os preparativos para as comemorações dos 500 anos do Descobrimento do Brasil novamente criariam um ambiente propício para a retomada da história das Ciências Sociais no Brasil e para a reflexão a respeito de quais eram os pensadores que melhor haviam interpretado o país. No contexto das comemorações aprofundava-se uma reflexão sobre a nossa identidade e os intelectuais que haviam se dedicado a essa temática tiveram seus trabalhos novamente valorizados no mercado editorial.

A editora Nova Aguilar lançou uma coleção luxuosa, em papel-bíblia, sob o título de *Intérpretes do Brasil*, onde reuniu textos de importantes intelectuais brasileiros. O lançamento da obra foi motivo de destaque da grande imprensa. Os cadernos Ideias/Livros, do *Jornal do Brasil* de 20 de maio de 2000, e o Prosa e Verso, de *O Globo* de 24 de junho de 2000 publicaram, com grande destaque, matérias sobre o lançamento com os comentários das historiadoras Jacqueline Hermann e Isabel Lustosa.

Isabel Lustosa destaca a importância da coleção, afirmando que ela reúne

> [...] livros que tiveram grande impacto quando de seus lançamentos e cujas idéias se incorporaram de uma maneira ou de outra a uma espécie de substrato, de psiquê nacional (LUSTOSA, 2000, p. 6).

A autora vai ainda mais longe na afirmação da importância da coleção quando, citando um comentário feito por Luís Jorge Werneck

Viana, questiona: "em que medida esses livros, ao invés de interpretarem o Brasil, não inventaram o Brasil da maneira como o conhecemos?"

Oliveira Vianna encontra-se, assim, inserido nos anos 1990 no quadro geral dos "inventores", entre Joaquim Nabuco, Euclides da Cunha, Manuel Bonfim, Alcântara Machado, Paulo Prado, Graciliano Ramos, Gilberto Freyre, Caio Prado Junior e Florestan Fernandes, todos nomes representativos da "produção nacional dedicada à análise histórica, sociológica, antropológica e política brasileiras [...]" (HERMANN, 2000, p. 1).

A produção de Oliveira Vianna, apesar de duramente criticada em alguns momentos, manteve-se, portanto, ao longo dos últimos cinquenta anos, ocupando um espaço bastante significativo no mercado editorial especializado na área de Ciências Sociais. Como assinala Lucia Lippi Oliveira (1993), com frequência e fortuitamente "Oliveira Vianna renasce das cinzas e volta a perturbar o sono dos intelectuais brasileiros [...]".

"O sociólogo de nossos dias e de nossa terra"[238]: a produção editorial de Vianna nos anos 1920

Antes mesmo da segunda edição de *Populações meridionais do Brasil*, Monteiro Lobato publicou, em 1921, outro livro de Vianna, *Pequenos estudos de psicologia social*. Esse pequeno volume – que seria reeditado ainda mais duas vezes, a primeira em 1923 pela Monteiro Lobato & Cia. e, mais tarde, em 1942, na coleção Brasiliana – relacionava-se à produção publicada por Vianna, no início dos anos 1920, na *Revista do Brasil* e ainda à uma reflexão sobre Feijó que alguns anos depois viria a ser também publicada na *Revista do Instituto Histórico e Geográfico Brasileiro* (VIANNA, 1942).

Pequenos estudos de psicologia social foi um dos livros de Vianna reeditados na coleção Brasiliana. No exemplar dessa coleção, foram incluídos alguns novos capítulos: "Minas da tradição e Minas do progresso", "Os fluminenses e sua civilização"[239] e o texto sobre Alberto

---

[238] Essa é uma das expressões com a qual Alceu Amoroso Lima (1934) se refere a Oliveira Vianna quando procede à crítica de sua obra.

[239] Esse texto havia sido originalmente escrito por Vianna como prefácio de livro de Alberto Ribeiro Lamego, *Na planície do solar e da senzala*.

de Oliveira que havia servido a Oliveira Vianna como discurso de posse na Academia Brasileira de Letras.

O terceiro livro publicado por Vianna foi *Evolução do povo brasileiro*. Editado pela primeira vez com o título de *O povo brasileiro e sua evolução*, serviu de texto introdutório ao recenseamento de 1920, publicado pelo Ministério da Agricultura, Indústria e Comércio, em 1922.

O texto originou-se de uma encomenda feita por Bulhões de Carvalho, em nome da Diretoria Geral de Estatística do Ministério da Agricultura, Indústria e Comércio, em 11 de julho de 1921:

> A Diretoria Geral de Estatística, atendendo a reconhecida competência de V. Ex., vem por meio desta convidá-lo para escrever uma memória sobre a formação de nossa nacionalidade, apreciando os fatos históricos que assinalaram essa evolução desde o início da fase colonial no século XVI até os nossos dias. Esse trabalho deve figurar com outros, sobre assuntos diversos, na introdução da obra em que serão consubstanciados os resultados do censo de 1920, introdução que constará de um resumo descritivo e crítico sobre o Brasil considerado em todos os aspectos porque se manifesta o seu desenvolvimento, quer do ponto de vista sociológico e político, quer no que diz respeito aos seus recursos materiais e condições naturais de prosperidade [...][240]

Aceito o convite de Bulhões de Carvalho, Vianna redigiu o texto que passou a compor a introdução dos resultados do censo. Onze anos mais tarde, em 1933, a obra foi reeditada pela Companhia Editora Nacional, na coleção Brasiliana. Seu título mudou para *Evolução do povo brasileiro*, tendo com esse nome sido reeditada também em 1938, na própria Brasiliana, e em 1956, pela José Olympio.

O idealismo na evolução política do Império e da República foi o primeiro título publicado na coleção Biblioteca do Estado de São Paulo, que reunia artigos anteriormente escritos para O Estado de S. Paulo. A série, iniciada com o texto de Vianna, foi apresentada

---

[240] Carta de Bulhões de Carvalho a Oliveira Vianna, 11 de junho de 1921. Arquivo privado de Oliveira Vianna. Série Correspondências. Pasta: Diretoria Geral de Estatística do Ministério da Agricultura, Indústria e Comércio.

pelos editores do jornal como de grande utilidade para os intelectuais do país:

> Com a série de volumes, que hoje começamos, poderão os estudiosos guardar e aproveitar plenamente o que de mais importante apareça nas edições cotidianas destinadas ao grande público (*apud* Faria, 2002, p. 64).

Iniciar essa coleção com a publicação dos textos de Vianna demonstra a importância que os editores do periódico davam a sua obra.

A ideia inicial dos editores parece ter sido comemorar o centenário da Independência com a publicação de uma série de artigos que ocupariam apenas uma página do jornal, como se pode ver pela carta enviada a Oliveira Vianna por Nestor Pestana:

> O Estado de S. Paulo, desejando contribuir para a comemoração do centenário da nossa independência, resolveu promover a publicação de uma série de trabalhos relativos as diversas manifestações da vida nacional, no período correspondente ao primeiro século de nossa existência autônoma. Cada estudo destes poderá ocupar pouco mais ou menos, o espaço de uma página do "Estado" e deverá estar concluído e em nosso poder até o fim de junho de 1922. Tomamos a liberdade de incluir o nome de V. Excia. entre os autores por nós escolhidos para a elaboração desses artigos e pensamos confiar a V. Excia. um tema, de sua escolha, que se inscreve no quadro acima formulado. Ou outro que V. Excia. nos sugerir [...].[241]

É interessante notar que a carta, datilografada, tinha um padrão onde vinha escrito "Tomamos a liberdade de incluir o nome de V. Excia. entre os autores por nós escolhidos para a elaboração desses artigos e pensamos confiar a V. Excia. o que se insere no seguinte tema _____". No entanto, na correspondência enviada para Vianna, esse trecho da carta aparecia

---

[241] Carta de Nestor Pestana a Oliveira Vianna, de 10 de maio de 1922. Arquivo privado de Oliveira Vianna. Série Correspondências. Pasta Nestor Pestana.

riscado. Nestor Pestana afirmava a Vianna que ele poderia escrever um artigo com um tema de sua escolha, o que demonstra, provavelmente, o prestígio adquirido por Vianna, já em 1922, com os editores desse periódico.

Tudo indica que o projeto de elaboração dos artigos comemorativos mudou e os editores do *Estado de S. Paulo* decidiram criar uma pequena coleção com os textos anteriormente publicados no jornal. Para essa coleção, escolheram o nome de Oliveira Vianna para a autoria do primeiro volume.

Abrir a coleção fazendo parte da "galeria de notáveis"[242] do jornal *O Estado de S. Paulo* resultava não somente de sua recente trajetória no mundo editorial, mas também de sua colaboração com esse periódico que, como demonstrado, se desenvolveu de forma bastante assídua antes mesmo da publicação de *Populações meridionais do Brasil*.

O sucesso obtido por seu primeiro livro, e ainda o reconhecimento que vinha adquirindo no campo intelectual, a partir da publicação dos outros livros – *Pequenos estudos de Psicologia Social*, de 1921, *O idealismo da evolução política do Império e da República*, publicado em 1922, e *Evolução do povo brasileiro*, de 1923 – levaram Vianna a tornar-se membro do IHGB, em 1924.

E foi por solicitação do IHGB que escreveu *O ocaso do Império*, publicado em 1925 pela Companhia Melhoramentos de São Paulo. A proposta do IHGB, visando à comemoração do centenário de D. Pedro II, foi a de convocar alguns de seus membros para historiar as diversas fases do Império. Seriam onze monografias que deveriam tratar cada uma delas de um momento específico da história imperial. A Oliveira Vianna coube a tarefa de tratar do "Império na sua fase pré-agônica, quando já mergulhado nas sombras de seu ocaso melancólico" (VIANNA *apud* FARIA, 2002, p. 70).

Vianna recebeu o convite com pouca satisfação. Escrever um livro de caráter histórico não correspondia, naquele momento, aos seus interesses. Alguns anos mais tarde, assim Vianna se referiria à tarefa solicitada pelo IHGB:

---

[242] Expressão utilizada por Castro Faria (2002, p. 64) para se referir aos autores publicados pela Biblioteca do Estado de São Paulo.

Fora-me distribuído, por sugestão de Max,[243] o tema sobre a "queda do Império". Recebi a designação com reserva, direi mesmo – com irritação; e estava firme na disposição de arranjar um pretexto para não escrever o trabalho. Não que não me seduzisse a tese, que era excelente e me daria margem para muita coisa; mas, porque estava inteiramente entregue à elaboração do 2º volume da série Populações[244] – e não me agradava interromper o trabalho para lançar-me em pesquisas de outra natureza. Tal foi, porém, a insistência de Max, a confiança que ele tinha de que eu não faltaria ao apelo, que não me senti com força para desiludi-lo na expectativa e esquivar-se à designação. Estava então ainda convalescendo em Teresópolis de grave enfermidade e tive que desenvolver o tema longe de meus arquivos e dos meus livros e, em consequência, jogando com material, documentário reduzidíssimo, nem sempre de primeira mão. Mas entreguei dentro do prazo: é a monografia que figura no tomo especial da "Revista",[245] comemorativo do centenário de D. Pedro II, e que, mais tarde saiu em livro, sob o título "O ocaso do Império" (VIANNA, 1991, p. 349-350).

Esse foi o primeiro livro de Vianna publicado pela Companhia Melhoramentos de São Paulo. Não se pôde esclarecer de que forma se deu a aproximação de Vianna com a Melhoramentos, mas sabe-se que essa empresa, criada em 1915, atuou no mercado editorial, ao longo dos anos 1920 e 30, desenvolvendo estratégias de segmentação do público leitor. Assim, ao lado de uma produção que visava atingir prioritariamente, por exemplo, as orientações do universo educacional, com a criação, a partir de 1926, da Biblioteca Infantil, dirigida por Lourenço Filho, expoente do movimento escolanovista no Brasil, a editora criou uma série de livros que buscavam atender às expectativas do público voltado para os estudos historiográficos e sociológicos. Publicou, assim, além do livro de Oliveira Vianna,

---

[243] Max Fleiuss, secretário do IHGB.

[244] O segundo volume de *Populações meridionais do Brasil* só seria publicado muitos anos depois, em 1952, pela editora José Olympio.

[245] Ver Vianna (1925a; 1925b).

textos de Affonso Taunay, Oliveira Lima, Assis Cintra, Capistrano de Abreu, Max Fleiuss e Herbert Smith.

Também a segunda edição de O ocaso do Império saiu pela Melhoramentos, em 1933, apesar do interesse demonstrado pela Companhia Editora Nacional em publicá-lo. Em carta datada de 31 de março de 1933, os editores da Melhoramentos reclamavam o anúncio feito pela Companhia Editora Nacional e pediam esclarecimentos a Vianna:

> Prezado sr.
> De posse de sua estimada carta sem data, vimos comunicar a V. S. que até essa data não nos chegaram às mãos as provas da obra O ocaso do império de sua autoria [...]
> Aproveitando o ensejo pedimos nos esclarecer sobre o anúncio que da obra acima é feito pela Companhia Editora Nacional, na capa traseira das obras da coleção "Brasiliana" de que é editora, porquanto achamos estranho semelhante anúncio justamente agora que estamos ocupados com a impressão da 2ª edição do livro.
> Aguardamos sua resposta, firmamo-nos, com elevada estima e apreço.[246]

Nesse mesmo período, Vianna desfrutava de grande prestígio junto à Companhia Editora Nacional, que reeditava seus textos na coleção Brasiliana e mantinha uma frequente e cordial correspondência diretamente com Octalles Marcondes Ferreira, proprietário da editora. As cartas de Octalles Ferreira a Vianna, escritas nessa época, começavam invariavelmente com a saudação "Prezado amigo Dr. Oliveira Vianna", evidenciando uma proximidade maior com esse editor.

A desconfiança dos editores da Melhoramentos parece ter tido algum fundamento. Uma carta de Octalles Ferreira a Vianna, datada 25 de janeiro de 1925, portanto três meses antes da carta anterior, mostra que o autor negociava mesmo a publicação da segunda edição de O ocaso do Império com a Companhia Editora Nacional:

---

[246] Carta da Editora Melhoramentos a Oliveira Vianna, 31 de março de 1933. Arquivo privado de Oliveira Vianna. Série Correspondências. Pasta: Editora Melhoramentos.

> Por estes dias mandaremos as provas de Evolução do povo brasileiro. Já é pois oportuno que V. S. nos envie os originais para a 2ª edição de O Ocaso do império.
>
> A respeito dos direitos autorais dessas três reedições venho lhe fazer a seguinte proposta e que V. S. pode nos responder com toda a franqueza se lhe convém ou não: pagaremos 10 contos ao todo pelas três reedições, sendo de Populações meridionais do Brasil, 4.000 exemplares, Evolução do povo Brasileiro, também 4.000 exemplares e o Ocaso do Império, 3.000 exemplares [...][247]

Apesar da negociação com a Nacional, os compromissos anteriormente assumidos com a Melhoramentos levaram o livro a ser reeditado por esta última. O ano de 1933 marcou a reedição de *Populações meridionais do Brasil* e *Evolução do povo brasileiro,* na Brasiliana. *O ocaso do Império* não foi jamais incluído no catálogo dessa coleção. Talvez os compromissos contratuais assumidos com a Melhoramentos o tivessem impedido. Mas o interesse da Companhia Editora Nacional e a relação de Vianna mais próxima com os dirigentes dessa editora talvez possam explicar, ao menos parcialmente, o fato de *O ocaso do Império* ter sido o único livro de Vianna editado pela Melhoramentos. Sua terceira edição seria publicada, muitos anos depois, em 1952, por uma terceira empresa, a Livraria José Olympio, editora que passaria a deter os direitos sobre os livros de Vianna ao longo dos anos 1940.

Ainda nos anos 1920, Vianna viria a publicar o livro *O idealismo da Constituição*, pela editora Terra do Sol, em 1927. O texto aqui referido era, na verdade, uma edição em separata do capítulo de autoria de Oliveira Vianna publicado no livro organizado por Vicente Licínio Cardoso, em 1924, intitulado *À margem da história da República* (VIANNA, 1924).

Castro Faria chama atenção para o fato de que, nas bibliografias de Oliveira Vianna, o livro *O idealismo da Constituição* figura, em geral, como se fosse um texto distinto do capítulo publicado na coletânea organizada por Licínio Cardoso. Opondo-se a essa visão, Faria argumenta:

---

[247] Carta de Octalles Marcondes Ferreira a Oliveira Vianna, 25 de janeiro de 1925. Arquivo pessoal de Oliveira Vianna. Série Correspondências. Pasta: Octalles Marcondes Ferreira.

Afinal, é preciso que se restabeleça de uma vez: esse livrete de 1927 reproduz literalmente o texto de 1924, do inquérito de Vicente Licínio Cardoso, ao qual foram incoporados alguns artigos sobre a mesma temática [...] o livrete O idealismo da Constituição, publicado no Rio de Janeiro, em 1927, foi uma republicação, com adenda, do texto publicado em 1924, com o mesmo título, no inquérito "À margem da história da República" (FARIA, 2002, p. 73).

Esse texto teria ainda segunda edição, essa sim, ampliada, na coleção Brasiliana, em 1939. Essa edição é bastante aumentada, tendo Vianna incluído um capítulo que atualiza os textos anteriores. Apenas a título de comparação, pode-se observar que o texto editado pela Terra do Sol possuía apenas 158 páginas, enquanto que o da Brasiliana tem 355 páginas. Segundo Faria, a atualização do texto, em 1939, obedece ao propósito de inseri-lo na conjuntura do fim dos anos 1930, dando a Vianna o cunho consagrador de visionário, aquele que se antecipa aos acontecimentos (FARIA, 2002, p. 74).

Foi dessa posição, articulada durante os anos 1920, que Oliveira Vianna orquestrou, através da crítica às ideias e instituições liberais da Primeira República, o lugar, que ele mesmo denomina, de cientista social. E foi com o capital cultural e científico, adquirido e reconhecido, que pôde ocupar cargos políticos que, na sua visão, lhe permitiriam solucionar os problemas sociais do Brasil. A crença na objetividade e na neutralidade da ciência o fazia analisar os fatos sociais e afirmar a confiabilidade de suas propostas.

Foi essa visão "científica" que Oliveira Vianna buscou aplicar, nos anos 1930, à sua vida de homem público, tentando articular, na qualidade de consultor jurídico do Ministério do Trabalho, Ciência e Política na resolução das questões sociais e trabalhistas.

Do sociólogo ao jurista: a produção de Oliveira Vianna nos anos 1930 e 1940

Durante os oito anos em que permaneceu na Consultoria Jurídica, Oliveira Vianna dedicou-se inteiramente a assuntos relacionados aos aspectos jurídicos dos problemas sociais: Corporativismo,

Sindicalismo, Direito do Trabalho e Direito Social. A experiência na Consultoria tornou-se um marco em sua carreira intelectual, transformando seus temas de estudo e criando novos objetos de análise. Seus trabalhos, nessa época, foram objeto de uma espécie de reorientação. Os livros publicados após esse período na Consultoria têm, segundo Angela de Castro Gomes, "o tom da experiência de um intelectual que passou pela burocracia do Estado, nela investindo muito tempo e esforço" (GOMES, 1993, p. 47).

Problemas de política objetiva foi publicado em 1930, antes mesmo que Vianna viesse a ocupar o cargo de consultor no Ministério do Trabalho. O livro compõe-se de uma coletânea de artigos publicados nos jornais *O Paiz, Correio da Manhã, O Jornal, O Estado de S. Paulo* e *Correio Paulista*, entre 1918 e 1928. Ele é apontado por Castro Faria (2002, p. 75) como uma obra que tem o caráter explícito de "projeto político, de indicador de rumos e soluções" para o país. Faria analisa atentamente o prefácio do livro, escrito por Oliveira Vianna, demonstrando como este apontava para a ideia de uma proposta política. No prefácio, Vianna se refere ao livro *A retirada da Laguna*, chamando a atenção para o fato de que o autor, Alfredo Taunay, expõe a ignorância absoluta dos homens que chefiaram a expedição militar relatada, destacando o papel individual desempenhado por um indivíduo simples naquela situação. A partir dessa análise, Castro Faria afirma que Oliveira Vianna critica a elite política brasileira destacando que,

> [...] na esfera política e constitucional, as nossas elites dirigentes não estão mais informadas que na esfera militar. Nesta, como naquela, o seu desconhecimento da terra é total (VIANNA, 1974, p. 17).

A partir daí, Oliveira Vianna delineia seu projeto político, oferecendo-se como guia para a vida política do país:

> O objetivo principal desse livro é justamente mostrar como seria possível corrigir este desconhecimento e os males que dele derivam, procurando trazer aos centros de governo e da administração, por meio do mecanismo engenhoso dos Conselhos Técnicos, a colaboração de todos os homens

> de boa vontade, práticos, experientes, que, embora não pertencendo à classe política, estejam contudo – tal como aquele obscuro campeiro da Retirada da Laguna, em contato mais direto com a nossa realidade e, por isso mesmo, mais senhores das suas indissincrasias, das suas intimidades e dos seus segredos (VIANNA, 1974, p. 17).

Apresentando-se como detentor de grande conhecimento sobre a realidade brasileira, apoiado principalmente no sucesso da publicação de seus livros anteriores, já reconhecido intelectualmente, Oliveira Vianna mostrava-se como um dos "homens de boa vontade", "experiente", que poderia colaborar para a superação do "desconhecimento" da elite política e para a elaboração de um projeto estatal que tirasse o país da situação de atraso em que se encontrava.

Vasconcelos Torres registra que a publicação do livro em 1930, aliada a essa postura de Vianna de se oferecer como iluminador dos caminhos dos homens políticos, ocasionou uma série de críticas negativas:

> Verdadeira atordoada levantou-se contra o novo livro, encontrando eco nas gazetilhas do Jornal do Comércio. A campanha presidencial de 1930 ocorria num clima agitado e os artífices da celeuma imputavam ao escritor a ridícula acusação de que seu propósito era o de fornecer aos poderosos do dia os elementos que lhe permitiriam golpear a democracia e as instituições vigentes. A crítica impiedosa não cessava no martelamento dessas inverdades. [...] A coincidência da publicação do livro com os comícios eleitorais de 30 parece ter gerado a injustificável tempestade (TORRES, 1956, p. 144).

Fiel ao seu estilo, Oliveira Vianna responderia a essas críticas somente em 1947, no prefácio da segunda edição da obra. Nessa ocasião, ele escreveria uma resposta que reforçaria a autoimagem de um intelectual acima das disputas partidárias, um homem totalmente dedicado à ciência e à busca da verdade que, nesse momento, se traduzia na pesquisa e explicação das características da realidade nacional:

> Não tenho, nem nunca tive atinências partidárias de qualquer espécie. Não pertenço a partido algum. Não pertenço,

> nunca pertenci e espero em Deus que terei a lucidez e o bom senso bastantes para jamais pertencer. Muito ao contrário disso, sempre fiz timbre de ser um espírito livre, inteiramente livre, desses atilhos de partidos. Desta liberdade, que o meu apartidarismo me concede, se a tenho usado têm sido para julgar os nossos homens públicos e os nossos homens de governo com inteira independência e imparcialidade, ou censurando-os quando fazem jus à censura, ou aplaudindo-os quando merecem o meu aplauso, e, se nominalmente tenho aplaudido a este ou aquele homem de governo – fato aliás raríssimo –, só o tenho feito quando seus atos coincidem com as linhas fundamentais do meu pensamento, expresso em quase uma dezena de livros. Estes livros é que constituem o meu partido: não tenho outro (VIANNA, 1974, p. 22-23).

Nesse prefácio é a autoimagem do intelectual e do cientista que Oliveira Vianna pretende destacar, anunciando que as disputas partidárias e políticas estariam destinadas a um outro tipo de indivíduo.

Esse foi o primeiro livro de Vianna publicado pela Companhia Editora Nacional, empresa criada por Monteiro Lobato, em 1925, em sociedade com Octalles Marcondes Ferreira, depois que a Monteiro Lobato & Cia havia pedido falência.

Octalles havia se tornado sócio de Lobato em 1920, quando da criação da Monteiro Lobato & Cia. No início dos anos 1920, os negócios na editora iam muito bem, levando Lobato e Octalles Ferreira a endividarem-se com a importação de novas máquinas. Porém em 1924, a revolta dos tenentes em São Paulo paralisou as atividades da empresa por dois meses, o que os fez acumular um grande prejuízo. Um ano depois, em junho de 1925, uma grande seca castigou São Paulo, levando ao corte de energia elétrica pela Light e novas perdas para a Companhia Gráfico-Editora Monteiro Lobato.[248]

Com tantos contratempos e prejuízos, Lobato foi obrigado a requerer, em 24 de julho de 1925, a falência da empresa. Mas essa atitude não significou para ele o abandono do mercado editorial.

---

[248] Sobre o endividamento da empresa, ver Koshiyama (1982) e Azevedo, Camargos e Sachetta (1998).

No mesmo ano, em 15 de setembro, nascia, no Rio de Janeiro, a Companhia Editora Nacional, com sede na rua Senador Dantas, número 105. Essa empresa cumpriria uma importante função na história editorial do país e desempenharia, mais particularmente, um papel significativo na trajetória editorial dos livros de Vianna. Isso se deu não somente com o lançamento de obras isoladas mas, principalmente, pela sistemática reedição na coleção Brasiliana, lançada por essa editora a partir de 1931.

No início dos anos 1930, um ano após o lançamento do primeiro volume da coleção Brasiliana — *Figuras do império e outros ensaios*, de Pereira Batista —, saía o primeiro livro de Vianna na coleção. Era o quarto volume da série, um texto inédito intitulado *Raça e assimilação*.

Vianna parece não ter gostado muito da edição organizada pela Companhia Editora Nacional e nem mesmo da inclusão de seu livro na coleção Brasiliana, que dava, naquele momento, seus primeiros passos. Uma carta de Octalles Ferreira, de 12 de maio de 1932, responde às prováveis críticas de Vianna à edição do livro:

> Prezado amigo Dr. Oliveira Vianna
> Acabo de receber sua última carta e fiquei muito triste com a notícia que me deu de que no livro existem vários erros de revisão.
>
> Não foi por falta de cuidado, pois mandei fazer uma revisão completa pelos nossos revisores e eles são habilitados pois são profissionais e trabalham nesse serviço há anos. Por isso foi grande a minha surpresa. Se o senhor ainda quiser e julgar necessário poderemos fazer uma errata.
>
> O livro vai saindo bem.
> A capa é de uma coleção da qual já publicamos 4 volumes.[249]
> Mas não é futurista.[250]

---

[249] Os quatro volumes a que se refere Octalles Ferreira são: *Figuras do Império e outros ensaios*, de Pereira Batista, publicado em 1931; *O marquês de Barbacena*, de João Pandiá Calógeras, de 1932; *As idéias de Alberto Torres*, de Alcides Gentil, de 1932; e o próprio livro de Vianna.

[250] Carta de Octalles Marcondes Ferreira a Oliveira Vianna, 12 de maio de 1932. Arquivo pessoal de Oliveira Vianna. Série Correspondências. Pasta: Octalles Marcondes Ferreira.

Na opinião de Castro Faria, esse livro já nasceu

> [...] inapelavelmente envelhecido. Só serve como representação das representações, então em voga no campo intelectual brasileiro, sobre a diversidade étnica e a pluralidade cultural. Aliás, quando foi lançado já era velho em termos de fundamentação teórica. Artur Ramos acusou-o de basear-se em "ciência do século passado" e Oliveira Vianna certamente não gostou, mas era verdade incontestável (FARIA, 2002, p. 80).

Apesar das críticas pelo fato de se remeter diretamente "ao problema da raça ou das raças no Brasil" (VIANNA, 1959, p. 10), o livro não parece ter tido, no momento de seu lançamento, um julgamento muito negativo, pois a primeira edição foi seguida de duas outras, em 1934 e em 1938, na própria coleção Brasiliana e ainda uma quarta edição, em 1959, pela José Olympio editora.

Provavelmente tinham sido justamente essas críticas que fizeram com que Vianna, no momento de lançamento da segunda edição, escrevesse um prefácio onde destacava as qualidades do texto e sublinhava os espaços nos quais teria tido uma recepção positiva:

> Teve este livro uma acolhida benévola por parte da crítica e do público. Houve um certo movimento de interesse em torno dos temas nele agitados. Em alguns centros de cultura médica, vários de seus pontos de vista foram discutidos.

O segundo livro de Vianna, lançado nos anos 1930, foi *Problemas de Direito Corporativo*,[251] reunindo um conjunto de artigos publicados no *Jornal do Comércio*, do Rio de Janeiro, rebatendo as críticas que o deputado Waldemar Ferreira havia feito ao projeto de organização da Justiça do Trabalho.

Esse foi o primeiro texto de Vianna lançado pela José Olympio, que viria a se tornar mais tarde o principal editor dos intelectuais ligados ao Estado Novo:

---

[251] Esse livro possui uma segunda edição publicada pela editora da Câmara dos Deputados, em 1983, com introdução de Alberto Venancio Filho.

> Livros de Amaral, Almir de Andrade, Francisco Campos, Oliveira Vianna e outros corifeus do regime foram ganhando terreno no catálogo da José Olympio. Por volta do fim da década [...] os benefícios para a editora José Olympio também ressaltam ao constatar que a maior parte das resenhas de obras publicadaas nas revistas do DIP, em Novas Diretrizes dirigida por Azevedo Amaral, em Letras Brasileiras revista dirigida por Heitor Moniz e editada pela empresa editora oficialista A Noite, correspondem a livros editados por aquela publicadora (SORA, 1998, p. 182).

Essa casa editorial lançou seu primeiro livro um mês após a criação da livraria, inaugurada no dia 29 de novembro de 1931, em São Paulo. Desde os seus primeiros trabalhos editoriais, José Olympio caracterizou-se por estabelecer laços muito próximos com os autores editados (SORA, 1998, p. 66). Com Oliveira Vianna não foi diferente. Depois da mudança da livraria para a Rua do Ouvidor, número 111, no centro do Rio de Janeiro, esta passou a ser uma das poucas livrarias frequentadas por Vianna. Apesar de sua preferência por comprar por catálogo, sem sair de sua casa, Oliveira Vianna quebrava esse hábito quando, todas as semanas, às quartas-feiras, dirigia-se à Livraria José Olympio para conversar com o editor.[252] Vianna não era o único intelectual que costumava frequentar a José Olympio. Seu editor costumava utilizar o seu escritório para receber os autores para conversas sobre atualidades, projetos de livros e coleções (SORA, 1998, p. 177).

A prática dos intelectuais reunirem-se em livrarias para discutir projetos mútuos era, nesse momento, já bastante antiga no Rio de Janeiro. Além dos demais espaços de sociabilidade, as livrarias apareciam, desde o século XIX, como local de reunião. Entre elas destacava-se a Garnier. Além do grupo da Garnier, havia outras livrarias no centro da Capital da República reiteradamente visitadas por intelectuais. O próprio Machado de Assis costumava frequentar a Livraria Quaresma, à rua São José, onde também se reuniam Alberto de Oliveira, Catulo Cearense e João Ribeiro. Na Livraria Briguiet, à rua Nova

---

[252] Essa informação foi fornecida por Marcos Almir Madeira em entrevista no Rio de Janeiro, no dia 17 de maio de 2002.

do Ouvidor, costumavam aparecer o Barão Homem de Melo, Artur Orlando, Pandiá Calógeras, Graça Aranha, Cândido de Oliveira e Rui Barbosa. Na Laemmert, também na rua do Ouvidor, podiam ser vistos Figueiredo Pimentel, Jarbas Loretti, Elísio de Carvalho e, após 1903, Euclides da Cunha. Frequentavam a Livraria Azevedo, na rua Uruguaiana, Carlos de Laet, Fausto Barreto, Hemérito José dos Santos e Castro Lopes.[253]

Talvez tenham sido os preparativos para a edição de *Problemas de direito corporativo* que tenham aproximado Oliveira Vianna de José Olympio. Esse livro, bem como *Problemas de direito sindical* – seu texto subsequentemente editado pela editora Max Limonad, do Rio de Janeiro, em 1943 –, equivalem, na opinião de Castro Faria, a "uma prestação de contas da sua atuação como especialista a serviço de um grande projeto político". É "[...] a demonstração pública da sua capacidade técnica e do seu desempenho marcante como consultor do Ministério do Trabalho" (FARIA, 2002, p. 83). Entre o lançamento do primeiro e do segundo livro, foi ainda publicado pelo Serviço de Estatística da Previdência e Trabalho, em 1939, um livrinho de 31 páginas, intitulado *As novas diretrizes da política social,* que reproduzia uma conferência proferida por Vianna da Escola de Serviço Social, em 30 de agosto de 1939.

O último livro publicado por Vianna ainda em vida foi *Instituições políticas brasileiras*, que saiu pela José Olympio, em dois volumes, em 1949. Esse livro pode ser considerado um grande acerto de contas de Vianna com os críticos de sua obra. Nele, Vianna reafirma as suas concepções teóricas e as principais ideias desenvolvidas ao longo de sua obra. Porém aproveita também para revelar "a sua intimidade com as novidades da ciência social, mas sempre fazendo recordar que ele mesmo, muito antes, já abordara o problema" (FARIA, 2002, p. 86). Numa incrível quantidade de notas de rodapé, Vianna comenta os novos textos e as críticas dirigidas aos seus livros anteriores.

Esse é mais um dos livros de Vianna reeditado diversas vezes. Ele teve uma reedição pela José Olympio, em 1955, uma terceira e quarta edições publicadas pela Record, em 1974 e 1979, a quinta

---

[253] Todas as informações a respeito das livrarias foram obtidas em Brito Broca (1960, p. 40-45).

edição saiu pela editora Itatiaia, num projeto conjunto com a editora da Universidade Federal Fluminense, e contou ainda com uma última edição preparada pela editora do Senado Federal nas comemorações dos 500 anos do descobrimento do Brasil.

Assim que lançou *Instituições políticas brasileiras,* os planos de José Olympio eram lançar uma publicação com as obras completas de Vianna. No periódico *A Vida dos Livros*, publicado pela editora, ela anunciava os seus próximos lançamentos e as novidades de seu catálogo. No arquivo privado de Vianna está presente o número 134 desse periódico, com um bilhete manuscrito de José Olympio no qual se lê:

> Ao prezado Dr. Oliveira Vianna com um abraço amigo, este boletim que enviamos a quase todas as principais cabeças do país.
> José Olympio[254]

Nesse exemplar, a editora anuncia os diversos lançamentos previstos para o ano de 1951. Ao lado de livros de Mário Donato, Carlos Drummond de Andrade, José Lins do Rego, Rubem Braga, Graciliano Ramos, entre outros, publica o plano de edição das obras completas de Oliveira Vianna, noticiando:

> A Livraria José Olympio anuncia para breve o lançamento das obras completas de Oliveira Vianna, cujos estudos de história e sociologia são dos mais importantes e fundamentais para um exato conhecimento das atuais condições de nosso povo, em tudo que se refere a evolução de nossas instituições políticas, sociais e econômicas. Autor de obra já numerosa que se destaca pela solidez da erudição e pela objetividade com que foi construída, Oliveira Vianna vai agora apresentá-la de maneira uniforme e sistemática coroando assim longos anos de estudo e meditação sobre os grandes problemas nacionais (OLYMPIO, 1951).

A publicação das obras completas faria chegar ao público, ao lado da reedição de seus livros, uma grande quantidade de textos ainda

---

[254] Carta de José Olympio a Oliveira Vianna. Arquivo pessoal de Oliveira Vianna. Série Correspondências. Pasta: José Olympio.

inéditos que Vianna com frequência anunciava como prontos. Uma carta de José Olympio a Vianna, datada de 26 de outubro de 1950, parece justamente preparar o lançamento desse projeto da editora:

> Prezado Dr. Oliveira Vianna,
> Estimo que este bilhete o encontre melhor.
> Como vê, os jornais já estão publicando a notícia das obras completas.
> E os inéditos? O 2º volume das Populações? Posso programar essa obra para 1951?[255]

O ano de 1950 marcaria o agravamento das condições de saúde de Vianna, que viria a falecer em março de 1951. Sua morte não frustrou os planos da José Olympio, que, nesse mesmo ano, começou a lançar as obras completas do autor. A coleção não teve início com o segundo volume de *Populações meridionais do Brasil*, como possivelmente pretendia o editor, mas sim com o lançamento do livro *Direito do Trabalho e democracia social*, seu primeiro texto póstumo, publicado em 1951.

As obras póstumas

Direito do Trabalho e democracia social é mais uma das coletâneas lançadas por Vianna. Num prefácio datado de 20 de julho de 1948, o que indica que o livro já estava pronto alguns anos antes de ser lançado, ele afirma que essa é uma coletânea de textos, conferências, ensaios e artigos de jornais elaborados no período compreendido entre 1932 e 1940, justamente quando serviu como consultor jurídico do Ministério do Trabalho.

O segundo livro de Vianna, lançado postumamente, foi *Problemas de organização e problemas de direção*, editado pela José Olympio, em 1952.[256] Apesar de publicado um ano após a sua morte, o livro traz um prefácio assinado por ele, o que indica, como o anterior, que ele já estava preparado, esperando a publicação alguns anos antes.

---

[255] Carta de José Olympio a Oliveira Vianna. Arquivo pessoal de Oliveira Vianna. Série Correspondências. Pasta: José Olympio.

[256] Importante destacar aqui que o segundo volume de *Populações meridionais do Brasil*, *o campeador rio-grandense* foi lançado também em 1952, como já nos referimos.

Após esses dois volumes, foram editados dois livros inéditos de Vianna, que tratavam de assuntos muito diferentes dos anteriores e que, embora lançados com um grande intervalo, possuíam entre eles uma temática comum. *Introdução à História social da economia pré-capitalista no Brasil* e *História social da economia capitalista no Brasil* datam, respectivamente, de 1958 e 1987.

Ambos os livros foram organizados a partir de manuscritos inéditos deixados por Vianna em seu arquivo pessoal. Apesar de lançados como novidade e como texto atual, Castro Faria faz uma dura crítica a *Introdução à história social da economia pré-capitalista no Brasil*, afirmando que, no momento de seu lançamento, "[...] o discurso de Oliveira Vianna – de simplificador e reducionista – já se tornara completamente inaceitável" (FARIA, 2002, p. 95). Nos anos 1950, a obra de Vianna havia envelhecido e as críticas negativas que se publicavam situavam-no entre os autores de Ciências Sociais do Brasil que mereciam o esquecimento.[257]

O segundo texto, *História social da economia capitalista no Brasil*, foi lançado apenas no final dos anos 1980, numa edição conjunta da editora Itatiaia e da EdUFF. Apesar de publicado 36 anos após a morte de Vianna, o prefaciador da obra é o próprio autor, que já o havia deixado pronto. Assim, Vianna mantém mesmo nas suas obras póstumas a sua característica de ser sempre prefaciador de suas próprias obras. Antecipando as possíveis críticas que o livro poderia vir a sofrer, anuncia no prefácio que não considerava nem este nem o outro texto sobre o pré-capitalismo trabalhos definitivos. Segundo o autor, eram "[...] capítulos em esboço, antes croquis de capítulos, capítulos ainda não concluídos, em que há numerosos pontos de incerteza ou de dúvida, corrigíveis, espero, numa terceira revisão mais cuidadosa" (VIANNA, 1987, p. 21). Vianna não teria tempo de proceder à revisão, o que acabou por ser feito pelo seu secretário de longa data, Hélio Benevides Palmier, a quem coube a organização dos originais para publicação.[258]

---

[257] Mesmo assim, o livro ganharia, em um outro contexto, uma segunda edição, publicada pela editora Record, em 1974.

[258] Sobre esse e outros prefácios de Oliveira Vianna, ver Venancio (2009).

O último livro de Vianna publicado postumamente foi uma coleção de ensaios editada pela Unicamp, em 1991, que se intitula *Ensaios inéditos*. Reunindo textos de várias épocas distintas da produção de Vianna, organizados também por Hélio Benevides, o livro conta com uma apresentação de Marcos Almir Madeira, amigo e um dos principais divulgadores da obra de Vianna. Nessa apresentação, Almir Madeira se propõe a resgatar a contemporaneidade do texto de Vianna, afastando os julgamentos negativos da crítica e livrando-o, principalmente, da acusação de racista. Ao citar trechos inéditos de Vianna:

> [...] tudo parece indicar que o futuro tipo antropológico do brasileiro será o ariano modelado pelos trópicos, isto é, o ariano vestido com aquilo que alguém chamou a "libré de clima". O brasileiro do futuro, por maior que seja o grau de arianização, não deixará de ser o moreno que sempre foi (VIANNA *apud* MADEIRA, 1991, p. 8).

Marcos Almir Madeira conclui, questionando:

> Não estará aí, embrionária, a tese da morenidade, que tanto ampliou a merecida popularidade de Gilberto Freyre como sociólogo e antropólogo?... (MADEIRA, 1991, p. 8).

Madeira, como bom discípulo, usava as mesmas armas aprendidas com o mestre. Digeria a crítica tentando, a partir dela, atualizar a obra de Vianna e mostrá-la como antecipadora das análises posteriores. Oliveira Vianna, no início dos anos 1990, deveria ser lido, na visão de Almir Madeira, não como um opositor de Gilberto Freyre – condição tantas vezes celebrada pela crítica –, mas sim como um antecipador das teses freyreanas, mais consagradas, por sua vez, no campo das Ciências Sociais no Brasil.

Oliveira Vianna e as coleções de estudos brasileiros

A maior parte dos livros publicados por Oliveira Vianna foi inserida em coleções que as diversas editoras brasileiras lançaram com o objetivo de valorizar a cultura nacional e divulgar o trabalho de intelectuais brasileiros ou estrangeiros sobre o Brasil.

Evidentemente, o ato de inserir um livro e um autor numa determinada coleção significa torná-lo parte de uma produção editorial coletiva, na qual cada um dos volumes deve, de alguma forma, representar a ideia totalizadora. Organizar uma coleção implica a decisão de selecionar um destinatário preciso, numa escolha de textos definida por um projeto intelectual e editorial e na crença de que essa seleção previamente dada pode condicionar, de algum modo, a recepção. Para os criadores das coleções, todos profissionais do mundo editorial – considerados por sua politização e por seu engajamento em favor de um progresso do conhecimento –, os livros e as coleções cumprem o papel de aperfeiçoamento moral e espiritual e de enriquecimento da consciência (OLIVERO, 1999, p. 270).

Dessa forma, as coleções podem ser consideradas como um espaço que constituiu uma determinada memória e que se pode resgatar a partir da investigação das etapas de construção do conjunto: a seleção das obras e dos temas, as características editoriais, as formas para difusão dessa escolha, enfim, a fabricação dos volumes e as intenções dos editores.

A literatura especializada é unânime em considerar os anos 1930 como um momento de significativas mudanças no que diz respeito ao mercado editorial brasileiro: maiores tiragens, novas estratégias de distribuição, edições mais bem-acabadas e melhor remuneração dos autores através do pagamento de maiores quantias pelos direitos autorais. Foi também nesse decênio que as diversas editoras nacionais passaram a organizar coleções nas quais estabeleciam o que era fundamental ser lido para se conhecer o Brasil. A primeira dessas coleções foi a Brasiliana, já bastante citada neste trabalho.

Essa coleção, criada em 1931, fazia parte de um projeto editorial mais complexo, lançado pela Companhia Editora Nacional e que se intitulava Biblioteca Pedagógica Brasileira (BNP). Organizada por Fernando de Azevedo, subdividia-se em cinco séries: Literatura Infantil, Atualidades Pedagógicas, Livros Didáticos, Iniciação Científica e Brasiliana.

Os livros da Brasiliana, editados em formato pequeno, possuíam uma capa padronizada – um contorno do mapa do Brasil pontilhado de estrelas – e contavam, invariavelmente, com a seguinte apresentação:

A 5ª série, que figura na BNP, com o título de Brasiliana, é a mais vasta e completa coleção que se tentou, até hoje, de estudos brasileiros. Esta série compõem-se de ensaios sobre a formação histórica e social do Brasil, de estudos de figuras nacionais e de problemas brasileiros (históricos, geográficos, etnológicos, políticos, econômicos etc), de reedição de obras raras e de notório interesse e de traduções de obras estrangeiras sobre assuntos brasileiros (PONTES, 1989, p. 390).

Entre 1930 e 1940, nos dez primeiros anos de sua publicação, a Brasiliana editou cerca de duzentos títulos distintos, de vários autores diferentes. As análises historiográficas ocuparam, nesse período, uma posição destacada. Segundo Heloisa Pontes,

[...] o que se explica pelo movimento de "redescoberta" do país, produzido em grande parte pelo pensamento social da época que reintroduziu, a partir de novas chaves analíticas e políticas, o debate sobre a questão da cultura e da identidade nacional. É, pois, nesse contexto que se deve buscar as razões tanto para a produção de ensaios de cunho "sociológico" [...] como para reedição de cronistas e viajantes, sobretudo daqueles que, através de expedições científicas, percorreram o país ao longo do século XIX (PONTES, 1989, p. 392).

Oliveira Vianna figura como um dos autores mais editados pela Brasiliana no período. Se considerarmos os anos compreendidos entre 1930 e 1940, ele aparece em terceiro lugar, com quatro livros publicados, precedido apenas de Saint-Hilaire, com sete livros, e Pedro Calmon e Pandiá Calógeras, com seis. Dos sete livros publicados por Oliveira Vianna durante os anos 1920, três foram reeditados pela Brasiliana nos anos 1930 (ver Quadro 9), o que demonstra uma boa recepção de sua obra e um percurso que justifica ser considerado um dos mais importantes intelectuais desse período,[259] sobretudo se

---

[259] A presença de Vianna na Brasiliana pode ser considerada também pela participação direta ou difusa em volumes de outros autores. No primeiro volume da coleção, um texto de Pereira Batista, intitulado *Figuras do Império e outros ensaios*, o autor escreve um capítulo no qual dialoga com o texto de Oliveira Vianna, *O idealismo da Constituição*, que havia sido publicado alguns anos antes, em 1927. Também o volume número 3, *As idéias de Alberto Torres*, escrito por Alcides Gentil, conta com um prefácio de Vianna. Dessa forma, pode-se verificar que Vianna

considerarmos que o grande momento editorial da Brasiliana foram justamente os anos 1930.[260]

Depois da Brasiliana,[261] as demais editoras brasileiras criaram suas próprias coleções. Durante os anos 1930, 40 e 50, a Livraria José Olympio e a Livraria Editora Martins dedicaram-se à organização de coleções, tais como a Documentos Brasileiros (1936) e a Biblioteca Histórica Brasileira (1940), que visavam, também, a estudar a realidade do país desvendando, mapeando e caracterizando seus múltiplos aspectos.

A ideia da Brasiliana passou a balizar a história do livro no Brasil, indicando o princípio que orquestraria a organização de coleções formadas por aqueles livros que deveriam necessariamente ser lidos para se conhecer o país, algo como "[...] uma coleção metafórica do país, onde um leitor forâneo, por exemplo, pudesse de um só golpe de vista ter toda a cultura nacional ao seu alcance" (SORA, 1998, p. 16). Esse procedimento criou uma espécie de tradição entre as casas editoriais brasileiras, que passaram cada uma delas a criar a sua própria "brasiliana", com objetivos semelhantes à primeira e com o propósito de conquistar uma fatia do mercado editorial.

Os livros de Vianna foram, aos poucos, sendo editados e reeditados em muitas dessas coleções. A sua constante inserção nesses conjuntos de livros revela como Vianna foi sendo visto como um autor fundamental para a compreensão dos diversos aspectos da cultura e da sociedade brasileira e a sua obra foi sendo construída e constituída como símbolo do pensamento sociológico brasileiro.

Para Vianna, a inclusão de seus livros nessas coleções significava não somente a maior divulgação de seu trabalho, mas também um

---

tem alguma participação em três dos quatro primeiros volumes da coleção, demonstrando não somente o prestígio de que desfrutava dentro da Companhia Editora Nacional, mas também o seu reconhecimento no campo intelectual no período.

[260] Em seu estudo sobre as coleções de assuntos brasileiros, citado anteriormente, Heloisa Pontes (1989, p. 386) noticia que "A Brasiliana, por exemplo, que conheceu seu boom editorial na década de 1930 e meados dos anos 1940, passou a partir de então a dar prejuízos sistemáticos à Nacional. Sua continuidade só foi possível graças aos subsídios do governo federal, feitos através da compra de 500 exemplares de cada livro pelo Instituto Nacional do Livro".

[261] Sobre as coleções de assuntos brasileiros publicadas nos anos 1920, 30 e 40, ver o estudo de Pontes (2006).

aumento nos seus rendimentos em direitos autorais, pois "como em larga medida, a coleção era um empreendimento de prestígio para a editora, a inclusão de um trabalho nela sempre foi, na prática, uma garantia de venda e de publicidade" (HALLEWELL, 1985, p. 301).

Assim, a Brasiliana incluiu no seu catálogo os seguintes livros de Oliveira Vianna: *Populações meridionais do Brasil*, *Evolução do povo brasileiro*, *O idealismo da Constituição*, *Problemas de política objetiva* e *Raça e assimilação*.

Populações meridionais do Brasil foi ainda incluído nas coleções Estudos sobre o Brasil e a América Latina, editada pela Paz e Terra, Reconquista do Brasil,[262] publicada pela Itatiaia e EDUFF, e Intérpretes do Brasil, publicada pela Nova Aguilar.

A coleção da Itatiaia/EdUFF publicou ainda *Instituições políticas brasileiras*, *Introdução à História Social da economia pré-capitalista no Brasil* e *História Social da economia capitalista no Brasil*.

Problemas de Direito Corporativo foi incluído na coleção Biblioteca do pensamento político republicano, editado pela Câmara dos Deputados e *Instituições políticas brasileiras* compôs a coleção Biblioteca Básica Brasileira, editada pelo Senado Federal. Além disso, como já foi dito anteriormente, a coleção Biblioteca d'O Estado de São Paulo foi inaugurada com o livro de Vianna, *O idealismo na evolução política do Império e da República*.

A inclusão de Vianna no catálogo de coleções das diversas editoras que publicaram os seus livros traduz a importância desse autor no campo intelectual, pois, apesar de profundamente criticado em alguns momentos de sua trajetória, ele ainda é lembrado a cada vez em que se pensa em constituir uma coleção de livros que representem o pensamento social brasileiro.

Oliveira Vianna por Oliveira Vianna: as representações de si na obra publicada

Autor, portanto, de vasta obra, Oliveira Vianna cultivava alguns hábitos curiosos. Entre eles estava o de ser sempre prefaciador de si mesmo. Em todos os seus livros publicados havia, invariavelmente,

---

[262] A coleção Reconquista do Brasil, dirigida por Mário Guimarães Ferri, tinha como objetivo "divulgar obras raras do passado e lançar preciosidades do presente" (SEGALA, 1998, p. 299).

um texto inicial no qual apresentava as ideias principais a serem desenvolvidas, os atores que o haviam inspirado, uma breve análise dos limites da obra, os projetos em andamento e a afirmação da estabilidade e da harmonia entre os seus diversos trabalhos.

A cada novo livro, novo prefácio. Essa atitude se repetia mesmo quando o exemplar lançado era apenas a reedição de um título anterior. Vianna escrevia prefácios a cada nova edição, a cada novo lançamento. Essa era a oportunidade dele se dirigir diretamente aos seus leitores numa fala marcada pela tentativa de explicar, justificar e mantê-los sempre em contato direto com o autor.

Assim, por meio dos prefácios que escreveu para seus livros, Oliveira Vianna construiu, na sua obra publicada, autorrepresentações constantemente reelaboradas. Neles estabelecia programas de escrita, anunciando o que ainda estava por vir e respondia aos críticos, divulgando ideias que acabariam por ser incorporadas pelos analistas de sua obra. Atitudes comuns a outros autores que prefaciam seus próprios textos, pois, o ato de prefaciar textos da própria autoria traduz uma clara intenção de orientar a leitura das próprias obras, conformando a sua recepção junto ao público leitor.[263] Lendo seus prefácios é possível acompanhar o trabalho de preparação de seus livros, bem como os modos de circulação de seus textos, uma vez que, frequentemente, neles Vianna respondia às críticas suscitadas por seus escritos. Como qualquer prefácio, também os de Vianna são uma forma oblíqua de valorização do texto[264] e de destaque da importância da obra.

Palavra que se origina do latim *praefatio,* "prefácio" refere-se ao que se diz no princípio. Textos normalmente breves que abrem um livro, os prefácios têm o objetivo de apresentar o que vem a seguir de modo a suscitar no leitor o intenso desejo de lê-lo. Porém, comumente, ultrapassam essa restrita função.[265] Ao valorizar o texto, o prefaciador legitima também aquele que o escreve.

---

[263] Daniel Puglia (2005) chama atenção para aspecto semelhante ao estudar os prefácios dos livros de Charles Dickens e Machado de Assis.

[264] Na opinião de Gérard Genette (*apud* NOIRIEL, 1995), num prefácio, mesmo as informações mais contingentes e objetivas são postas com vistas a constituir uma forma oblíqua de valorização do texto.

[265] Embora tenha apenas o objetivo de apresentar o texto, a função dos prefácios normalmente os ultrapassa, ganhando também a conotação de um "guia" para a leitura, como demonstrou

Os prefácios, muitas vezes, têm uma autoria diferente da do texto apresentado. O prefaciador, nesse caso, é normalmente uma pessoa mais conhecida, com uma obra importante no campo de estudos do texto em questão, e tem por função valorizar as qualidades do texto, apresentar seu autor à comunidade de leitores e justificar a sua importância diante da crítica.

Outras vezes, os prefácios são escritos pelo próprio autor do texto a ser apresentado. Nesse caso, os prefácios têm a função de servir ao próprio autor para justificar suas escolhas diante do público leitor, bem como, de certa forma, interferir nos critérios com que a obra será julgada por seus leitores. O prefácio é a ocasião de o autor falar diretamente aos seus leitores, apresentando seus "escrúpulos",[266] isto é, suas hesitações, dúvidas e inquietações.

Como já vimos, Oliveira Vianna foi sempre prefaciador de si. Ao se ler os seus prefácios, vê-se que neles é possível obter diversas informações sobre suas leituras, seus livros e sobre a recepção de suas obras. Porém, também pode-se sugerir que nesses prefácios Vianna elaborava uma construção pública de si. Os textos configuravam uma escrita autorreferencial, uma expressão de si, uma narrativa que buscava não somente destacar a notoriedade do autor, mas também construir um autorretrato perene para o seu leitor.[267] Dessa forma, mais que textos que minimizavam as possíveis críticas e salientavam a originalidade e a profundidade de suas análises, os prefácios de Vianna a sua própria obra são um caminho para identificar uma forma de elaboração de sua identidade para o seu leitor. Uma máscara, portanto. Num diálogo direto com aqueles que liam seus textos, Vianna elaborava uma identidade pessoal, bem como uma originalidade de seu eu e de suas ideias.

Os prefácios de Vianna obedeciam a uma estrutura recorrente. Quando eram introdutórios às primeiras edições, continham uma

---

Manoel Salgado ao afirmar: "Tarefa ambígua a de escrever a apresentação de um livro: por um lado, a escrita que apresenta não deve e não pode estar no lugar do próprio texto que está sendo apresentado; por outro, sabemos, toda escrita à guisa de apresentação deriva de uma leitura e como tal traz a marca de quem a realiza. Sugere, portanto, um percurso para ler aquilo que apresenta. Uma impertinência, no limite" (GUIMARÃES, 2006, p. 7).

[266] Em um texto intitulado "La préface ou les scrupules de l'auter", Gérard Noiriel (1995) analisa os prefácios escritos por diversos autores para a coleção L'Univers Historique.

[267] Segue-se aqui a ideia de autorretrato sugerida por Eneida Maria Souza (1999).

antecipada alusão a críticas que poderiam vir a ser feitas, uma listagem dos pontos mais frágeis do texto apresentado e suas justificativas. No caso de reedições, Vianna expunha brevemente as críticas já produzidas e as respondia.[268]

Embora tenha sido essa a estrutura reiteradamente utilizada, é possível perceber em seus diversos livros publicados tipos distintos de prefácios, a partir do que ele prioritariamente destacava: há os que chamam atenção para a estabilidade da obra que está sendo elaborada, tentando demonstrar a homogeneidade de sua produção; há aqueles nos quais Vianna aprofunda o debate com os críticos; e ainda os que projetam o futuro de sua produção editorial.

Ao escrever e reescrever os prefácios, Oliveira Vianna agia no sentido de conformar a recepção de seus textos, enunciando a forma como estes "deveriam" ser lidos, e promovia assiduamente a ideia de que escrevia uma obra estável, harmônica e homogênea.[269]

Bons exemplos desses procedimentos são os prefácios à segunda e à terceira edição do livro *Evolução do povo brasileiro*.

No prefácio à segunda edição, Vianna escreve:

> Este livro sai nesta nova edição como saiu na primeira: não lhe introduzi modificação alguma, salvo ligeiríssimos retoques de forma. Não vi razão para alterá-lo nem no seu pensamento nem nas suas conclusões. Esses dez anos, decorridos depois da sua primeira edição, não trouxeram nenhum desmentido as suas afirmações, antes as robusteceram em muitos pontos (VIANNA, 1938, p. 9).

E repete no prefácio à terceira edição:

> Este livro foi escrito em 1922, há três lustros, pois. Neste decurso de tempo, o Brasil mudou muito na sua estrutura:

---

[268] É necessário fazer uma referência à excelente análise que Castro Faria (2002) elabora sobre alguns prefácios escritos por Oliveira Vianna. Esse trabalho inspirou muitas das ideias aqui consideradas.

[269] Ideia tomada pelos próprios analistas de sua obra, como demonstra Castro Faria ao destacar que os críticos de Oliveira Vianna pretendiam *falar da sua obra, como se esta fosse uma totalidade, a respeito da qual não hesitavam em proferir generalizações* (FARIA, 2002, p. 20). Após listar diversas críticas aos diferentes livros de Vianna, Castro Faria (2002), profundo conhecedor de sua obra, demonstra que a forma usual utilizada por seus comentaristas foi de transformar um livro em representativo da totalidade de suas ideias.

tem crescido, evoluído, progredido. No entanto, repito nesta nova edição o que já disse no prefácio da anterior: não há nenhum motivo novo que me leve a modificar qualquer das conclusões, a que cheguei, ao estudar o nosso povo no tríplice aspecto da sua sociedade, da sua raça e das suas instituições políticas (VIANNA, 1938, p. 13).

Ao reiterar a estabilidade de sua obra, Vianna atualiza as suas ideias, permanecendo, ao mesmo tempo "[...] fiel às suas concepções teóricas primaciais" (FARIA, 2002, p. 86). Dessa forma, constrói a imagem de um intelectual à frente de seu tempo, um antecipador de ideias e posições.

Vianna buscou demonstrar ainda em seus prefácios que a análise da identidade do povo brasileiro, que desenvolveu em seus primeiros livros, manteve-se válida por todo o tempo de sua produção intelectual, mesmo durante o período em que, ocupando o cargo de consultor do Ministério do Trabalho, interrompeu o curso das pesquisas já em andamento e dedicou-se "à análise dos aspectos jurídicos dos problemas sociais" (VIANNA apud GOMES, 1993, p. 45).

No prefácio ao livro *Problemas de organização e problemas de direção*, Oliveira Vianna buscou relacioná-lo aos seus trabalhos anteriores e caracterizar a produção desenvolvida no Ministério do Trabalho, estabelecendo uma correlação entre os diversos livros:

> Este pequeno volume reflete parte das minhas antigas preocupações acerca dos problemas de organização do nosso povo. Problemas que sempre me preocuparam nos meus estudos sobre a formação de nossa gente: principalmente durante o período em que servi como consultor jurídico do Ministério do Trabalho, onde a função que ali exerci me levava, logicamente, ao trato destes problemas e também dos problemas de Direito Social e de Direito Corporativo, que lhe são correlativos.
>
> Daí o traço comum, a afinidade ideológica que este livro apresenta com outros livros meus, especialmente com Problemas de Direito Corporativo, Problemas de Direito Sindical, Idealismo da Constituição, Problemas de política objetiva e Instituições políticas brasileiras (VIANNA, 1974, p. 7).

Um terceiro tipo de prefácio, dedicado a responder aos julgamentos negativos suscitados pelo livro em questão, adequava-se, evidentemente, àqueles escritos para reedições, posto que são constantemente exercícios de justificação, em que a necessidade da reedição é destacada como um dos aspectos de valorização da obra publicada.

O prefácio à segunda edição de *Instituições políticas brasileiras* exemplifica bem essa situação, em que Vianna alega que a rápida reedição demonstrava a importância do texto:

> Este livro entra, agora, em sua segunda edição. Esgotou-se cedo e rapidamente: em pouco mais de dois meses. Para mim, sou forçado a confessar que teve um êxito maior do que eu esperava. Livro em dois volumes e de custo relativamente alto, tendo obtido uma saída tão rápida, é fato deveras significativo (VIANNA, 1987, p. 13).

E continua respondendo às críticas que o livro havia suscitado, demonstrando que elas haviam sido muito mais positivas do que se esperava para um livro definido por ele mesmo como "muito polêmico":

> Tanto mais quanto eu havia bulido em duas casas de marimbondo, com duas classes ou grupos extremamente suscetíveis: o dos políticos, cuja psicologia tracei, dizem, com pessimismo [...] e o dos comunistas teóricos [...]. cada um deles, e todos, estão convencidos de que são "homens de idéias adiantadas" e são "espíritos modernos e progressistas". Ninguém os tira disto: zangam-se com facilidade e o seu tom é, de regra, explosivo e contundente.
>
> Quanto aos políticos, estes silenciaram. [...] Muitos deles, porém, quebraram o silêncio convencionado e vieram a mim, publicamente – e com elevação – dar seu aplauso franco e integral.
>
> Quanto à crítica, em geral, a acolhida do livro variou de mera referência discreta e polida à recepção franca, irrestrita, calorosa, com uma ou outra nota discordante, aqui e ali (rarissimamente), revelando a intolerância já prevista (VIANNA, 1987, p. 13).

A autovalorização diante da crítica era, claramente, um dos principais objetivos dos prefácios de Vianna. Nas reedições, respondia aos críticos, mas, nos lançamentos, algumas vezes, antecipava-se aos possíveis julgamentos negativos. Esse é o caso do prefácio ao livro *História social da economia capitalista no Brasil*. Prevendo a possibilidade do livro vir a suscitar críticas negativas, Vianna destaca nesse texto as eventuais fragilidades que nele se poderia apontar:

> Em primeiro lugar, apesar do título, algo pretensioso – de História social da economia capitalista no Brasil, trata-se apenas de uma simples Introdução à História e não propriamente de uma História da economia capitalista no Brasil. Quero dizer que não contém ele – e nem foi escrito para este fim – nenhum estudo minudente dos acontecimentos, episódios e fatos, que exprimem cronologicamente o desenvolvimento histórico da nossa economia. Nele procuro dar apenas discriminação das tendências gerais das nossas instituições econômicas e das idéias e sentimentos que vêm presidindo e inspirando o seu desenvolvimento e expansão [...] Como aparecem neste livro, são capítulos em esboço, antes croquis de capítulos, capítulos ainda não concluídos [...] Reuni-os, agora, neste volume, para efeito, apenas, de vê-los enfeixados num conjunto mais ou menos sistematizado, destinado a uma futura revisão definitiva [...] (VIANNA, 1987, p. 19-21).

Projetar o futuro da obra também era um traço comum nos prefácios escritos por Vianna – mais uma das estratégias dele para justificar-se diante das críticas. Assim, desde o primeiro prefácio que escreveu para o seu livro de estreia, *Populações meridionais do Brasil*, em 1918, Vianna já estabelecia e tornava público seu plano de trabalho para o estudo da formação das populações do Brasil:

> O primeiro destes ensaios, dedicado a populações meridionais, contém os estudos monográficos sobre os dois tipos sociais formados nos habitats do sul [...] ensaio dedicado as populações setentrionais estudarei o tipo social formado nas regiões secas do nordeste, o tipo regional do sertanejo, cujo espécimen mais representativo é o "homem das caatingas cearenses". [...] Completará a análise da populações setentrionais um outro pequeno ensaio, em que farei o estudo do tipo sertanejo na sua expansão pela hiléia amazônica,

onde se mostra sob a feição do caucheiro e explorador de seringais (VIANNA, 1973, p. 16-17).

Seguindo essa fórmula de anunciar seus trabalhos, projetando livros futuros, Vianna escreveu também o prefácio de *Raça e assimilação:*

> Neste pequeno volume, faço uma rápida síntese de apenas alguns capítulos de duas obras mais vastas: uma – O ariano no Brasil (biologia e mesologia da raça) – já quase concluída; a outra, a Antropologia Social (psicologia e sociologia das raças), em preparação (VIANNA, 1959, p. 7).

Dessa forma, Vianna usava os espaços dos prefácios para traçar seus planos de trabalho, anunciar suas obras e ainda tornar públicas pesquisas em andamento. Os prefácios não apenas valorizavam o texto singular que ele apresentava mas criava uma ideia de conjunto, inseria o livro apresentado na "coleção" de textos do autor, ressaltando os aspectos nos quais esse texto particular se integrava à obra mais geral que se elaborava.

Porém, os prefácios tinham ainda mais uma importante função: por meio da ficcionalização de características elaboradas como aspectos pessoais de sua personalidade, Vianna construía a identidade que construía um nome próprio de um indivíduo e de um autor. A construção da autoria era, dessa forma, constituída por aspectos recorrentemete citados por Vianna a respeito de si mesmo. Nesse processo, ele buscava conformar os discursos sobre si criando um jogo em que "a forma de um mesmo na repetição" (HANSEN, 1992, p. 34) concebia uma individualidade e elaborava uma identidade. O próprio nome – Francisco José de Oliveira Vianna – passava, desse modo, não só a designar um indivíduo, mas também a descrevê-lo como a causa criadora de um discurso com indícios de autenticidade e originalidade.[270]

Na opinião de João Hansen, "para a experiência imediata da opinião, a noção de autor aparece como autoevidente" (HANSEN, 1992, p. 11). A referência aos autores é o que permite dar coerência a um (ou vários) discurso(s) e autoriza submetê-lo(s) a uma lógica explicativa que associa um nome próprio, características psicológicas e textos. Por isso, Hansen diz que "assim representada, a noção é um

---

[270] As análises aqui elaboradas sobre a questão da autoria foram inspiradas em Hansen (1992).

princípio explicativo que postula um nexo de necessidade entre efeitos de sentido e seu criador, tido como identidade prévia de uma unidade de intuição, ou de um pensamento nos acidentes de uma biografia" (HANSEN, 1992, p. 11). No sentido dado pelo senso comum, o texto é, necessariamente, um reflexo das características mais particulares de seus autores.

Porém, essa autoevidência do sujeito-autor pode ser matizada a partir da investigação das artes de falar de si. Em seus prefácios, Vianna configurava uma dada noção de autoria, um autorretrato, uma máscara que ordenava a imagem pública de si para seu leitor. Era, como afirma Angela de Castro Gomes, a respeito das escritas de si, "um trabalho de ordenar, rearranjar e significar o trajeto de uma vida no suporte do texto, criando-se, através dele, um autor e uma narrativa" (GOMES, 2004, p. 16).

Os modos de Vianna falar de si mesmo, na letra de seus prefácios, buscavam tanto conformar a recepção de seus textos junto à crítica e ao público leitor quanto organizar a percepção da particularidade e originalidade de sua obra e de sua personalidade, conformando uma autenticidade autoral.

Uma outra maneira encontrada por Vianna para valorizar a sua obra e anunciar seus projetos futuros foi através da autocitação. Oliveira Vianna se citava constantemente. Muitas vezes, mencionava livros que ainda estavam sendo preparados, estratégia através da qual reiterava a ideia de que escrevia uma obra, no mínimo, estável e homogênea.

Há, inclusive, alguns textos de Vianna que, apesar de frequentemente citados, jamais foram publicados. *O ariano no Brasil*, *Antropologia Social*, *Raça e seleções étnicas*, *História da formação racial no Brasil* e *Raça e seleções telúricas* apareceram diversas vezes como projetos em preparação.

Para *O ariano no Brasil*, um dos textos "em preparação" mais citados por Vianna, ele chegou a receber um adiantamento da Companhia Editora Nacional, como se pode perceber da carta de Octalles Marcondes Ferreira datada de 25 de janeiro de 1933, na qual o editor discute com Vianna o pagamento de direitos autorais dos livros publicados:

> [...] desses dez contos, descontaremos 6 contos que já lhe pagamos do livro O Ariano no Brasil. Resulta pois que

teremos que mandar ao sr. um saldo de 4:000$000, e quando fizermos a edição do Ariano teremos que lhe pagar os direitos autorais que recaírem sobre essa edição.[271]

A espera dos editores da Companhia Editora Nacional pelos originais de *O ariano no Brasil* se prolongou por vários anos. Quatro anos após a carta anterior, no momento que a editora planejava comemorar o livro número 100 da Brasiliana, Octalles Ferreira escreve a Vianna sugerindo que o seu livro fosse o título publicado nesse volume comemorativo:

> Estamos à procura de um grande livro para ser o volume 100 da Brasiliana e se pudéssemos contar com o Ariano... [272]

O livro editado no número 100 da Brasiliana foi o texto de Roberto Simonsen, *História econômica do Brasil: 1500-1820*. Contudo, Octalles ainda guardava a esperança de publicar o texto de Vianna. Em carta datada de 3 de dezembro de 1935, ele escreve:

> Prezado amigo Dr. Oliveira Vianna.
> Vi hoje, na Revista Ariel, um anúncio da Livraria José Olympio, que me deixou muito triste.
> O anúncio em questão é um livro novo seu – O tipo étnico no Brasil – anunciado como para aparecer brevemente editado pela referida livraria.
> Ora nós sempre fizemos questão de ser seus únicos editores, estamos sempre a lhe pedir livros, tal o empenho que temos em editar seus trabalhos, editamos a coleção Brasiliana única até agora publicada no Brasil sobre assuntos brasileiros e da qual o amigo é um dos melhores colaboradores, estávamos assim certos de que todos os trabalhos que o amigo escrevesse, principalmente sobre o Brasil, seriam seguramente editados naquela coleção.
> Ficamos assim muitos desapontados em perder um livro seu, livro que tanto viria valorizar a coleção Brasiliana.

---

[271] Carta de Octalles Marcondes Ferreira a Oliveira Vianna, 25 de janeiro de 1933. Arquivo privado de Oliveira Vianna. Série Correspondências. Pasta Octalles Marcondes Ferreira.

[272] Carta de Octalles Marcondes Ferreira a Oliveira Vianna, 3 de dezembro de 1935. Arquivo pessoal de Oliveira Vianna. Série Correspondências. Pasta: Octalles Marcondes Ferreira.

No entanto, esse seria mais um dos títulos de Vianna que permaneceria inédito, não tendo sido publicado nem pela José Olympio nem pela Companhia Editora Nacional.

Oliveira Vianna entre os intelectuais: trocas de correspondências e divulgação da obra publicada[273]

Durante o período compreendido entre os anos 1920 – ano da publicação de seu livro de estreia, *Populações meridionais do Brasil* – e 1951 – ano de sua morte – Oliveira Vianna enviou constantemente livros de presente. Doou exemplares de onze dos treze títulos que publicou[274] e recebeu de 57 pessoas distintas cartas de agradecimento pelo envio de seus livros.[275] Esse número com certeza não traduz rigorosamente o grupo de pessoas a quem ele mandou livros, pois temos que considerar aqueles que, por algum motivo, deixaram de agradecer o envio[276] ou mesmo aquelas cartas que se perderam nas sucessivas reorganizações do arquivo. Mas, sem dúvida, esse conjunto

---

[273] Uma primeira versão dessa parte do texto foi publicada em Venancio (2001).

[274] Os livros publicados por Oliveira Vianna no Brasil ao longo de sua vida são: *Populações meridionais do Brasil* (1920), *Pequenos estudos de Psicologia Social* (1921), *Evolução do povo brasileiro* (1922), *O idealismo na evolução política do Império e da República* (1922), *O ocaso do Império* (1925), *O crédito sobre o café* (1927), *O idealismo da Constituição* (1927), *Problemas de política objetiva* (1930), *Raça e assimilação* (1932), *Problemas de Direito Corporativo* (1938), *As novas diretrizes da política social* (1939), *Problemas de Direito Sindical* (1943) e *Instituições políticas brasileiras* (1949). Dessa lista estão excluídos os textos ou livros publicados no exterior, os textos publicados em obras de autoria coletiva e os livros editados após a sua morte.

[275] Consta do arquivo de Oliveira Vianna um total de 66 cartas de agradecimento pelo envio de livros. Destas, cinco foram enviadas nos anos 1950, após a morte do escritor, correspondendo, portanto, a agradecimentos enviados à família pelo envio de livros do titular do arquivo. Há ainda quatro cartas de indivíduos que agradecem em nome de instituições (Instituto Interamericano, Universidade de Wiscosin, Companhia Editora Americana e Biblioteca Nacional). Todas essas cartas foram excluídas de nosso *corpus* de análise. Estamos considerando somente as cartas pessoais de agradecimento recebidas pelo próprio Oliveira Vianna ao longo de sua vida.

[276] Um exemplo dessa situação pode ser percebido na fala do próprio Oliveira Vianna ao se referir, de forma magoada, a Rui Barbosa: "Quando publiquei Populações meridionais do Brasil, mandei-lhe com uma respeitosa dedicatória, o livro; mas não me acusou a recepção. Depois de inaugurada a Casa de Rui Barbosa, eu, ao percorrer anonimamente o santuário de seus estudos, tive a curiosidade de pedir o volume das Populações, que devia existir na sua biblioteca. O livro, de fato, estava lá; mas intato. Os dedos do grande Rui Barbosa não haviam sequer aberto a primeira página do enorme cartapácio de capa amarela, em que Monteiro Lobato enfeixara a primeira edição" (VIANNA *apud* REZENDE, 1999, p. 151).

documental pode ser analisado como uma mostra significativa do grupo de pessoas agraciadas com "presentes de papel" e com quem o titular do arquivo estabeleceu o que Dauphin (1991) chama de pacto epistolar, fundado nas trocas afetuosas.

A primeira questão a ser investigada nessas correspondências de agradecimento refere-se justamente ao que elas agradecem, aos livros que Oliveira Vianna mandou de presente.

Os livros enviados por Vianna ao longo dessas três décadas foram: *Populações meridionais do Brasil, Pequenos estudos de psicologia social, O ocaso do império, O idealismo da Constituição, Evolução do povo brasileiro, Problemas de política objetiva, Raça e assimilação, Problemas de Direito Corporativo, As novas diretrizes da política social, Problemas de Direito Sindical* e *Instituições políticas brasileiras*.

A prática do envio de livros foi bastante constante e, observadas também as datas das cartas de agradecimento, nota-se que essa prática se estendeu por todo o período da sua vida intelectual, iniciando-se logo após a publicação de seu primeiro livro, em 1920, intensificando-se durante os anos 1930 e mantendo-se no decorrer dos anos 1940.

A análise da correspondência de agradecimento permite perceber que a remessa massiva de exemplares ocorria principalmente no momento da edição ou reedição dos livros. Dessa forma, verifica-se que, durante os anos 1920, Oliveira Vianna enviou quatro títulos distintos: *Populações meridionais do Brasil, Pequenos estudos de Psicologia Social, O idealismo da Constituição* e *O ocaso do Império*. Ao longo dos anos 1930, foram oito os títulos doados: *O idealismo da Constituição, O ocaso do Império, Evolução do povo brasileiro, Novas diretrizes da política social, Populações meridionais do Brasil, Raça e assimilação, Problemas de política objetiva* e *Problemas de Direito Corporativo*. Nos anos 1940, os títulos enviados de presente foram: *Problemas de política objetiva, O idealismo da Constituição, Instituições políticas brasileiras, Problemas de Direito Sindical* e *Pequenos estudos de Psicologia Social*.

A doação desses livros e de outros, pelo próprio autor, significava uma forma de autopropaganda, ao mesmo tempo que indica o reconhecimento do receptor como pessoa autorizada a estabelecer uma leitura legítima. Todas as pessoas que receberam e agradeceram os livros enviados por Vianna eram homens, nascidos entre 1860 e 1927, a maior parte deles egressos de escolas de ensino superior. Quanto à formação profissional, 24 desses interlocutores cursaram a Faculdade de Direito, cinco eram militares, dois eram médicos, três eram sociólogos de formação[277] e um era religioso. Quanto aos outros, não foi possível identificar se existia algum tipo de formação universitária ou profissional específica.

Uma característica que imediatamente chama a atenção é a quantidade de advogados entre os receptores de livros doados por Oliveira Vianna. Cerca de 60% dos receptores de livros possuíam essa formação profissional, o que corrobora os diversos estudos publicados sobre a importância das faculdades de Direito na vida intelectual e política do país no início do século XX, como chama a atenção Sérgio Miceli num estudo já clássico sobre as elites intelectuais:

> Até meados da República Velha, a faculdade de direito era a instância suprema no campo da produção ideológica concentrando inúmeras funções políticas e culturais. [...] A Faculdade de Direito atuava ainda como intermediária na importação e difusão da produção intelectual européia, centralizando o movimento editorial de revistas e jornais literários, fazia as vezes de celeiro que supria a demanda por elementos treinados e aptos a assumir os postos parlamentares e os cargos de cúpula dos órgãos administrativos, além de contribuir com o pessoal especializado para as demais burocracias, o magistério superior e a magistratura (MICELI, 1979, p. 35).

Outra questão importante a ser destacada é a existência de uma característica comum a todos os interlocutores sobre os quais foi possível identificar dados biográficos: 100% deles possuíam livros publicados. Era portanto entre os "homens de letras" que Oliveira Vianna buscava estabelecer sua comunidade de leitores. Era para eles que Vianna escrevia e era deles que gostaria de obter, através de uma estratégia normalmente privada – a correspondência – uma opinião pública.

---

[277] Os sociólogos de formação eram todos estrangeiros, visto que nessa época os cursos de Ciências Sociais ainda começavam a se organizar no Brasil.

Vianna, ao escolher pessoas específicas no universo de seus amigos e conhecidos para mandar seus livros de presente, de certa forma organizava os possíveis leitores dos livros, criando um nicho social particular de recepção (CHARTIER, 1994, p. 21).

O livro de que Vianna doou mais exemplares foi *Problemas de política objetiva*, publicado em 1930, pela Companhia Editora Nacional, e que é considerado, no estudo de Castro Faria já citado, como uma obra que tem o caráter explícito de "projeto político, de indicador de rumos e soluções para o país" (FARIA, 2002, p. 62).

Nesse livro, que se divide em cinco partes, Vianna constrói uma autoimagem de conhecedor da realidade nacional, esboçada através de um retorno à obra de Alberto Torres. As proposições de Torres são destacadas, justamente, para demonstrar o seu papel no desvendamento das características da nacionalidade brasileira. Nas outras três partes do livro, Vianna trata de pontos mais objetivos de seu projeto político, questionando o conceito de liberdade, a organização dos partidos e analisando o papel dos conselhos técnicos em governos modernos. Vianna conclui a quarta parte estabelecendo um possível programa de utilização dos conselhos técnicos no Brasil. Esse era, segundo Castro Faria (2002), um verdadeiro programa político, concebido segundo os critérios da análise científica.

Durante os anos 1930 e 40, Oliveira Vianna enviou esse livro a várias pessoas, como se pode observar através das cartas de agradecimento presentes em seu arquivo. Observando-se as datas das cartas, nota-se que houve dois momentos distintos e bastante marcados em que Oliveira Vianna enviou exemplares. O primeiro deles foi o primeiro semestre de 1930, data da primeira edição do livro pela Companhia Editora Nacional, e o segundo, os últimos seis meses de 1947, momento de sua reedição na coleção Brasiliana.

Apenas dois receptores agradecem livros enviados fora desses marcos cronológicos: Virgílio Correia da Silva, que escreve em 1941, e Levi Carneiro, cuja carta data de 1949. Como o período transcorrido entre os dois grandes momentos de remessa de livros e das cartas de agradecimento desses receptores é bastante longo, pode-se considerar que o envio de exemplares a essas pessoas obedece a uma temporalidade e a interesses singulares. Os dezessete anos transcorridos entre uma e outra correspondem, seguramente, ao lançamento das duas edições, a de 1930 e a de 1947.

A relação geral de receptores, que se pode considerar de pessoas merecedoras de "presentes de papel" por parte de Oliveira Vianna, deve ser observada a partir da análise de dois eixos de temporalidades e características distintas: a análise da sua trajetória e a compreensão de acontecimentos significativos para a história política do país.

Se observarmos com atenção, podemos perceber uma grande diferença entre os receptores da primeira e da segunda remessa. Na primeira, em 1930, encontram-se principalmente pessoas que podem ser consideradas oriundas do campo intelectual, enquanto, na segunda, em 1947, encontram-se prioritariamente personagens do mundo político.

A partir dessa análise, pode-se sugerir que ocorreu, no período observado, uma mudança no círculo de relações pessoais de Oliveira Vianna que teria se expandido a partir de um mundo eminentemente intelectual, incorporando grupos e pessoas pertencentes ao estrato político.

Em 1930, data da publicação da primeira edição de *Problemas de política objetiva*, Oliveira Vianna era professor da Faculdade de Direito do Estado do Rio de Janeiro, em Niterói. Apesar de já ter vivido a experiência de ocupar um cargo público, como diretor do Instituto de Fomento Agrícola (1926), sua vida pública era marcada principalmente pelas suas atividades intelectuais, a participação no IHGB, a preparação de suas aulas e palestras e a elaboração de seus livros que, até aquele momento, já se contavam em número de sete, dois deles pela Companhia Editora Nacional.

A despeito do sucesso dessas publicações, o círculo de relacionamento pessoal de Oliveira Vianna era ainda restrito se comparado ao que viria a ser alguns anos mais tarde. Entre os receptores de livros de Oliveira Vianna nesse período estão: (Conde) Afonso Celso, Tobias Monteiro, Alberto de Oliveira, Walter Pompeu, Alfredo Augusto Varela e Afonso Taunay.

No momento da reedição do livro na coleção Brasiliana e da segunda grande remessa de exemplares, a trajetória de Oliveira Vianna tinha permitido a expansão de seu círculo de relacionamento pessoal e, principalmente, a incorporação de um número significativo de pessoas que ocupavam ou haviam ocupado cargos políticos.

Em 1947, Oliveira Vianna era ministro do Tribunal de Contas da União, cargo para o qual ele havia sido nomeado por Vargas, como prêmio pelos serviços prestados durante os anos 1930 e, principalmente, ao longo do Estado Novo. Depois de oito anos como consultor jurídico do Ministério do Trabalho, entre os anos de 1932 e 1940, e após ter tomado parte em comissões importantes do governo – tais como a Comissão encarregada do anteprojeto da Constituição, em 1933, e a Comissão Revisora das Leis da União, em 1939 – e depois de ter atingido o ápice do reconhecimento intelectual ao ser eleito, em 1937, para a Academia Brasileira de Letras, Oliveira Vianna não era o mesmo de 1930, aquele que enviara seus livros exclusivamente aos seus amigos intelectuais.

O Brasil de 1947 também não era o mesmo de 1930. Os problemas políticos eram outros e a realidade nacional tinha se transformado bastante.

Quais seriam então as pessoas merecedoras dessa nova edição incluída numa importante coleção brasileira?

Em 1947, J. Plínio Salgado Filho, Juarez Távora, Eurico Gaspar Dutra, Getúlio Vargas e o Cel. Lima Figueiredo agradeciam a Oliveira Vianna a remessa de seu livro. Muitos deles ocupavam, naquele momento, importantes cargos políticos no governo republicano brasileiro.

Juarez Távora, militar, depois de ter sido ministro da Viação e Obras Públicas, em 1930, e ministro da Agricultura, em 1933, estava, em 1947, na subchefia do Estado Maior do Exército.

Eurico Gaspar Dutra, também militar, no momento da recepção do exemplar do livro enviado por Oliveira Vianna era Presidente da República.

Getúlio Vargas, que havia sido o grande líder político nos anos 1930, e presidente da República durante quinze anos (1930-1945) era, nesse momento, senador.

O Cel. José de Lima Figueiredo não exercia nenhum cargo nesse momento, visto que somente viria a se tornar deputado federal alguns anos mais tarde, em 1951. Sua origem intelectual era conhecida, pois havia publicado, durante os anos 1930, alguns livros sobre a população indígena e sobre limites territoriais do Brasil. Embora não pertencesse ao mundo político, havia um ponto que o assemelhava aos outros receptores: era também um militar.

Por que motivo Oliveira Vianna destinou prioritariamente aos militares o envio dessa edição? Talvez, na concepção do autor, fossem os militares aqueles que, nesse momento, deveriam ser alertados para os aspectos particulares da realidade nacional, pois a Guerra Fria que se estruturava exigia deles, e dos políticos, uma tomada formal de posição.

Vianna, através do envio de livros, buscava, de certa forma, participar das decisões, tomadas pelos dirigentes, sobre os rumos do país. Pode-se notar que, por meio de sua prática epistolar, ele almejava criar uma estratégia de organização e desenvolvimento de suas relações de sociabilidade, mas, principalmente, uma via de estruturação de uma comunidade de leitores que garantiria a propaganda e a propagação de suas ideias.[278]

---

[278] Sobre os livros enviados de presente por Oliveira Vianna, ver Venancio (2001).

Entre o espelho e a máscara: proposições e limites

> *Enquanto a pesquisa é interminável,*
> *o texto deve ter um fim [...]*
> *a representação escriturária é "plena";*
> *preenche ou oblitera as lacunas*
> *que constituem, ao contrário,*
> *o próprio princípio da pesquisa,*
> *sempre aguçada pela falta.*
> Michel de Certeau, *A escrita da história*,
> 1982, p. 94.

> *[...] o princípio verdadeiro da*
> *fecundidade insubstituível da pesquisa*
> *empírica: fazer sem saber completamente*
> *o que se faz é dar-se uma chance*
> *de se descobrir, no que se fez,*
> *algo que não se sabia.*
> Pierre Bourdieu, *Homus academicus*,
> 2011, p. 27.

Do conjunto de documentos e livros que compõem o arquivo privado pessoal e a biblioteca de Oliveira Vianna, emerge um conjunto inumerável de proposições, imagens e representações. Delas, tentou-se trabalhar algumas, muitas outras restarão e poderão se tornar objeto de futuras pesquisas.

Neste livro, procurou-se contribuir para as reflexões já realizadas sobre a obra Oliveira Vianna, buscando-se inspiração nos estudos realizados nos campos da biografia, da história dos intelectuais, dos arquivos privados, das bibliotecas e das correspondências. Muitas foram as referências que sugeriram interpretações e permitiram deduções. Nessas considerações finais busca-se, portanto, retomar algumas interpretações, inquirindo os próprios limites desta pesquisa e identificando aspectos que sugerem novas vias de investigação.

Um dos primeiros objetivos enunciados era o de pensar uma história da intelectualidade definida a partir da análise dos espaços que os eruditos fundam e nos quais convivem. Procurou-se elaborar uma definição de intelectual que se baseasse não apenas na produção de uma obra publicada, mas também, e principalmente, no reconhecimento granjeado por um indivíduo nos diversos espaços de sociabilidade intelectual existentes no seu tempo.

No caso de Vianna, o espaço de sociabilidade que ganhou imediatamente destaque foi a troca epistolar. Na qualidade de um indivíduo solitário e isolado, Vianna desenvolveu através da escrita e, mais especificamente, da prática epistolar, a sua forma primordial de inserção no mundo das letras. Esse aspecto da vida de Vianna, embora diretamente associado à sua personalidade, não parece ter sido uma condição que o tornava original no espaço letrado de seu tempo.

Em um texto sobre Capistrano de Abreu, José Carlos Reis o descreve como um "[...] um autêntico sertanejo, um caboclo matuto, [...] desagradável. [...] um desconfiado tapuia transplantado para o meio civilizado" (REIS, 2002, p. 86). A autorrepresentação do intelectual como um indivíduo sisudo, fechado, de poucos amigos, parece ter sido perseguida por muitos letrados contemporâneos ou antecessores de Vianna, o que reforça a hipótese de que a via epistolar – compreendida como o espaço da troca, como aponta Trebitsch – é um caminho seguro para se investigar as relações estabelecidas entre os intelectuais nos primeiros anos do século XX. Porém, ao contrário de Capistrano, que teve parte de suas cartas publicadas por José Honório Rodrigues (1977), Vianna não guardou sua correspondência ativa,[279]

---

[279] É importante destacar, no entanto, que também Capistrano não teve por hábito guardar sua correspondência ativa. As cartas publicadas por José Honório não pertencem ao arquivo de

na qual ele possivelmente elaborava, em constante interlocução com outros eruditos, muitas das ideias ulteriormente publicadas em sua obra. Vianna arquivou apenas as cartas que recebeu e foi por meio delas – onde ele aparece somente filtrado pela visão de outro – que se pôde inferir, entrever, suas práticas de relacionamento social, político e profissional. Através delas, sugere-se a imagem de um indivíduo reservado, porém atuante, distante da vida mundana, mas integrado às discussões no campo intelectual.

Um segundo ponto suscitado nesta pesquisa foi a relação que se estabeleceu entre a formação escolar e acadêmica de Vianna e sua atuação profissional e produção intelectual. Buscou-se pensar em que medida o percurso escolar e universitário de Vianna conformou sua trajetória profissional e sua obra publicada posteriormente. Sob esse aspecto, visou-se recuperar o processo de constituição das faculdades de Direito, no Rio de Janeiro, no último decênio do século XIX, tentando discriminar as disciplinas e os respectivos professores com vistas a possibilitar a inferência das relações entre a vida de estudante e a vivência profissional de Vianna. Os documentos consultados, embora esclarecessem aspectos ainda desconhecidos das instituições investigadas, calavam sobre outras características importantes de serem ainda interrogadas. A elaboração de uma pesquisa mais minuciosa no que se refere aos programas e leituras realizadas em cada uma das disciplinas talvez pudesse esclarecer melhor o papel desempenhado por determinados professores sobre a formação e até mesmo sobre a produção de estudos jurídicos nos anos 1920 e 30.

Outro aspecto proposto para investigação dizia respeito a uma construção memorialística positiva que os amigos de Oliveira Vianna tentaram empreender, após a sua morte, com o objetivo de regenerar a imagem de decadência intelectual que havia marcado seus últimos anos de vida. Um texto encontrado no arquivo pessoal de Thiers Martins Moreira, depositado na Fundação Casa de Rui Barbosa, de certa forma sintetiza essa militância memorialística posta em prática pelos herdeiros intelectuais de Vianna:

Capistrano, mas sim, em sua maioria, ao acervo de João Lucio de Azevedo, doado à Biblioteca Nacional.

[...] incontestavelmente, o pensador mais original e de maior influência neste campo de estudos sociais e políticos em nosso país, é Francisco José de Oliveira Vianna. Necessitarei dominar minha emoção ao falar desse amigo, cujo corpo, pouco antes de partir para Washington, deixei na terra de sua província fluminense que ele tanto amava e que nunca abandonou. Por mais de 20 anos, privei de sua amizade e de sua casa, que na cidade de Niterói, mais parecia uma velha casa de fazenda, com parentes, agregados e pretinhos espertos servindo a mesa. Nunca exerceu uma função política, nem lhe seduzia a parte prática, as lutas eleitorais, o prestígio da autoridade, o exercício do comando da coisa pública. Nesse sentido é bem ao contrário a Nabuco, a Rui, ao próprio Alberto Torres. Contentava-se com os jornais, as revistas, os livros, as estatísticas, os relatórios oficiais, os discursos, as conversas com amigos. Com esse material, e sem nenhuma experiência direta, somente pela observação dos fatos nacionais ou estrangeiros, escreveu os melhores estudos que possuímos de crítica aos aspectos meramente teóricos de nossa organização política.[280]

Para esse trabalho de construção memorialística póstuma, os amigos de Oliveira Vianna contaram com a ação do próprio Vianna, que elaborou pacientemente ao longo de toda a sua vida um acervo de documentos que induzia à posteridade a representação de homem público e de intelectual que lhe interessava legar. Nada de testemunho de foro privado, nada que pudesse macular a imagem de um cidadão probo, respeitável, sem pretensões políticas. Todas as referências deveriam construir a representação de um profissional venerável, preocupado sobretudo com os interesses do país.

A essa representação, o acervo acumulado por Vianna e sua biblioteca particular somava ainda outra: a do intelectual erudito, atualizado, conhecedor das últimas novidades em voga nos principais centros de produção científica. O itinerário e as práticas de leitura e escrita inscritos na trama do arquivo de Vianna e nos volumes de sua

---

[280] Arquivo pessoal de Thiers Martins Moreira. Série Originais para publicação em livro. Fundação Casa de Rui Barbosa.

biblioteca permitiram investigar as relações entre suas leituras e sua obra publicada, entre os seus métodos de escrita e o seu percurso de transição de leitor/autor.

Aqui também a pesquisa encontrou diversos limites que sugerem novas investigações. O método adotado – o exame da biblioteca por meio das notas e citações coletadas em seus textos publicados – dificulta a elucidação das matrizes teóricas não explicitamente reveladas ou tornadas públicas em suas obras.

Um último objetivo enunciado visava compreender de que forma a obra publicada de Vianna espelhava, em certa medida, a constituição de uma nova qualificação profissional que se forjava, no Brasil, na primeira metade do século XX: o intelectual particularmente preocupado com os aspectos singulares da realidade nacional. Compreendendo-se as condições de produção da obra de Vianna, buscou-se identificar o papel de cada um dos agentes implicados no percurso de transformação de manuscritos e notas esparsas em livros.

Vianna, através de seus prefácios, citações autorreferentes e de sua correspondência, estabelecia a qualidade e a harmonia da obra que estava tornando pública, conformando sua recepção e divulgando um julgamento positivo que acabaria por ser incorporado pelos próprios analistas. Ao mesmo tempo, os editores, os organizadores de coletâneas de textos e livros e a crítica especializada contribuíam, por meio de sua ação, para transformar Vianna em um dos intelectuais canônicos do que se considera ser o "pensamento social brasileiro", uma referência incontornável, sempre que se buscou compreender ou explicar o Brasil.

Referências

ABREU, Márcia. *Leituras literárias no Rio de Janeiro (1769-1807)*. [s.d.]. Disponível em: <http://www.portcom.intercom.org.br/pdfs/6aa17541a5f391355cd303c-5c2945aec.PDF>. Acesso em: 14 maio 2014.

ABREU, Márcia. *Quem lia no Brasil colonial?* 2001. Disponível em: <http://www.portcom.intercom.org.br/pdfs/15430253740464424906347790702518 9701223.pdf>. Acesso em: 29 jan. 2015.

ABREU, Regina. *A fabricação do imortal. Memória, história e estratégia de consagração no Brasil*. Rio de Janeiro: Rocco/Lapa, 1996.

ACADEMIA BRASILEIRA DE LETRAS. *Academia Brasileira de Letras: 100 anos*. São Paulo: BEI Comunicação, 1997.

ACADEMIA BRASILEIRA DE LETRAS. *Discursos acadêmicos (1897-1906)*. Rio de Janeiro: Civilização Brasileira, 1934.

ADORNO, Sérgio. *Os aprendizes do poder: o bacharelismo liberal na política brasileira*. Rio de Janeiro: Paz e Terra, 1988.

AGOSTINHO, Michele de Barcelos. *O museu em revista: a produção, a circulação e a recepção da revista* Arquivos do Museu Nacional *(1876-1887)*. 2014. 143 f. Dissertação (Mestrado em História) – Niterói, Universidade Federal Fluminense, 2014.

ALMEIDA, Alfredo Wagner. *Jorge Amado: política e literatura*. Rio de Janeiro: Campus, 1979.

ALMEIDA, Lyad. *Lili Leitão, o Café Paris e a vida boêmia de Niterói*. Niterói: Niterói Livros, 1996.

ALONSO, Angela. *Ideias em movimento: a geração de 1870 na crise do Brasil-Império*. Rio de Janeiro: Paz e Terra, 2002.

ARBAIZAR, Philippe. La bibliotheque de l'écrivain. In: VERNET, André (Dir.). *Histoire des bibliothèques françaises*. Paris: Promodis/Éditions du Cercle de la Librairie, 1992.

ARTIÈRES, Philippe. Arquivar a própria vida. *Estudos Históricos*, Rio de Janeiro, v. 11, n. 21, p. 9-34, 1998.

ASSIS, Machado de. *Correspondência*. Rio de Janeiro: Jackson, 1946, p. 52-53 apud EL FAR, Alessandra. *A encenação da imortalidade*. Rio de Janeiro: Editora FGV, 2000. p. 82.

ASSIS, Machado de. Discurso do Sr. Machado de Assis. In: ACADEMIA BRASILEIRA DE LETRAS. *Discursos acadêmicos (1897-1906)*. Rio de Janeiro: Civilização Brasileira, 1934.

AZEVEDO, Carmem Lucia de; CAMARGOS, Marcia; SACHETTA, Vladmir. *Monteiro Lobato: furacão na Botocúndia*. São Paulo: Senac, 1998.

BACKHEUSER, Everardo Adolpho. *Minha terra e minha vida: Niterói há um século*. Niterói: Niterói Livros, 1994.

BARBOSA, Marialva. *Imprensa, poder e público: os diários do Rio de Janeiro (1880-1920)*. Tese (Doutorado em História) – Programa de Pós-Graduação em História, Universidade Federal Fluminense, Niterói, 1996.

BARRETO, Afonso Henriques de Lima. O meu conselho. In: _____. *Feiras e mafuás*. São Paulo: Brasiliense, 1956, p. 172-173.

BARROSO, Gustavo. *História militar do Brasil*. São Paulo: Companhia Editora Nacional, 1935.

BARROSO, Gustavo. *História secreta do Brasil*. São Paulo: Companhia Editora Nacional, 1937.

BARROSO, Gustavo. *O Brasil em face do prata*. Rio de Janeiro: Imprensa Nacional, 1930.

BARROSO, Gustavo. *O Brasil na lenda e na cartografia antiga*. São Paulo: Companhia Editora Nacional, 1941.

BASTOS, Élide Rugai; MORAES, João Quartim de (Orgs.). *O pensamento de Oliveira Vianna*. Campinas: Editora da Unicamp, 1993.

BASTOS, Maria Helena Camara; CUNHA, Maria Teresa Santos; MIGNOT, Ana Chrystina Venancio (Orgs.). *Destinos das letras. História, educação e escrita epistolar*. Passo Fundo: Editora UPF, 2002.

BAUTISTA, Eduardo Ruiz. Cartas del cárcel. Escritura y represión en un tiempo de guerra. In: GOMEZ, Antonio Castillo (Org.). *Cultura escrita y clases subalternas: una mirada española*. Oiartzun: Sendoa, 2001. p. 155-172.

BELLO, José Maria. *História da República, primeiro período, 1889-1902*. Rio de Janeiro: Civilização Brasileira, 1940.

BELO, José Maria. *À margem dos livros*. Rio de Janeiro: Anuário do Brasil, 1923.

BLAIR, Ann. Bibliotecas portáteis: as coletâneas de lugares-comuns na Renascença tardia. In: BARATIN, Marc; JACOB, Christian (Orgs.). *O poder das bibliotecas. A memória dos livros no Ocidente*. Rio de Janeiro: Editora da UFRJ, 2000. p. 74-93.

BLAS, Veronica Sirre. Escribir y servir; las cartas de una criada durante el franquismo. *Signo. Revista de Historia de la Cultura Escrita*, Alcalá de Henares, n. 10, p. 121-140, 2002.

BORGES, Jorge Luis. Os espelhos. In: _____. *O fazedor*. Rio de Janeiro: Bertrand Brasil, 2008. p. 71-75.

BORGES, Jorge Luis. *Poesia*. São Paulo: Cia. das Letras, 2009.

BOURDIEU, Pierre. *Choses dites*. Paris: Les Éditions du Minuit, 1987.

BOURDIEU, Pierre. *Homo academicus*. Florianópolis: Ed. da UFSC, 2011.

BOURDIEU, Pierre. *O mercado de bens simbólicos. A economia das trocas simbólicas.* São Paulo: Perspectiva, 1992.

BOURDIEU, Pierre. *Razões práticas: sobre a teoria da ação.* São Paulo: Papirus, 1996b.

BOURDIEU, Pierre. Sistemas de ensino e sistemas de pensamento. In: _____. *O mercado de bens simbólicos. A economia das trocas simbólicas.* São Paulo: Perspectiva, 1992. p. 203-229.

BRAGANÇA, Aníbal. A política editorial de Francisco Alves e a profissionalização do escritor no Brasil. In: ABREU, Márcia (Org.). *Leitura, História e história de leitura.* Campinas: Mercado das Letras, 2000.

BRASÃO, Inês *et al. Comunidades de leitura: cinco estudos de Sociologia da Cultura.* Lisboa: Colibri, 2009.

BRESCIANI, Maria Stella Martins. *O charme da ciência e a sedução da objetividade. Oliveira Vianna interpreta o Brasil.* Campinas: Unicamp, 2002.

BROCA, Brito. *A vida literária no Brasil.* Rio de Janeiro: José Olympio, 1960.

BURGUIÈRE, André. Histoire d'une histoire: la naissance des Annales. *Annales. Économies, Sociétés, Civilisations,* v. 34, n. 6, p. p. 1347-1359, nov.-déc. 1979.

CABIN, Philippe; DORTIER, Jean-François. *La sociologie. Histoire et idées.* Paris: Sciences Humaines, 2000.

CALBARRO, Juan Luis. Un epistolario de guerra en el archivo de la escritura popular Bajo Duero: la correspondencia del teniente Augustín Morales con la familia del soldado José Montalvo (1937-1943). In: GOMEZ, Antonio Castillo (Org.). *Cultura escrita y clases subalternas: una mirada española.* Oiartzun: Sendoa, 2001. p. 173-190.

CALMON, Pedro *apud* VELASQUES, Musa Clara Chaves. *Homens de letras no Rio de Janeiro dos anos 30 e 40.* 2000. 204 f. Tese (Doutorado em História Social) – Instituto de Ciências Humanas e Filosofia, Universidade Federal Fluminense, Niterói, 2000. p. 53.CALMON, Pedro. *A princesa Isabel, a redentora.* São Paulo: Companhia Editora Nacional, 1941.

CALMON, Pedro. *História da Bahia.* São Paulo: Melhoramentos, 1928.

CALMON, Pedro. *História da casa da torre.* Rio de Janeiro: José Olympio, 1939a.

CALMON, Pedro. *História da civilização brasileira.* São Paulo: Companhia Editora Nacional, 1933.

CALMON, Pedro. *História da Faculdade Nacional de Direito (1891-1920).* Rio de Janeiro: Coelho Branco, 1945.

CALMON, Pedro. *Historia de la civilizacion brasileña.* Buenos Aires: Imprenta Mercatali, 1937a. (Biblioteca de Autores Brasileños, 1).

CALMON, Pedro. *História do Brasil*. São Paulo: Companhia Editora Nacional, 1939b.

CALMON, Pedro. *História social do Brasil*. São Paulo: Companhia Editora Nacional, 1937b.

CALMON, Pedro. *José de Anchieta, o santo do Brasil*. São Paulo: Melhoramentos, 1930.

CALMON, Pedro. *O rei filósofo, vida de D. Pedro II*. São Paulo: Companhia Editora Nacional, 1938.

CAMARGO, Maria Rosa. Cartas adolescentes: uma leitura e modos de ser.... In: MIGNOT, Ana Chrystina Venancio; BASTOS, Maria Helena Camara; CUNHA, Maria Teresa Santos. *Refúgios do eu: educação, história e escrita autobiográfica*. Florianópolis: Mulheres, 2000. p. 203-228.

CARDOSO, Vicente Licínio (Org.). *À margem da história da República*. Rio de Janeiro: Anuário do Brasil, 1924.

CARVALHO, José Murilo de. A utopia de Oliveira Vianna. In: _____. *Pontos e bordados: escritos de história e política*. Belo Horizonte: Editora UFMG, 1999. p. 202-227.

CARVALHO, José Murilo de. As duas cabeças de Oliveira Vianna. In: AXT, Gunter; SCHULER, Fernando (Orgs.). *Intérpretes do Brasil: ensaios de cultura e identidade*. Porto Alegre: Artes e Ofícios, 2004. v. 1, p. 155-176.

CARVALHO, José Murilo de. *Os bestializados. O Rio de Janeiro e a República que não foi*. São Paulo: Companhia das Letras, 1987.

CASTRO, Silvia Regina Pantoja Serra de. *Da privatização do público à publicização do privado: as contribuições de Oliveira Vianna*. Jul. 1990. Mimeografado.

CAVALHEIRO, Edgar. *Monteiro Lobato. Vida e obra*. São Paulo: Companhia Editora Nacional, 1956. 2 t.

CELSO, Affonso. *El emperador D. Pedro II y el instituto histórico*. Buenos Aires: Imprenta Mercatali, 1938.

CELSO, Affonso. *Oito annos de parlamento poder pessoal de D. Pedro II*. São Paulo: Melhoramentos, 1928.

CERTEAU, Michel de. *A escrita da História*. Rio de Janeiro: Forense Universitária, 1982.

CHARTIER, Roger (Org.). *Práticas da leitura*. São Paulo: Estação Liberdade, 1996.

CHARTIER, Roger. (Dir.). *La correspondance. Les usages de la lettre au XIXe siècle*. Paris: Fayard, 1991.

CHARTIER, Roger. A história hoje; dúvidas, desafios e propostas. *Estudos Históricos*, Rio de Janeiro, v. 7, n. 13, p. 97-113, 1994.

CHARTIER, Roger. *A ordem dos livros: leitores, autores e bibliotecas na Europa entre os séculos XIV e XVIII*. Brasília (DF): Editora UnB, 1994.

CHARTIER, Roger. *Au bord de la falaise. L'histoire entre certitude et inquiétude*. Paris: Albin Michel, 1998.

CHARTIER, Roger. *Do leitor ao navegador*. São Paulo: Unesp, 1999.

CHARTIER, Roger. *História cultural: entre práticas e representações*. Lisboa: Difel, 1992.

CHARTIER, Roger. Intelectual. In: BURGUIÈRE, André. *Dicionário de Ciências Históricas*. Rio de Janeiro: Imago, 1993. p. 446-451.

CHARTIER, Roger. L'homme de lettres. In: VOVELLE, Michel. *L'homme des Lumières*. Paris: Éditions du Seuil, 1996.

CHARTIER, Roger. Les pratiques de l'écrit. In: CHARTIER, Roger; DUBY, Georges (Orgs.). *Histoire de la vie privée: de la Renaissance aux Lumières*. Paris: Éditions du Seuil, 1985. p. 109-157.

CHARTIER, Roger. *O que é um autor? Revisão de uma genealogia*. São Carlos: EdUFSCar, 2012.

CHARTIER, Roger. *Os desafios da escrita*. São Paulo: Unesp, 2002.

CHARTIER, Roger. Prólogo. In: _____. *Cultura escrita, literatura e história*. Porto Alegre: Artmed, 2001. p. IX-XIII.

CHARTIER, Roger. *Práticas de leitura*. São Paulo: Estação Liberdade, 1996.

CHOTARD, Loïc. Correspondance: une histoire illisible. *Romantisme*, Paris, v. 25, n. 90, p. 27-37, 1995.

COLLET, Heitor. [Discurso]. *Diário do Congresso Nacional*, Rio de Janeiro, 11 abr. 1950. Arquivo Pessoal de Oliveira Vianna. Série Recortes de Jornais.

COMPAGNON, Antoine. *La second main ou le travail de la citation*. Paris: Éditions du Seuil, 1979.

COSTA LIMA, Luiz. *Limites da voz: Kafka*. Rio de Janeiro: Rocco, 1993.

COULANGES, Fustel de. *A cidade antiga*. Lisboa: Classica, 1929.

COULANGES, Fustel de. *Histoire des institutions politiques de l'ancienne France, la monarchie franque*. Paris: Hachette, 1888.

COULANGES, Fustel de. *Leçons a l'imperatrice sur les origines de la civilisation française*. Paris: Hachette, 1930.

DARNTON, Robert. *O beijo de Lamourette*. São Paulo: Companhia das Letras, 1990.

DARNTON, Robert. Um inspetor de polícia organiza seus arquivos: a anatomia da república das letras. In: _____. *O grande massacre de gatos – e outros episódios da história cultural francesa*. Rio de Janeiro: Graal, 1986. p. 191-245.

DAUPHIN, Cécile. Pour une histoire de la correspondance familiale. *Romantisme*, Paris, n. v. 25, n. 90, p. 89-92, 1995.

DAUPHIN, Cécile; LEBRUN-PÉZERAT, Pierrette; POUBLAN, Danièle. *Ces bonnes lettres: une correspondance familiale au XIXe siècle*. Paris: Albin Michel, 1995.

DELGADO, Márcia. *Cartografia sentimental de sebos e livros*. Belo Horizonte: Autêntica, 1998.

DIÁRIO DA ASSEMBLÉIA LEGISLATIVA, Rio de Janeiro, 29 mar. 1951.

DIÁRIO DO CONGRESSO NACIONAL, Rio de Janeiro, 11 abr. 1950.

DUTRA, Eliana de Freitas. A nação nos livros. A biblioteca ideal na coleção Brasiliana. In: DUTRA, Eliana Regina de Freitas; MOLLIER, Jean-Yves (Orgs.). *Política, nação e edição: o lugar dos impressos na construção da vida política. Brasil, Europa e Américas nos séculos XVIII-XX*. São Paulo: Annablume, 2006. p. 299-314.

EL FAR, Alessandra. *A encenação da imortalidade*. Rio de Janeiro: Editora FGV, 2000.

ELIAS, Norbert. *A sociedade dos indivíduos*. Rio de Janeiro: Jorge Zahar, 1994.

ELLIS JUNIOR, Alfredo. *A evolução da economia paulista e suas causas*. São Paulo: Companhia Editora Nacional, 1937.

ELLIS JUNIOR, Alfredo. *Amador Bueno, o rei de São Paulo*. São Paulo: J. Fagundes, 1937.

ELLIS JUNIOR, Alfredo. *Capítulos da história social de S. Paulo*. São Paulo: Companhia Editora Nacional, 1944.

ELLIS JUNIOR, Alfredo. *Confederação ou separação*. São Paulo: Paulista, 1934.

ELLIS JUNIOR, Alfredo. *Feijó e a primeira metade do século XIX*. São Paulo: Companhia Editora Nacional, 1940.

ELLIS JUNIOR, Alfredo. *Noções elementares de geographia superior e de estatistica*. São Paulo: Saraiva, 1932.

ELLIS JUNIOR, Alfredo. "O ouro e a Paulistânia". *Boletim n. 8 da Cadeira de História da Civilização Brasileira da F.F.C.L. da USP*, 1948

ELLIS JUNIOR, Alfredo. *Os primeiros troncos paulistas e o cruzamento euro-americano*. São Paulo: Companhia Editora Nacional, 1936.

ELLIS JUNIOR, Alfredo. *Populações paulistas*. São Paulo: Companhia Editora Nacional, 1934.

ELLIS JUNIOR, Alfredo. *Raposo Tavares e sua época*. Rio de Janeiro: José Olympio, 1944.

ELLIS JUNIOR, Alfredo. *Um parlamentar paulista da república. Subsidio para a história da republica em S. Paulo e subsidio para a história econômica de São Paulo*. São Paulo: João Bentivegna, 1949.

ELLIS, Alfredo. *Raça de gigantes, a civilização no planalto paulista*. São Paulo: Helios, 1926.

ESTRADA, Osório Duque. *Crítica e polêmica*. Rio de Janeiro: Papelaria Vênus, 1924.

FARIA, Castro. A obra: uma reconstrução. In: _____. *Oliveira Vianna: de Saquarema à Alameda São Boaventura, 41- Niterói. O autor, os livros e a obra*. Rio de Janeiro: Relume Dumará, 2002. p. 19-38.

FARIA, Luís de Castro. *Oliveira Vianna: de Saquarema à Alameda são Boaventura, 41 – Niterói. O autor, os livros, a obra*. Rio de Janeiro: Relume Dumará, 2002.

FARIA, Luís de Castro. Populações meridionais do Brasil – ponto de partida para uma leitura de Oliveira Vianna. *Boletim do Museu Nacional*, Rio de Janeiro, n. 29, set. 1978. Mimeografado.

FARIA, Luís de Castro. *Sistemas de ensino, escolas de direito, genealogias intelectuais. Conferência pronunciada da Procuradoria Geral do estado do Rio de Janeiro, promovida pela AJUP, em 28 de maio de 1987*. Rio de Janeiro, 1987. Mimeografado.

FERREIRA, Marieta de Moraes (Coord.). *A República na Velha Província*. Rio de Janeiro: Rio Fundo, 1989.

FERREIRA, Tania M. T. Bessone da Cruz. Bibliotecas de médicos e advogados do Rio de Janeiro: dever e lazer em um só lugar. In: ABREU, Márcia (Org.). *Leitura, História e história da leitura*. Campinas: Mercado das Letras, 2000.

FISH, Stanley. *Is There a Text in This Class? The Authority of Interpretatives Communities*. Cambridge (UK); London: Harvard University Press, 1980.

FLEIUSS, Max. *Anchieta: Conferências lidas no Instituto Histórico e Geográfico Brasileiro 1933-1934*. Porto Alegre: Globo, 1935.

FLEIUSS, Max. *História administrativa do Brasil*. São Paulo: Melhoramentos, 1932.

FLEIUSS, Max. *História da cidade do Rio de Janeiro*. São Paulo: Melhoramentos, 1928.

FLEIUSS, Max. *O Instituto Histórico através de sua revista*. Rio de Janeiro: Imprensa Nacional, 1938.

FLEIUSS, Max. *Páginas de História*. Rio de Janeiro: Imprensa Nacional, 1930.

FOUCAULT, Michel. *A ordem do discurso*. São Paulo: Loyola, 1996.

FOUCAULT, Michel. O que é um autor. In: _____. *Ditos e escritos*. Rio de Janeiro: Forense Universitária, 2001. v. III: Estética: literatura e pintura, música e cinema.

FRANCHETTI, Paulo. Febre de Eça. *Folha de S. Paulo*, São Paulo, 13 ago. 2000. Mais!.

FRANCO, Afonso Arinos de Melo. *Um estadista da República*. Rio de Janeiro: José Olympio, 1955.

FREIRE, Felisbello Firmo de Oliveira. *História da revolta de 6 de setembro*. [s. l.]: [s. n.], 1896.

FREIRE, Felisbello Firmo de Oliveira. *História de Sergipe, 1575-1855*. Rio de Janeiro: Perseverança, 1891.

FREIRE, Felisbello Firmo de Oliveira. *Os portuguezes no Brazil*. Rio de Janeiro: Typographia do Economista Brasileiro, 1907.

FREYRE, Gilberto *et al*. *Novos estudos afro-brasileiros*. Rio de Janeiro: Civilização Brasileira, 1937. 2 v.

FREYRE, Gilberto. *Açúcar; algumas receitas de doces e bolos dos engenhos do Nordeste*. Rio de Janeiro: José Olympio, 1939.

FREYRE, Gilberto. *Conferências na Europa*. Rio de Janeiro: Ministério da Educação e Saúde, 1938.

FREYRE, Gilberto. *Ingleses no Brasil*. Rio de Janeiro: José Olympio, 1948.

FREYRE, Gilberto. *Nordeste: aspectos da influencia da canna sobre a vida e a paisagem do nordeste do Brasil*. Rio de Janeiro: José Olympio, 1937.

FREYRE, Gilberto. *O Mundo que o português criou*. Rio de Janeiro: José Olympio, 1940.

FREYRE, Gilberto. *Região e tradição*. Rio de Janeiro: José Olympio, 1941.

FREYRE, Gilberto. *Sobrados e mucambos: Decadência do patriarcado rural no Brasil*. São Paulo: Companhia Editora Nacional, 1936.

FREYRE, Gilberto. *Sociologia*. Rio de Janeiro: José Olimpio, 1945.

GALVÃO, Walnice Nogueira; GOTLIB, Nádia Battella (Orgs.). *Prezado senhor, prezada senhora*. São Paulo: Companhia das Letras, 2000.

GARCIA JUNIOR, Afrânio Raul. Les intellectuels et la conscience nationale au Brésil. *Actes de la Recherches En Sciences Sociales*, v. 98, n. 98, p. 20-33, 1993.

GARCIA JUNIOR, Afrânio Raul. O Brasil como representação. *Comunicação*, Rio de Janeiro, n. 6, UFRJ/PPGAS, 1981.

GINER, Josepa. La amistad: perspectiva antropológica. Barcelona: Icaria, 1995.

GINZBURG, Carlo. O nome e o como. Troca desigual e mercado Historiográfico. In: _____; CASTELNUOVO, Enrico; PONI, Carlo. *A micro-história e outros ensaios*. Rio de Janeiro: Bertrand do Brasil, 1989. p. 169-178.

GOMES, Angela de Castro. A construção do homem novo. In: LIPPI, Lucia; VELLOSO, Monica; GOMES, Angela. *Estado Novo: ideologia e poder*. Rio de Janeiro: Zahar, 1992. p. 151-165.

GOMES, Angela de Castro. *A invenção do trabalhismo*. Rio de Janeiro: Relume-Dumará, 1994.

GOMES, Angela de Castro. A práxis corporativa de Oliveira Vianna. In: BASTOS, Élide Rugai; MORAES, João Quartim de. *O pensamento de Oliveira Vianna*. Campinas: Unicamp, 1993.

GOMES, Angela de Castro. *Burguesia e trabalho no Brasil*. Rio de Janeiro: Campus, 1979.

GOMES, Angela de Castro. Escrita de si, escrita da História: a título de prólogo. In: *Escrita de si, escrita da História*. Rio de Janeiro: FGV, 2004. p. 7-24.

GOMES, Angela de Castro. *Essa gente do Rio... modernismo e nacionalismo*. Rio de Janeiro: Editora FGV, 1999.

GOMES, Angela de Castro. *História e historiadores*. Rio de Janeiro: FGV, 1996.

GOMES, Angela de Castro. O ministro e sua correspondência: Projeto político e sociabilidade intelectual. In: _____ (Org.). *Capanema: o ministro e seu ministério*. Rio de Janeiro: Editora FGV, 2000. p.18-22.

GOMEZ, Antonio Castillo. Hablen cartas e callen barbas: escritura y sociedad en siglo de oro. *Historiar: Revista Cuadrimestral de Historia*, Alcalá de Henares, n. 4, 2000.

GONTIJO, Rebeca. *Manoel Bomfim (1868-1932) e o Brasil na história*. 2001. Dissertação (Mestrado em História) – Departamento de História, Universidade Federal Fluminense, Niterói, 2001.

GRIBAUDI, Maurizio. Escala, pertinência, configuração. In: REVEL, Jacques. *Jogos de escalas: a experiência da microanálise*. Rio de Janeiro: FGV, 1998. p. 121-149.

GUIMARÃES, Manoel Luís Salgado. Nação e civilização nos trópicos: o Instituto Histórico e Geográfico Brasileiro e o projeto de uma história nacional. *Estudos Históricos*, Rio de Janeiro, n. 1, p. 5-27, 1988.

GUIMARÃES, Manoel Luís Salgado. O culto da saudade: fazendo história com o coração. In: MAGALHÃES, A. M. *Culto da saudade na Casa do Brasil: Gustavo Barroso e o Museu Nacional (1922-1959)*. Fortaleza: Museu do Ceará/ CECULT, 2006.

HALLEWELL, Laurence. *O livro no Brasil*. São Paulo: Edusp/ T. A. Queiroz, 1985.

HANSEN, João Adolfo. Autor. In: JOBIM, José Luis. *Palavras de crítica*. Rio de Janeiro: Imago, 1992.

HERMANN, Jacqueline. Para entender o Brasil. *Jornal do Brasil*, 20 maio 2000. Caderno Idéias, p. 1.

HEYMANN, Luciana. *As obrigações do poder: relações pessoais e vida pública na correspondência pessoal de Filinto Muller*. 1997. Dissertação (Mestrado em Antropologia Social) – Programa de Pós-Graduação em Antropologia Social, Museu Nacional, Rio de Janeiro, 1997.

HEYMANN, Luciana. Indivíduo, memória e resíduo histórico: uma reflexão sobre arquivos pessoais e o caso Filinto Muller. *Estudos Históricos*, Rio de Janeiro, v. 10, n. 19, p. 41-66, 1997.

HOBSBAWM, Eric; RANGER, Terence. *A invenção das tradições*. Rio de Janeiro: Paz e Terra, 1984.

HOLANDA, Sérgio Buarque. *Monções*. Rio de Janeiro: Casa do Estudante do Brasil, 1945.

IBGE – INSTITUTO BRASILEIRO DE GEOGRAFIA E ESTATÍSTICA. *Enciclopédia dos municípios brasileiros*. Rio de Janeiro: IBGE, 1959. v. XXII, p. 428-432.

IKEDA, Marilda Baleiro. *Revista do Brasil (2ª fase): contribuição para o estudo do modernismo brasileiro*. 1975. Dissertação de mestrado – Faculdade de Filosofia, Letras e Ciências Humanas, Universidade de São Paulo, São Paulo, 1975.

KOSHIYAMA, Mitika. *Monteiro Lobato, intelectual, empresário, editor*. São Paulo: T. A. Queiroz, 1982.

LE MOING, Monique. *A solidão povoada. Uma biografia de Pedro Nava*. Rio de Janeiro: Nova Fronteira, 1996.

LEITE NETO, Wanderlino Teixeira. *Dança das cadeiras: história da Academia Niteroiense de Letras (junho de 1943 a setembro de 2000)*. Niterói: Imprensa Oficial; Rio de Janeiro: Livraria Ideal, 2001.

LEITE, Dante Moreira. *O caráter nacional brasileiro*. 3. ed. São Paulo: Pioneira, 1976.

LEVI, Giovanni. Les usages de la biographie. *Annales*, Paris, n. 6, p. 1325-1336, nov.-dec. 1989.

LEVI, Giovanni. Usos da biografia. In: AMADO, Janaina; FERREIRA, Marieta M. (Orgs.). *Usos e abusos da história oral*. Rio de Janeiro: FGV, 1996. p. 167-182.

LIMA, Alceu Amoroso. *Estudos – 2ª série*. Rio de Janeiro: Civilização Brasileira, 1934.

LIMA, Alceu Amoroso. *Obras completas – Primeiros estudos (O Pré modernismo de 1919 a 1920)*. Rio de Janeiro: Agir, 1948.

LIMA, Nísia Trindade. Apresentação. In: SANTOS, Wanderley Guilherme dos. *Roteiro bibliográfico do pensamento político-social brasileiro (1870-1965)*. Belo Horizonte: Editora UFMG, 2002.

LISPECTOR, Clarice. Persona. In: _____. *A descoberta do mundo*. São Paulo: Rocco, 1999.

LOBATO, Monteiro. *A barca de Gleyre*. São Paulo: Brasiliense, 1959.

LOBATO, Monteiro. *Prefácios e entrevistas*. São Paulo: Brasiliense, 1959. v. 1.

LONGO, Angelo. *Oliveira Vianna: um saquarema na República*. Niterói: SEEC, 1981.

LORIGA, Sabina. A biografia como problema. In: REVEL, Jacques (Org.). *Jogos de escalas: a experiência da microanálise*. Rio de Janeiro: Editora FGV, 1998.

LUCA, Tania de. *A Revista do Brasil: um diagnóstico para a (N)ação*. 1996. Tese (Doutorado em História Social) – Faculdade de Filosofia, Letras e Ciências Humanas, Universidade de São Paulo, São Paulo, 1996.

LUSTOSA, Isabel. Repensar o Brasil. *O Globo*, Rio de Janeiro, 24 jun. 2000. Prosa e Verso, p. 6.

MACHADO NETTO, Antonio Luis. *Estrutura social da República das Letras. Sociologia da vida intelectual brasileira (1870-1930)*. São Paulo: Grijalbo/ EDUSP, 1973.

MACIEIRA, Anselmo. *Mundos e construções de Oliveira Vianna*. Rio de Janeiro: Imprensa Oficial, 1990.

MADEIRA, Marcos Almir. Fundação Oliveira Vianna já começou a renascer [Entrevista]. *Jornal O Fluminense*, Rio de Janeiro, [s.d.]. Arquivo Pessoal de Oliveira Vianna. Série Recortes de Jornais de autoria diversa.

MADEIRA, Marcos Almir. Apresentação. In: VIANNA, Oliveira. *Ensaios inéditos*. Campinas: Editora da Unicamp, 1991.

MADEIRA, Marcos Almir. *Oliveira Vianna: vulnerabilidades da crítica*. Rio de Janeiro: Academia Brasileira de Letras, 1999.

MAGRELLI, Valerio. Fragments, notes, nœuds. *Littérature*, Nanterre, n. 172, p. 49-55, dec. 2013.

MATTOS, Ilmar Rohloff de. *O tempo saquarema*. São Paulo: Hucitec; Brasília: INL, 1987.

MAUSS, Marcel. Ensaio sobre a dádiva: forma e razão da troca nas sociedades arcaicas. In:_____. *Sociologia e Antropologia*. São Paulo: Edusp, 1974.

MEAD, Teresa. "Civilizing Rio de Janeiro": The Public Health Campaign and the Riot of 1904. *Journal of Social History*, v. 20, n. 2, p. 301-322, 1986.

MELO, Luis Correia de. *Dicionário dos Autores Paulistas*. São Paulo: Comissão do Centenário da Cidade de São Paulo, 1954.

MELO, Manuel Palácios de Cunha e. *Quem explica o Brasil*. Juiz de Fora: Editora UFJF, 1999.

MENDONÇA, Carlos Sussekind de. *Lucio de Mendonça*. Rio de Janeiro: Civilização Brasileira, 1934.

MENEZES, Geraldo Bezerra de. *Intérpretes do Brasil*. Niterói: Clube de Literatura Cromos, 1997.

MÉTAYER, Christine. *Au tombeau des secrets: les écrivains publics du Paris populaire Cimitière des Saint-Innocents XVIe-XVIIIe siècle*. Paris: Albin Michel, 2000.

MICELI, Sérgio. *Intelectuais e classe dirigente no Brasil (1920-1945)*. São Paulo: Difel, 1979.

MICELI, Sérgio. *Poder, sexo e letras na República Velha*. São Paulo: Perspectiva, 1977.

MIGNOT, Ana Chrystina Venancio. Artesãos da palavra: cartas a um prisioneiro político tecem redes de ideias e afetos. In: BASTOS, Maria Helena Camara; CUNHA, Maria Teresa Santos; MIGNOT, Ana Chrystina Venancio (Orgs.). *Destinos das letras: história, educação e escrita epistolar*. Passo Fundo: Editora UPF, 2002. p. 115-136.

MIGNOT, Ana Cchrystina Venancio. Baú de memórias, bastidores de histórias: o legado pioneiro de Armanda Álvaro Alberto. Bragança Paulista: EDUSF, 2002.

MOMMSEN, Theodoro. *Compendio del derecho público romano*. Buenos Aires: Impulso, 1942.

MOMMSEN, Theodoro. *Histoire romaine*. Paris: Ernest Flamarion, 1935.

MORAES, Pedro Bodê de. O Jeca e a cozinheira: raça e racismo em Monteiro Lobato. *Revista de Sociologia e Política*, Curitiba, n. 8, p. 99-112, 1997.

MORAES, Pedro Rodolfo Bodê de. *Fidalgos do café e livros no Brasil: Monteiro Lobato e a criação das editoras nacionais*. 1995. Dissertação (Mestrado em Antropologia Social) – Programa de Pós-Graduação em Antropologia Social, Universidade Federal do Rio de Janeiro, Rio de Janeiro, 1995.

NABUCO, Joaquim. Discurso. In: ACADEMIA BRASILEIRA DE LETRAS. *Discursos acadêmicos (1897-1906)*. Rio de Janeiro: Civilização Brasileira, 1934.

NEEDELL, Jeffrey. *Belle Époque Tropical. Sociedade e cultura de elite no Rio de Janeiro na virada do século.* São Paulo: Companhia das Letras, 1993.

NEVES, Lúcia Maria Bastos Pereira das. *Livreiros franceses no Rio de Janeiro: 1799-1824.* Disponível em: <http://www.portcom.intercom.org.br/pdfs/6aa17541a5f391355cd303c5c2945aec.PDF>. Acesso em: 14 maio 2014.

NEVES, Margarida de Souza; HEIZER, Alda. *A ordem é o progresso. O Brasil de 1870 a 1910.* São Paulo: Atual, 1991.

NOGUEIRA, Lacerda. A Academia Fluminense de Letras: subsídios autobiográficos pertinentes ao histórico da instituição (separata do vol. X da Academia Fluminense de Letras). Rio de Janeiro: Gráfica do Jornal do Comércio S. A., 29 jul. 1943.

NOIRIEL, G. L'Univers Historique: une collection d'Histoire à travers son paratexte (1970-1993). *Genèses*, v. 18, p. 110-131, jan. 1995.

O FLUMINENSE, Niterói, 14 maio 1921.

O PAIZ, Rio de Janeiro, 11 dez. 1912 apud EL FAR, Alessandra. *A encenação da imortalidade.* Rio de Janeiro: Editora FGV, 2000. p. 115.

OLIVEIRA, Lucia Lippi. Interpretações sobre o Brasil. In: MICELI, Sérgio (Org.). *O que se ler nas ciências sociais brasileiras (1970-1995).* São Paulo: Sumaré/ANPOCS; Brasília: Capes, 1999.

OLIVEIRA, Lucia Lippi. Uma leitura das leituras de Oliveira Vianna. In: BASTOS, Élide; MORAES, João Quartim de (Orgs.). *O pensamento de Oliveira Vianna.* Campinas: Unicamp, 1993.

OLIVERO, Isabelle. *La collection, lieu de savoir et de mémoire. L'invention de la collection.* Paris: Éditions de l'IMEC, 1999.

OLYMPIO, José. *A Vida dos Livros*, Rio de Janeiro, n. 134, 1951.

ORLOV, Marta Lívia. *Revista do Brasil e a formação de uma consciência nacional (1922-1925).* 1980. Dissertação de mestrado – Faculdade de Filosofia, Letras e Ciências Humanas, Universidade de São Paulo, São Paulo, 1980.

ORTIZ, Renato. *Pierre Bourdieu: Sociologia.* São Paulo: Ática, 1983.

PAIVA, Denise. *As categorias da literatura brasileira na Revista do Brasil (1916-1919).* 1992. Dissertação (Mestrado em Letras) – Faculdade de Ciências e Letras, Universidade Estadual Paulista, Assis, 1992.

PAMPLONA, Marco Antonio. *Riots, Republicanism and Citizenship: A Comparative Approach to Elite Attitudes and Responses on Riots in NYC and RJ During the Consolidation of the Republic Order.* 434 p. Dissertation (Ph.D History) – Columbia University, New York, 1990.

PEIXOTO, Dídima de Castro. *História fluminense.* Niterói: Lumak, [197-?].

PEREIRA, Leonardo Affonso de Miranda. Literatura e história social: a "geração" boêmia do Rio de Janeiro do fim do Império. *História Social*, Campinas, n. 1, p. 29-64, 1994.

PINTO, Surama Conde Sá. *A correspondência de Nilo Peçanha e a dinâmica da política na Primeira República*. Rio de Janeiro: Arquivo Público do Estado do Rio de Janeiro, 1999.

PLUET-DESPATIN, Jacqueline. Une contribution à l'histoire des intellectuels: les revues. *Les Cahiers de L'IHTP*, Paris, n. 20: Sociabilités intellectuelles. Lieux, millieux, réseaux, mars 1992.

POLLAK, Michael. Memória, esquecimento, silêncio. *Estudos Históricos*, Rio de Janeiro, v. 2, n. 3, p. 3-15, 1989.

POMIAN, Krzysztof. Les archives: du Trésor des Chartres au Caran. In: NORA, Pierre (Org.). *Les lieux des mémoires*. Paris: Gallimard, 1992.

PONTES, Heloisa. Retratos do Brasil: editores, editoras e "Coleções Brasiliana" nas décadas de 30, 40 e 50. In: MICELI, Sérgio (Org.). *História da Ciências Sociais no Brasil*. São Paulo: Vértice/ Revista dos Tribunais, IDESP, 1989. v. 1.

PRADO JUNIOR, Caio. *Evolução política do Brasil*. São Paulo: Revista dos Tribunais, 1933.

PRADO JUNIOR, Caio. *Formação do Brasil contemporâneo*. São Paulo: Martins, 1942.

PUGLIA, Daniel. *Charles Dickens e Machado de Assis: prefácios aos leitores*. 2005. Disponível em: <http://www.caminhosdoromance.iel.unicamp.br/estudos/ensaios/dickensemachado.pdf>. Acesso em: 22 out. 2006.

QUEIRÓS, Eça de. *A cidade e as serras*. Porto: Lello, 1912.

QUEIRÓS, Eça de. *A correspondência de Fradique Mendes*. Porto: Lello, 1932.

QUEIRÓS, Eça de. *A ilustre casa de Ramires*. Porto: Lello, 1938.

QUEIRÓS, Eça de. *A Relíquia*. Porto: Lello, 1945.

QUEIRÓS, Eça de. *Cartas da Inglaterra*. Porto: Lello, [s.d.].

QUEIRÓS, Eça de. *Cartas inéditas de Fradique Mendes e mais páginas esquecidas*. Porto: Lello e Irmão, 1945.

QUEIRÓS, Eça de. *Correspondência*. Porto: Chardron, 1926.

QUEIRÓS, Eça de. *Notas contemporâneas*. Porto: Chardron, 1909.

QUEIRÓS, Eça de. *O conde d'Abranhos e a catastrophe*. Porto: Chardron, 1925.

QUEIRÓS, Eça de. *O crime do padre Amaro*. Porto: Lello, 1945.

QUEIRÓS, Eça de. *O Egyto, notas de viagem*. Porto: Lello e Irmão, 1938.

QUEIRÓS, Eça de. *O mandarim*. Lisboa: Lello e Irmão, 1945.

QUEIRÓS, Eça de. *O primo Bazílio*. Porto: Chardron, 1935.

QUEIRÓS, Eça de. *Os maias: episódios da vida romântica*. Porto: Lello, 1935.

QUEIRÓS, Eça de. *Prosas bárbaras*. Porto: Chardron, 1917.

QUINTANA, Mário. O poema. In: _____. *80 anos de poesia*. Rio de Janeiro: Globo, 1994.

RANKE, Leopold Von. *The History of the pope: their church and state*. New York: Colonial Press, 1901.

REIS, José Carlos. Anos 1900: Capistrano de Abreu. O surgimento de um povo novo: o brasileiro. In: _____. *As identidades do Brasil: de Varnhagen a FHC*. Rio de Janeiro: Editora FGV, 2002. p. 85-114.

REVEL, Jacques. Entre dois mundos: a biblioteca de Gabriel Naudé. In: BARATIN, Marc; JACOB, Christian (Orgs.). *O poder das bibliotecas. A memória dos livros no Ocidente*. Rio de Janeiro: Editora da UFRJ, 2000. p. 217-224.

REVEL, Jacques. Microanálise e construção do social. In: REVEL, Jacques (Org.). *Jogos de escalas: a experiência da microanálise*. Rio de Janeiro: Editora FGV, 1998. p. 15-38.

REZENDE, Maria José. Oliveira Vianna e a mudança social no Brasil. *Cadernos de Estudos Sociais*, Recife, v. 15, n. 1, p. 149-178, jan.-jun. 1999.

RIBEIRO FILHO, Carlos Antonio Costa. Clássicos e positivistas no moderno direito penal brasileiro: uma interpretação sociológica. In: HERSCHMANN, Micael; PEREIRA, Carlos Alberto Messeder (Orgs.). *A invenção do Brasil moderno. Medicina, educação e engenharia nos anos 1920-30*. Rio de Janeiro: Rocco, 1994.

RODRIGUES, João Paulo Coelho de Souza. *A dança das cadeiras. Literatura e política na Academia Brasileira de Letras (1896-1913)*. Campinas: Editora da Unicamp/ CECULT, 2001.

RODRIGUES, João Paulo Coelho de Souza. A geração boêmia: vida literária em romances, memórias e biografias. In: CHALHOUB, Sidney; PEREIRA, Leonardo (Orgs.). *A história contada*. Rio de Janeiro: Nova Fronteira, 1998.

RODRIGUES, José Honório (Org.). *Correspondência de Capistrano de Abreu*. Rio de Janeiro: Civilização Brasileira, 1977.

SANTOS, Wanderley Guilherme dos. *Roteiro bibliográfico do pensamento político-social brasileiro (1870-1965)*. Belo Horizonte: Editora UFMG; Rio de Janeiro: Casa de Oswaldo Cruz, 2002.

SCHWARCZ, Lilia. *O espetáculo das raças: cientistas, instituições e questão racial no Brasil (1870-1930)*. São Paulo: Companhia das Letras, 1993.

SEVCENKO, Nicolau. *A Revolta da Vacina*. São Paulo: Brasiliense, 1984.

SEVCENKO, Nicolau. *Literatura como missão: tensões sociais e criação cultural na Primeira República*. São Paulo: Brasiliense, 1985.

SEVERO, Ricardo. Relato da situação financeira da sociedade anônima Revista do Brasil. *Revista do Brasil*, Rio de Janeiro, n. 30, v. VIII, jun. 1918.

SILVA, Mário Camarinha. A Revista do Brasil: de Monteiro Lobato a Chateaubriand. *Revista do Instituto Histórico e Geográfico Brasileiro*, Rio de Janeiro, n. 349, p. 61-73, out.-dez. 1985.

SILVA, Zélia Lopes da. *A domesticação dos trabalhadores nos anos 30*. São Paulo: Marco Zero/ CNPq, 1990.

SIRINELLI, Jean-François. Le hasard ou la necessité? Une histoire en chantier: l'histoire des intellectuels. Vingtième siècle. *Revue d'Histoire*, n. 9, p. 97-108, jan.-mars 1986.

SIRINELLI, Jean-François. Os intelectuais. In: REMOND, René. *Por uma história política*. Rio de Janeiro: Editora UFRJ, 1996. p. 231-270.

SOARES, Emmanuel de Bragança Macedo *apud* LEITE NETO, Wanderlino Teixeira. *Dança das cadeiras: história da Academia Niteroiense de Letras (junho de 1943 a setembro de 2000)*. Niterói: Imprensa Oficial; Rio de Janeiro: Livraria Ideal, 2001. p. 45-46.

SODRÉ, Nelson Werneck. *História da imprensa no Brasil*. Rio de Janeiro: Civilização Brasileira, 1966.

SOUZA, Eneida Maria. *A pedra mágica do discurso*. Belo Horizonte: Editora UFMG, 1999.

STALYBRASS, Peter . *La materialité de l'écriture, 1450-1600*. Mimeografado.

TORRES, Alberto *et al*. [Requerimento à Assembléia Legislativa]. *Diário da Assembléia Legislativa*, Rio de Janeiro, 29 mar. 1951.

TORRES, João Batista de Vasconcelos. *Oliveira Vianna; sua vida e sua posição nos estudos brasileiros de sociologia*. Rio de Janeiro: Freitas Bastos, 1956.

TRAVASSOS, Nelson Travassos. *Minhas memórias dos Monteiros Lobatos*. São Paulo: Edart, 1964.

TREBITSCH, Michel. Correspondances d'intellectuels: le cas des lettres d'Henri Lefebvre à Norbert Guterman (1935-1947). *Les Cahiers de L'IHTP*, Paris, n. 20: Sociabilités intellectuelles. Lieux, millieux, réseaux, mars 1992.

VAMPRÉ, Spencer. *Memórias para a história da Academia de Direito de São Paulo*. São Paulo: Saraiva, 1924. v. II.

VELASQUES, Musa Clara Chaves. *Homens de letras no Rio de Janeiro dos anos 30 e 40*. 2000. 204 f. Tese (Doutorado em História Social) – Instituto de Ciências Humanas e Filosofia, Universidade Federal Fluminense, Niterói, 2000.

VELLOSO, Monica Pimenta. A "cidade-voyer": o Rio de Janeiro visto pelos paulistas. *Revista Rio de Janeiro*, Niterói, v. 1, n. 4, set.-dez. 1986.

VELLOSO, Monica Pimenta. *Cafés, revistas e salões: microcosmo intelectual e sociabilidade. Modernismo no Rio de Janeiro*. Rio de Janeiro: FGV, 1996.

VENÂNCIO FILHO, Alberto. *Das arcadas ao bacharelismo (150 anos de ensino jurídico no Brasil)*. São Paulo: Perspectiva, 1982.

VENANCIO, Giselle Martins. A utopia do diálogo: os prefácios de Vianna e a construção de si na obra publicada. In: GOMES, Angela Maria de Castro; SCHIMIDT, Benito Bisso (Orgs.). *Memórias e narrativas (auto)biográficas*. Porto Alegre: Editora UFRGS; Rio de Janeiro: Editora FGV, 2009. p. 173-188.

VENANCIO, Giselle Martins. Da Revista do Brasil ao Brasil em Revista: breve análise da trajetória editorial de Oliveira Vianna. *Varia História*, Belo Horizonte, n. 26, p. 132-150, jan. 2002.

VENANCIO, Giselle Martins. Presentes de papel: cultura escrita e sociabilidade na correspondência de Oliveira Vianna. *Estudos Históricos*, Rio de Janeiro, v. 2, n. 28, p. 23-47, 2001.

VENANCIO, Giselle Martins. Sopros inspiradores: troca de livros, intercâmbios intelectuais e práticas de correspondência no arquivo privado de Oliveira Vianna. In: BASTOS, Maria Helena Camara; CUNHA, Maria Teresa Santos; MIGNOT, Ana Chrystina Venancio (Orgs.). *Destinos das letras: história, educação e escrita epistolar*. Passo Fundo: Editora UPF, 2002. p. 217-242.

VENANCIO, Giselle. Roger Chartier (1945 -). In: PARADA, Maurício. *Os historiadores clássicos da História*. Rio de Janeiro: PUC-Rio; Petrópolis: Vozes, 2014. v. 3: De Ricoeur a Chartier, p. 291-308.

VENTURA, Roberto. *Estilo tropical. História cultural e polêmicas literárias no Brasil*. São Paulo: Companhia das Letras, 1991.

VIANNA, Aurélio; FRAIZ, Priscila (Orgs.). *Conversa entre amigos: correspondência escolhida entre Anísio Teixeira e Monteiro Lobato*. Salvador: Fundação Cultural do Estado da Bahia; Rio de Janeiro: Editora FGV/ CPDOC, 1986.

VIANNA, Francisco José de Oliveira. As pequenas comunidades mineiras. *Revista do Brasil*, Rio de Janeiro, v. VIII, n. 31, p. 223, jul. 1918.

VIANNA, Francisco José de Oliveira. Consciência e inconsciência dos "simpatizantes" da Alemanha. *A Manhã*, Rio de Janeiro, 9 abr. 1943.

VIANNA, Francisco José de Oliveira. D. Pedro e a propaganda republicana. *Revista do Instituto Histórico e Geográfico Brasileiro*, Rio de Janeiro, t. 98, v. 152, p. 412-419, 1925a.

VIANNA, Francisco José de Oliveira. D. Pedro II e seus ministros. *Revista do Instituto Histórico e Geográfico Brasileiro*, Rio de Janeiro, t. 98, v. 152, p. 874-880, 1925b. [Publicado também no *Correio da Manhã*, Rio de Janeiro, 2 dez. 1925.]

VIANNA, Francisco José de Oliveira. Diogo Feijó. *Anais do Segundo Congresso de História Nacional*, Rio de Janeiro, v. III, p. 207-219, 1942.

VIANNA, Francisco José de Oliveira. *Ensaios inéditos*. Campinas: Editora da Unicamp, 1991.

VIANNA, Francisco José de Oliveira. *Evolução do povo brasileiro*. São Paulo: Companhia Editora Nacional, 1938.

VIANNA, Francisco José de Oliveira. Gênese da legislação trabalhista brasileira. In: _____: *Ensaios inéditos*. Campinas: Editora da Unicamp, 1991. p. 283-286.

VIANNA, Francisco José de Oliveira. *História social da economia capitalista no Brasil*. Belo Horizonte: Itatiaia; Niterói: EdUFF, 1987.

VIANNA, Francisco José de Oliveira. *Instituições políticas brasileiras*. Belo Horizonte: Itatiaia; São Paulo: Edusp; Niterói: EdUFF, 1987.

VIANNA, Francisco José de Oliveira. Intercâmbio intelectual. In: _____. *Ensaios inéditos*. Campinas: Editora da Unicamp, 1991. p. 379-382.

VIANNA, Francisco José de Oliveira. Max Fleiuss. In: _____. *Ensaios inéditos*. Campinas: Editora da Unicamp, 1991. p. 347-350.

VIANNA, Francisco José de Oliveira. Max Fleiuss. *Revista do Instituto Histórico e Geográfico Brasileiro*, Rio de Janeiro, v. 182, p. 38-40, jan.-mar. 1944.

VIANNA, Francisco José de Oliveira. O conceito de "ariano" na doutrina nazista. *A Manhã*, Rio de Janeiro, 7 maio 1943.

VIANNA, Francisco José de Oliveira. *Populações meridionais do Brasil*. Rio de Janeiro: Paz e Terra, 1973.

VIANNA, Francisco José de Oliveira. Prefácio. In: _____. *Problemas de organização e problemas de direção*. 2. ed. Rio de Janeiro: Record, 1974.

VIANNA, Francisco José de Oliveira. Psicologia das revoluções meridionais. *Revista do Brasil*, Rio de Janeiro, ano II, v. VI, n. 23, p. 298-310, nov. 1917.

VIANNA, Francisco José de Oliveira. *Raça e assimilação*. 4. ed. Rio de Janeiro: José Olympio, 1959.

VIANNA, Glória. Revendo a biblioteca de Machado de Assis. In: JOBIM, José Luis (Org.). *A biblioteca de Machado de Assis*. Rio de Janeiro: Topbooks, 2001.

VIANNA, Oliveira. O idealismo da Constituição. In: CARDOSO, Vicente Licínio (Org.). *À margem da história da República*. Rio de Janeiro: Anuário do Brasil, 1924. p. 137-160.

VIDAL, Diana Gonçalves. Da sonhadora para o arquiteto: Cecília Meireles escreve a Fernando de Azevedo (1931-1938). In: NEVES, Margarida de Souza; LÔBO, Yolanda Lima; MIGNOT, Ana Chrystina et al. (Orgs.). *Cecília Meireles: a poética da educação*. Rio de Janeiro: Editora PUC-Rio/ Loyola, 2001.

VILLALTA, Luiz Carlos. O que se fala e o que se lê: língua, instrução e leitura. In: NOVAIS, Fernando (Org.). *História da vida privada no Brasil*. São Paulo: Companhia das Letras, 1998. v. 1, p. 331-386.

WIEFELS, Marli Cigagna. *La dynamique de l'espace urbain de Niterói, état de Rio de Janeiro: l'évolution de la ville de Niterói, RJ, par rapport à la ville de Rio de Janeiro dans la région metropolitaine (Grande Rio)*. 2001. Thèse (Doctorat) – Institut des Hautes Études de l'Amerique Latine, Université Sorbonne Nouvelle – Paris 3, Paris, 2001.

Este livro foi composto com tipografia Bembo e impresso
em papel Avena 80 g/m² na Gráfica Paulinelli.